Folgenreich:

Reformation und Kulturgeschichte

Künstlerische Aneignung

Anhang

Zum Geleit

Gedenken und Feiern der Reformation stehen im Bann von Luthers kultureller Prägekraft. Gegen die Personalisierung, die Reduktion eines epochalen und gemeineuropäischen Ereignisses auf die Person des Wittenberger Reformators lässt sich vieles einwenden. Im Epochenumbruch zur Neuzeit ist der Wittenberger Reformator und Zeitgenosse eines Erasmus von Rotterdam treibende Kraft und ebenso Getriebener. Zwingli oder Calvin sind keineswegs nur Epigonen, sondern Akteure aus eigenem Recht mit eigener Richtung. Ohne vorangegangenen Renaissance-Humanismus, ohne städtische Kommerzialisierung der Handelszentren, ohne beginnende fürstliche Territorialherrschaft wäre Luther vermutlich geendet wie Jan Hus ein Jahrhundert zuvor: auf dem Scheiterhaufen. Doch als Handelnder in einem vielschichtigen, interdependenten Zusammenhang darf Luther auch nicht kleingeredet werden. Er hat in der Mitte Europas, vor allem im deutschsprachigen Raum, den Lebensalltag verändert. Er hat die Sprache als Volkssprache vorangetrieben und Impulse für die kulturelle Identitätsbildung gegeben – mit seiner schöpferischen Kraft und seiner Glaubensgewissheit.

Dieser Sammelband legt davon Zeugnis ab. Er spiegelt Luthers Einfluss in der Rezeption des Reformators, etwa in Bildnissen. Die Reformation entfaltete aus der religiösen Sphäre heraus für die beginnende neuzeitliche Gesellschaft ihre Wirkmacht vor allem auch in Sprache, Literatur, Musik und Alltagskultur. Die in diesem Band versammelten Beiträge illustrieren gerade diesen kulturellen Einfluss aus ganz verschiedenen Perspektiven. Solche Eindrücke können nicht die zusammenhängende historische Darstellung einer umwälzenden Zeit ersetzen, aber sie können einen Einblick geben, Anschauung sein und Neugier wecken. Der Band beschränkt sich nicht auf Bilder, sondern erklärt und ordnet, kunsthistorisch facettenreich. Es lohnt sich den Spuren vom Halleschen Pietismus bis zu Michael Kohlhaas nachzugehen. Die Welt vor einem halben Jahrtausend, sie ist uns fern und doch als Teil der Geburt unserer Neuzeit auch ganz nah.

Udo Di Fabio
Vorsitzender des Wissenschaftlichen Beirates des Kuratoriums
zur Vorbereitung des Reformationsjubiläums 2017

Vorwort

»Indem Luther den Satz aussprach, daß man seine Lehre nur durch die Bibel selber, oder durch vernünftige Gründe, widerlegen müsse, war der menschlichen Vernunft das Recht eingeräumt, die Bibel zu erklären und sie, die Vernunft, war als oberste Richterin in allen religiösen Streitfragen anerkannt. Dadurch entstand in Deutschland die so genannte Geistesfreiheit, oder, wie man sie ebenfalls nennt, die Denkfreiheit. Das Denken ward ein Recht und die Befugnisse der Vernunft wurden legitim.« (Heinrich Heine, Zur Geschichte der Religion und Philosophie in Deutschland)

Heinrich Heine sieht mit Luther ein neues Zeitalter des Geistes heraufziehen, einen Vorläufer der Aufklärung, dessen Einfluss auf die deutsche Kultur- und Geistesgeschichte in ihren positiven wie negativen Folgen kaum zu unterschätzen ist. Und so sind 500 Jahre Reformationsgeschichte Anlass und Aufforderung zugleich, sich mit den weitreichenden Folgen der Reformation auf allen Gebieten der Kulturgeschichte auseinanderzusetzen.

In der Regel begleiten lange und intensive Diskussionen den Prozess, in dem die Mitglieder des Arbeitskreises selbständiger Kultur-Institute (AsKI) gemeinsame Themen entwickeln. Als im Herbst 2011 das Stichwort »Luther« fiel, bekundete indes über die Hälfte der AsKI-Institute umgehend und nachhaltig Interesse. Ihr breites Spektrum versprach ein facettenreiches Projekt zu den Auswirkungen von Luthers Reformation auf die Kulturgeschichte. Die Erwartung trog nicht, und so bietet der vorliegende Sammelband viele überraschende Einsichten aus der Polyperspektive der AsKI-Institute und deren besonderen Sammelbeständen und Forschungsinteressen. Das Spektrum reicht von den ganz unmittelbaren künstlerischen und politischen Folgen der Reformation im 16. Jahrhundert über kulturgeschichtliche Prägungen der Folgezeit, wie etwa im Halleschen Pietismus oder in der Begräbniskultur, bis hin zur Auseinandersetzung einzelner Künstler mit Luther und seinem Wirken.

Die allgemeine Zielsetzung gibt eine Maxime vor, die Goethe im Hinblick auf das dreihundertjährige Reformationsjubiläum 1817 formulierte: »und jetzt, da wir ihn [Luther] feiern sollen, tun wir es nur alsdann im rechten Sinne, wenn wir sein Verdienst anerkennen, darstellen, was er in seiner Zeit und den Nachkommen geleistet hat.« Im Besonderen hinterfragt der Beitrag der Arbeitsgemeinschaft

Friedhof und Denkmal, Kassel, ob und wie die Reformation die Sepulkralkultur verändert hat; das Museum der Brotkultur, Ulm, erläutert an Artefakten seiner Sammlung den reformatorischen Einfluss auf die Darstellung von Essen und Abendmahl. Die Umdeutung der militärisch-politischen Niederlage von Luthers Landesherrn zum ideologischen Sieg ist Thema im Beitrag der Stiftung Weimarer Klassik über die Ernestiner als Schirmherren der Reformation. Die Gesellschaft für Reichskammergerichtsforschung, Wetzlar, untersucht die vergeblichen Bemühungen vor dem Schmalkaldischen Krieg, die mit der Reformation entstandenen politischen Konflikte juristisch zu lösen und zeigt auf, wie danach mit zwei konkurrierenden Rechtssystemen umgegangen wurde. Wie sich die Reformation im Ostseeraum ausbreitete und diesen kulturell prägte, beschreiben die Schleswig-Holsteinischen Landesmuseen Schloss Gottorf. Und wie im 18. Jahrhundert der Hallesche Pietismus die reformatorischen Anliegen weiterentwickelt hat, wird an der Darstellung der Franckeschen Stiftungen zu Halle sichtbar.

Luthers Widerhall in den Künsten bzw. bei einzelnen Künstlern gehen die Beiträge des Karlsruher Max-Reger-Instituts und des Goethe-Museums Düsseldorf nach; die Kleist Gedenk- und Forschungsstätte, Frankfurt (Oder), stellt Kleists Lutherfigur als Widerpart des Michael Kohlhaas vor. Schloss Friedenstein Gotha beleuchtet die Formen und Wirkstrategien seiner zahlreichen illustrierten Einblattholzschnitte aus der Reformationszeit. Den Lutherporträts von Lukas Cranach d. Ä. nähern sich die Wartburg-Stiftung, Eisenach, und das Germanische Nationalmuseum, Nürnberg, aus je verschiedenen Blickwinkeln an. Die Gerhard-Marcks-Stiftung, Bremen, deutet Marcks' Porträtbüsten von Luther und Melanchthon neu.

Luthers prägender Einfluss auf die deutsche Sprache wird im historischen Bogen zweier Beiträge anschaulich. Die Wartburg-Stiftung zeichnet Luthers gewaltiges Übersetzungsvorhaben des Neuen und des Alten Testaments nach. Das Museum für Kommunikation Nürnberg widmet sich dem sprachlichen Weiterleben des Reformators im Sprichwort. Mit dem im Reformationskontext unabweisbaren Thema Antisemitismus setzt sich das Fritz Bauer Institut, Frankfurt, auseinander und beschreibt Luthers Gesinnungswandel gegenüber den Juden und dessen Folgen.

Ein solches Gemeinschaftsprojekt kann nur gelingen, wenn möglichst viele Mitglieder engagiert mitwirken. 18 Autoren haben sich für 15 AsKI-Institute an dieser Publikation beteiligt:

Ingrid Dettmann (Stiftung Schloss Friedenstein Gotha); Bernhard Essig (für das Museum für Kommunikation Nürnberg); Ulrike Eydinger (Stiftung Schloss Friedenstein Gotha); Kai Fischer (für das Gerhard-Marcks-Haus); Isabel Greschat (Museum der Brotkultur); Barbara Gribnitz (Kleist Gedenk- und Forschungsstätte); Daniel Hess (Germanisches Nationalmuseum); Thomas Kaufmann (für das Fritz Bauer Institut); Jutta Krauß (Wartburg-Stiftung); Uta Kuhl (Stiftung Schleswig-Holsteinische Landesmuseen Schloss Gottorf); Oliver Mack (Germanisches Nationalmuseum); Thomas Müller-Bahlke (Franckesche Stiftungen zu Halle); Susanne Popp (Max-Reger-Institut – Elsa-Reger-Stiftung); Günter Schuchardt (Wartburg-Stiftung); Manuel Schwarz (Klassik Stiftung Weimar); Reiner Sörries (Museum für Sepulkralkultur); Heike Spies (Goethe-Museum Düsseldorf); Stefan Xenakis (für die Gesellschaft für Reichskammergerichtsforschung).

Ihnen allen sei an erster Stelle ganz besonders gedankt, ebenso Udo Di Fabio für das Geleitwort zu diesem Sammelband.

Die grafische Gestaltung hat Winfried Brenner übernommen, dessen Geduld und zahlreiche, kreative Vorschläge sowie die außerordentlich anregende und stets produktive Zusammenarbeit wir sehr geschätzt haben.

Ein Dank gilt auch unserem Team in der Geschäftsstelle des AsKI für die engagierte Mitarbeit an diesem Gemeinschaftsprojekt: Franz Fechner, Dorothea Koch und Marcus Schasse.

Die Realisierung dieses Sammelbandes wäre nicht möglich gewesen ohne die großzügige Unterstützung der Beauftragten der Bundesregierung für Kultur und Medien, die Sondermittel für Projekte der Luther-Dekade zur Verfügung gestellt hat. Insbesondere Kulturstaatsministerin Monika Grütters sei an dieser Stelle herzlich gedankt.

Dank gebührt – last but not least – erneut der Udo van Meeteren Stiftung, die die Projekte des AsKI seit vielen Jahren fördert.

Wolfgang Trautwein
Vorsitzender des AsKI e.V.

Ulrike Horstenkamp/Gabriele Weidle
Geschäftsführung des AsKI e.V.

Kulturgeschichtliche Wirkung

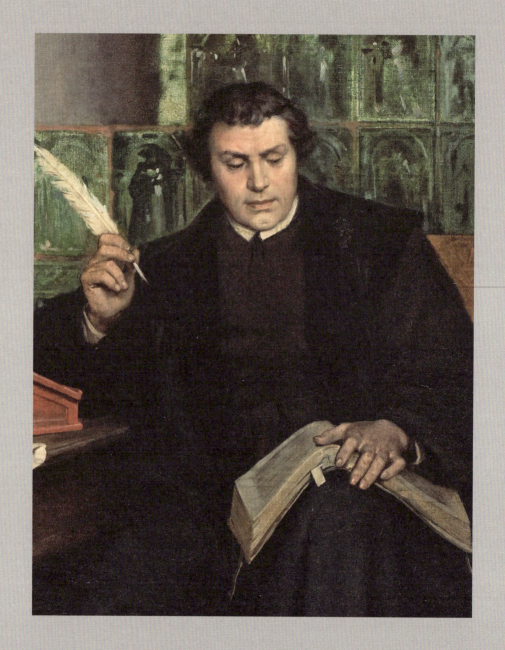

Aber nun hat Gott mir den Mund aufgetan
und mir zu reden befohlen.

Ein »gewaltiger Dolmetscher« –
Luther und die deutsche Sprache

Jutta Krauß

In einer Vorrede zum Alten Testament erklärte Martin Luther 1523, dass er seine angeborene deutsche Sprache noch nicht beherrsche. Es sei ihm bisher noch kein Buch oder Brief im rechten Deutsch untergekommen, und es achte auch niemand darauf, »sonderlich der herrn Canceleyen vnd die lumpen prediger vnd puppen schreyber, die sich lassen duncken, sie haben macht deutsche sprach zu endern vnd dichten vns teglich newe wortter …«[1]

Im Exil auf der Wartburg hatte er erst vor kurzem das Neue Testament übersetzt – es war schlagartig zum Bestseller geworden, der Erfolg hätte ihn also durchaus selbstbewusster machen können. Jedoch stellte das Alte Testament, an dem er soeben arbeitete, eine noch viel größere Herausforderung an seinen Dolmetscher dar. In etwa erschließt sich dies aus Luthers bildschönem Vergleich der biblischen Sprachen: die Hebräer trinken aus der Bornquelle, die Griechen aus den Wassern, die aus der Quelle fließen, die Lateinischen aber aus den Pfützen.[2] Hebräisch hielt Luther für so reich, »das keyne sprach sie mag gnugsam zu erlangen«[3]. Noch weniger eine, die sich in ihrer »rechten« Form kaum greifen ließ, möchte man hinzufügen. Eine, die in Dialekte, Mundarten und völlig verschiedene Begriffe zerfiel, Kommunikation erschwerte, ja oft unmöglich machte, und die im Vergleich mit der Sprache der Gebildeten, dem Latein, als grob und ungeschliffen galt. Vernichtende Urteile wie das des Mainzer Erzbischofs Berthold, der 1485 meinte, an der Armut der deutschen Sprache müsse jeder Übersetzungsversuch der Bibel scheitern, speisten sich freilich auch aus handfesteren Befürchtungen der Kirche. Sie sah durch die seit dem 15. Jh. wachsende Zahl volkssprachlicher Drucke ihr Auslegungsmonopol bedroht, auf dem Hierarchien, Traditionen und Ordnung beruhten. Nicht ganz zu Unrecht, wie Luthers Reformation dann bewies.

Von solch kirchenfeindlichen Absichten noch weit entfernt, hatte der um Gottesgnade und -gerechtigkeit ringende Mönchsgelehrte bereits Mitte der 1510er Jahre in Predigten des Mystikers Johannes

Paul Thumann,
Luther übersetzt die Bibel,
Öl auf Leinwand, 1872

Die Lutherstube auf der Wartburg. Blick in die NW-Ecke mit geöffneter Tür zum Schlafraum

Tauler und in der »Deutsch Theologia« des sog. Frankfurters plausiblere Hilfe gefunden, als die alte Kirche sie bot. Letzteres Traktat gab er 1516 zunächst auszugsweise, 1518 komplett heraus und bemerkte im Vorwort: »Ich danke Gott, dass ich in deutscher Zunge meinen Gott also höre und finde…«[4] Es ging dem Lateiner, der sich bis dahin zumindest schriftlich kaum des Deutschen bedient hatte, weder um Abkehr von den hochgeschätzten Bibelsprachen, noch um die deutsche Sprache an sich. Wichtig waren ihm vielmehr die neuerliche Heilserkenntnis und der Beweis, dass theologische Probleme durchaus auf Deutsch zu erklären und dem Volk zugänglich zu machen waren.

»Ich habe keine gewisse, sonderliche, eigene Sprache im Deutschen …«

Den Umstand, dass Leute auf 30 Meilen Entfernung einander nicht mehr verstehen können[5], reflektierte Luther in seinen Tischreden. Gemeint waren hier besonders die großen, noch zusätzlich unterteilten Sprachräume im Norden und Süden; zwischen ihnen waren die Unterschiede enorm. Dem wirtschaftlich betriebsamen Ostmitteldeutschland, wozu der Lutherstammort Möhra sowie die Lebensstationen Eisenach und Erfurt zählten, kam auch sprachlich eine Art

Brückenfunktion zu. In diesem Durchgangsgebiet sog man die rege eingetragenen regionalen Sonderheiten aus Nord, Süd, Ost und West am ehesten auf. Luthers »angeborene Muttersprache« lag hier beheimatet, das Thüringische dürften sich die Eltern auch in Mansfeld bewahrt haben. Dass der Reformator später vehement bestritt, ein »Thöring« oder »Meichsner« zu sein und sich vielmehr als »Sachse« bezeichnete[6], irritiert gleich zweifach. Über seine Thüringer Vorfahren äußerte er sich sonst mit einigem Stolz, und das kursächsische Wittenberg – wie auch Mansfeld und Luthers Schulort Magdeburg – befanden sich schon im niederdeutschen Einflussbereich, obgleich hart an der Sprachgrenze zum Ostmitteldeutschen gelegen. Sein »sächsisches« Selbstverständnis gründete wohl im Schriftgebrauch der kurfürstlichen Behörden. Mit Luthers schon genannten Ortswechseln und mit seinem Wirkungskreis, der rege kommunizierenden Residenz- und Universitätsstadt an der Elbe, verfügte der künftige Dolmetscher über eine gute Ausgangsbasis.

Wenn Luther zudem von sich behauptete, er habe keine gewisse, sonderliche, eigene Sprache, sondern gebrauche das (all)gemeine Deutsch der (ober)sächsischen Kanzlei[7], dann maß er deren ebenfalls kaum homogenen Schreibusus einen Rang zu, den es – trotz Ausgleichstendenz zwischen den kaiserlichen und kurfürstlichen Ämtern – im Ganzen gesehen schwerlich haben konnte. Für Luther war es das gebräuchliche »Buchstabenkleid«, naheliegend und sicher optimal. Die »oberländische« hielt er nicht für »die rechte deutsche Sprache«; sie nähme »den Mund voll und weit, und lautet hart«. Das Sächsische gehe dagegen »fein leise und leicht daher«[8]. Darüber hinaus weiß die heutige Germanistik, dass sich Luthers Deutsch damals durchaus in den Wittenberger Sprach- und Schreibstil des Gelehrtenkreises und der damit verschränkten Druckersprache eingefügt hat, also gar kein alles überragender Sonderfall war.[9] »Eigenes nicht völlig aufgebend, Neuem gegenüber zunehmend aufnahmebereit«[10] ist vielleicht die unverfänglichste, aber wohl treffendste Aussage, besonders im Zusammenhang mit all den Reisen, deutsch-

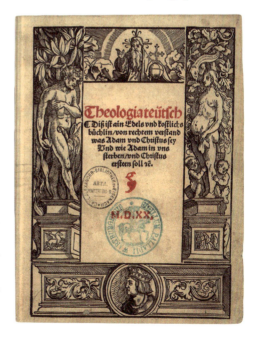

Martin Luther,
Theologia teutsch,
gedruckt bei Silvan Ottmar,
Augsburg 1520

Die erste von Luther veröffentlichte Schrift: Eyn geystlich edles Buchleynn … gedruckt bei Johann Grunenberg, Wittenberg 1516

landweiten Korrespondenzen und nicht zuletzt mit dem täglichen Kontakt zu den Wittenberger Kollegen, die aus verschiedensten deutschen Gegenden stammten. Letzten Endes leuchtet es ein, dass auf dem Weg zur »Einheitssprache« Luthers Herkunft und Heimat ein entscheidendes Pfund war. Ein in Kiel oder Konstanz lebender Luther wäre aus Sicht der Sprachwissenschaftler schlicht undenkbar gewesen.[11]

»Gott hat mir den Mund aufgetan«

Aus diesem von mehreren günstigen Faktoren getragenen Fundament musste dennoch nicht zwangsläufig der Sprachbildner erwachsen, der in idealisierendem Überschwang sogar der Schöpfer des Neuhochdeutschen genannt worden ist. Kein Einzelner, und sei er noch so sprachbegabt, wäre allerdings jemals imstande eine Sprache zu begründen. Vielmehr lenkte Luther mittels seiner Bibelübersetzung zum einen das vergleichsweise spät zur Hochsprache strebende Deutsch vom bisher dominanten Süden in Deutschlands Mitte und suchte zum andern das allgemein Verständlichste herauszufiltern. Eine solche Synthese verlangte freilich ein außergewöhnliches Maß an Talent und Begabung, genauso den unbändigen Willen, überall gehört und verstanden zu werden. Vor allem aber bedurfte es dazu einer Sache am Puls der Zeit, einer, die schlichtweg jeden interessierte. Diesen Anspruch erfüllten in der Tat Luthers Thesen gegen den Ablass und den daraus erwachsenen blühenden Handel. Zunächst verfasste er sie in Latein, hierin noch ganz der Akademiker, der zur gelehrten Disputation aufrief. Inmitten des überbordenden Ablasshandels, inmitten vielfacher Kritik am sittenlosen Klerus und an Roms geldgieriger Bevormundung der »deutschen Nation« bahnte sich das hochbrisante Papier ohne des Wittenberger Zutuns den Weg in die Öffentlichkeit, wurde vervielfältigt, übersetzt und wirkte allerorts wie der zündende Funke im Pulverfass. In Reaktion auf die unerhört schnelle Verbreitung und rege Aufnahme fasste Luther seine Thesen in Deutsch zusammen; sein Sermon über Ablass und Gnade erschien im Frühjahr 1518.

Quasi mit Donnerschlag berühmt geworden, trieben die Konsequenzen den Wittenberger von nun an vorwärts. Seine Kirche erklärte dem Ketzer den Krieg, für das Volk war er facettenreicher Hoffnungsträger. Folgerichtig sah er vor allem dort seine Adressaten, bediente er sich in seinen Schriften jetzt hauptsächlich der deutschen Sprache. War das Thesenpapier in 14 Tagen durch ganz Deutschland gelaufen[12] und seine erste deutsche Flugschrift innerhalb zweier Jahre insgesamt 25 Mal gedruckt worden, erlebten auch der Appell an den deutschen Adel und die Schrift über die Freiheit eines Christenmenschen nie gekannte Auflagenhöhen und zahlreiche Nachdrucke. Zwischen 1519 und 1522 stieg die Produktion deutscher Publikationen um 700 Prozent und kehrte das bisherige Verhältnis von 28 Prozent volkssprachlichen gegenüber 72 Prozent lateinischen Drucken komplett um. Bezogen auf die deutsche Gesamtbevölkerung – um 1500 ca. 12 Millionen – kam im ersten Drittel des 16. Jh. auf jeden Bewohner eine Flugschrift, bezogen auf die Lesekundigen sogar zehn.[13] Die Reformation zeigte sich in erster Instanz als ein zuvor nie dagewesenes Medienereignis, initiiert und geprägt von Luther, das dem Deutschen gegenüber dem elitären Latein zur Emanzipation verhalf. Inzwischen gebannt und geächtet, erklärte der zum Volksschriftsteller gewordene Theologe 1524 in seiner Ratsherrenschrift Motiv und Antrieb seiner Wortmeldungen: »Aber nun hat Gott mir den Mund aufgetan und mir zu reden befohlen, dazu steht er mir so kräftig bei und macht, ohne dass ich etwas dazu rate und tue, meine Sache umso stärker, breitet sie umso weiter aus, je mehr sie toben, und er stellt sich, als lache und spotte er ihres Tobens, wie Ps 2,4 sagt. An dem allein schon kann, wer nicht verstockt ist, merken, dass diese Sache Gottes eigene Sache sein muss … Darum will ich, wie Jesaja sagt, reden und nicht schweigen, solange ich lebe …«[14] Luther sah sich in Gottes Mission, zum Prophet der Deutschen berufen und zeigte mithin auch sprachlich, dass der Glaube Berge versetzen kann.

»Eine Last, die über meine Kräfte gehen will …«

Unanfechtbare Grundlage seines Denkens und Handelns war für Luther die Bibel. Aus ihr hatte er seine evangelische Lehre gezogen. Sie galt es nun zu verbreiten. Als der bärtige Junker Jörg im Wartburg-Exil an den Freund Nikolaus von Amsdorf schrieb, er werde

nun das Neue Testament übersetzen, weil das die Unsrigen verlangen[15], hatte es großer Überredungskunst wohl kaum bedurft. Luther war auch beileibe nicht der Erste, der sich an ein solches Vorhaben gesetzt hätte; seit Beginn des Buchdrucks kursierten bereits 18 volkssprachliche Bibeln. Alle basierten auf der lateinischen Vulgata, der einzigen kirchlich anerkannten Übersetzung aus dem 4. Jh. Folglich hielten sich die bisherigen Texte stets eng an ihren Wortlaut, hatten die Verfasser jede freiere Interpretation vermieden. Wenn sich Luther bei seiner Arbeit dann wieder und wieder gefragt hat, ob denn ›dies deutsch geredet sei‹ und ›welcher Deutsche wohl einen solchen Satz verstehen könne‹[16], ging er größtenteils ganz anders vor, nämlich nach dem Prinzip der sinngemäßen Übersetzung. Obgleich schon geschult an Psalmen und Perikopen, die in seine Sammlung deutscher Predigten einflossen, stellte der Dolmetscher im Januar 1522 fest, dass er sich mit dem Neuen Testament »eine Last aufgeladen habe, die über meine Kräfte geht. Nun sehe ich, was Dolmetschen heißt und warum es bisher niemand versucht hat, der seinen Namen dazu hergegeben hätte.«[17]

Luthers Messlatte lag hoch. Laut des Briefes an Amsdorf wollte er den Deutschen eine bessere Übersetzung geben, als sie die Lateiner haben.[18] Neben sich auf dem Tisch natürlich die Vulgata, vertiefte er sich aber viel intensiver in Editionen der griechischen Urtexte, wie sie soeben von Erasmus von Rotterdam oder Nikolaus Gerbel herausgegeben worden waren. Auch das kein Novum – schon der Wittenberger Professor hatte, abweichend vom üblichen Zitieren kirchenväterlicher Dogmen und gelehrter Sentenzen, die Bibel selbst durchgenommen, dabei öfter die Worte der Ursprungsfassung betrachtet und anders übersetzt als die Vulgata. »Zurück zu den Quellen« lautete das Gebot der Humanisten, das auch Luther geprägt hatte.

Während der Werdegang des Alten Testaments anhand originaler Manuskripte und Protokolle von Revisionssitzungen nachvollzogen werden kann, ist es um die Quellenlage für Luthers Arbeit auf der

Wartburg schlecht bestellt. Dennoch, sichtbar wird auch hier, wie sehr dem Dolmetscher daran gelegen war, sein Neues Testament der lebendigen Umgangssprache anzunähern: In der Vulgata begrüßt der Engel die Gottesmutter mit den Worten »Ave Maria, gratia plena«, wörtlich übertragen: »Sei gegrüßt Maria voll Gnaden«. Aber welcher Deutsche würde so sprechen, ohne dabei nicht viel eher an ein Fass voll Bier oder einen Beutel voller Geld zu denken?[19] Also legte Luther einem nun deutschsprachigen Gabriel die hierzulande gebräuchliche Begrüßungsformel »du liebe Maria« oder »du holdselige Magd« in den Mund[20], berief sich auf vergleichbare Bibelstellen und ignorierte damit ein von der Kirche festgesetztes, zumal täglich gebetetes Idiom. Ähnlich verfuhr er mit einem Satz aus dem Matthäusevangelium »Aus dem Überfluss des Herzens redet der Mund«. Solle damit nicht gesagt sein, dass man zu viel oder ein zu großes Herz habe, sei dessen Überfluss so

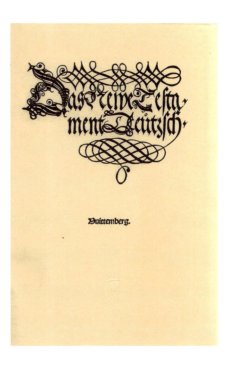

unverständlich wie der Überfluss eines Kachelofens; seine Wendung »wes das Herz voll ist, des geht der Mund über« wurde zum Klassiker im Deutschen. Um schließlich der gepredigten Werkgerechtigkeit ein für alle Mal einen Riegel vorzuschieben, formulierte Luther, dass der Mensch vor Gott »gerecht werde ohne des Gesetzes Werke, *allein* durch den Glauben«. Hier warf man ihm die Zutat des Wörtchens »allein« vor, das im Römerbrief nicht vorkommt. Das von Gegnern heftig angefeindete Vorgehen rechtfertigte er im Sendbrief vom Dolmetschen: Im Deutschen gehöre das Wort unmissverständlicher Weise hinein, ›die Sache selbst erfordere es‹[21].

Mit Blick auf »die Sache« entschied der Theologe überhaupt immer, wo sinngemäß und wo wörtlich zu übersetzen war. Letzteres behielt er sich vor in Partikeln wie »siehe« als Signal zur Aufmerksamkeit, im gehäuften »und«, Ausdruck von mythologischer Dichte, oder mit dem oft einleitenden »es begab sich aber«, dem Anzeichen für heilsgeschichtliches Geschehen. Dadurch wurde der Sakralstil durchgängig bewahrt. Sowohl diese Methode wie auch die verantwortungsbewusste Suche nach der treffenden deutschen Umschreibung gaben ihm Recht. Das auf der Wartburg entstandene Buch, nach seinem Erscheinungstermin Septembertestament genannt,

Das Newe Testament Deutzsch, Wittenberg (September 1522), gedruckt bei Melchior Lotter d. J.

wurde auf der Leipziger Herbstmesse 1522 der Bestseller. Im Nu waren die 3000 Exemplare vergriffen, rechtzeitig vor Weihnachten kam die schon verbesserte Zweitauflage auf den Markt.

»Viel gewagt und oft den Sinn gegeben und die Worte fahren lassen ...«

Der noch erheblicheren Herausforderung des Alten Testaments stellte sich Luther nicht allein. Trotz des fachkundigen Bibelkollegiums aus Hebraisten und Gräzisten an seiner Seite brauchte es weitere zwölf Jahre, bevor die gesamte Heilige Schrift in der Lutherischen Version vorlag. Von den »Wacken und Klötzen«, die aus dem Wege zu räumen waren, bevor jetzt einer mit den Augen über drei, vier Blätter laufen könne wie über ein gehobelt' Brett[22], berichtet der 1530 verfasste Sendbrief. Über dem Buch Hiob wollte Luther an den sprachlichen Hürden fast verzweifeln und vermerkte, dass in vier Tagen kaum drei Zeilen fertig geworden seien.[23] Bei den großen Propheten meinte er, sie würden sich mit Macht gegen die Verdeutschung sträuben[24] und verglich die Mühe mit der Dressur einer Nachtigall zum Kuckucksruf[25].

Das bildreiche Hebräisch präsentierte den Übersetzern manch harte Nuss, die mitunter zu gewagten Adaptionen genötigt habe.[26] Dies fiel umso leichter, je virtuoser, besser man mit der Zielsprache

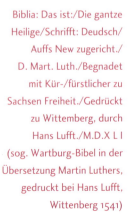

Biblia: Das ist:/Die gantze Heilige/Schrifft: Deudsch/ Auffs New zugericht./ D. Mart. Luth./Begnadet mit Kür-/fürstlicher zu Sachsen Freiheit./Gedrückt zu Wittemberg, durch Hans Lufft./M.D.X L I (sog. Wartburg-Bibel in der Übersetzung Martin Luthers, gedruckt bei Hans Lufft, Wittenberg 1541)

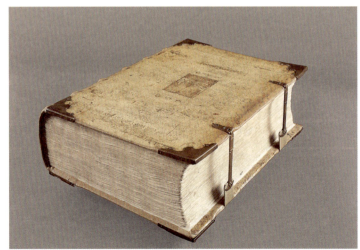

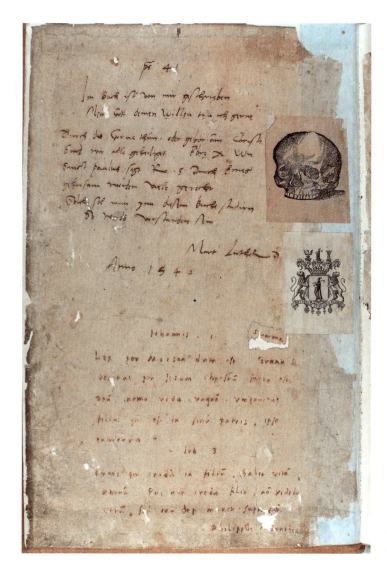

Deutsch zu jonglieren wusste, was wiederum einen reichen Wort-
schatz voraussetzte, die Kenntnis vieler regional gebräuchlicher
Begriffe und Wendungen. Da wurde der Schlachter nach Teilen des
Schafs gefragt, um Ritualopfer korrekt zu beschreiben, der Handwerker nach Werkzeugen, um vom Tempelbau Salomons zu erzählen,
im kurfürstlichen Schloss nach den exakten Namen von Edelsteinen
gefahndet, um das Neue Jerusalem auszumalen. Wo immer lohnend,

sammelte Luther die Bezeichnungen von allem möglichen Getier, von Pflanzen, Früchten, Gegenständen oder Tätigkeiten. »Denn man muss nicht die Buchstaben in der lateinischen Sprache fragen, wie man soll deutsch reden, sondern … die Mutter im Hause, die Kinder auf der Gassen, den gemeinen Mann auf dem Markt drum fragen und denselbigen auf das Maul sehen, wie sie reden und darnach dolmetschen, so verstehen sie es denn und merken, dass man deutsch mit ihnen redet«.[27] Auf diese Weise des aufmerksamen Hin- und Herumhörens kam zusammen, was Luther den notwendig »großen Vorrat von Worten«[28] nannte. Auf diese Weise wurde zum sprachlichen Gemeingut, was bisher nur regional geläufig gewesen war.

Aufs Maul sehen bedeutete für Luther allerdings auch nicht nach dem Munde reden. Sein Anspruch an den Bibelleser war keineswegs gering, wenn ihm ein Hebraismus in der wörtlichen Wiedergabe eindrucksvoller, erhabener erschien als in der entsprechenden Übersetzung. »Du bist in die Höhe gefahren und hast das Gefängnis gefangen«, sei in seinem tieferen Sinn kaum ebenbürtig auszudrücken im Deutschen, habe doch Christus nicht nur die in Sünde gegen das Gesetz Gefangenen erlöst, sondern auch dafür gesorgt, dass dieses Gefängnis auf ewig aufgehoben werde.[29] Dagegen nannte Luther die hebräischen Psalmworte »Lass meine Seele voll werden mit Schmalz und Fettem, dass mein Mund mit fröhlichen Lippen rühme« für jeden Deutschen völlig unverständlich. Gemeint sei hier nichts anderes als jubelnde Freude, denn nur ein gesundes, fettes Tier könne fröhlich sein, ein mageres hingegen bloß traurig.[30]

Dass Luther aus einer Sprache, die sich in ihrer Vielzahl von Unterarten dann doch nicht als so arm erwies wie behauptet, ein solch poetisches Werk errichtete, zeugt von genialer Begabung, aber auch von lebenslanger Spracharbeit. Deutlich gemacht werden soll dies an Matthäus 7,3. Hier heißt es in der Mentelin-Bibel von 1466, der eine noch ca. 100 Jahre ältere, wohl Nürnberger Übersetzung zugrunde lag: »Wann was siehstu den agen in dem augen deines bruders: ond siechst nit den trom in deim augen«. »Trom« kannte Luther in der Form von »thramen«, geläufiger war ihm jedoch der ostmitteldeutsche »Balken«, den er für seinen Text benutzte. Für Mentels »agen« hatte er zunächst keine Entsprechung. Andere Übersetzer aus dem gleichen Sprachraum gebrauchten dafür »ayne« (mhd. agne [Spreu] oder ruetlein). In seinen Predigten wählte Luther zunächst »stickle«, »stecklin« und »steckenn«, im Septembertestament steht »spreyssen«, und erst im Dezembertestament fand er mit »splitter« die

Die Wittembergisch nachtigall
Die man yetz höret vberall.

Ich sage ewch/wo dise sweygen/so werdē den die Steyne redē.

gültige Lösung, die im Sprichwort bis heute fortlebt: Du siehst den Splitter im Auge deines Bruders und wirst des Balkens in deinem Auge nicht gewahr.[31]

Auch wenn wie hier nicht alle Aphorismen in der Lutherbibel dem Autor selbst zugeschrieben werden können, so fasziniert seine Kreativität doch über alle Maßen. Egal, ob es sich um Sinnsprüche handelt wie »Perlen vor die Säue werfen«, »sein Scherflein beitragen« oder »jemandem sein Herz ausschütten« oder ob es Begriffe sind wie Lückenbüßer, Schandfleck oder Sündenbock – die Liste könnte in Länge fortgesetzt werden – Luthers Sprachbildnerei sucht ihresgleichen (s. auch S. 30 ff.: Beitrag von Rolf-Bernhard Essig, »Alles in Luther? Das sprichwörtliche Weiterleben des Reformators«).

»Da hab ich mit Freuden geschrieben …«

Genugtuung und gewissen Stolz auf sein literarisches Schaffen wird der Wittenberger schon gehabt haben, da er »Gottes Sache« derart wirkungsvoll verfocht. So einfühlsam und poetisch seine Bibeltexte und -auslegungen auch daherkommen, so erschreckend muten seine Schimpfkanonaden an. Die Kehrseite des Dichters bestand in einem streitbaren, auch wild tobenden Luther, der die ganze Klaviatur des zeitgenössischen Grobianismus bestens beherrscht hat. Man möchte kaum glauben, dass das Magnifikat, die Auslegung vom Gotteslob der Maria, und die verbalen Auswüchse gegen Papst, Bauern, Juden oder die Schmähschrift auf Herzog Heinrich von Braunschweig-Wolfenbüttel »Wider Hans Worst« aus ein und derselben Feder stammen. Luther bekannte öfter, hier und da zu heftig reagiert zu haben, wusste um seine Anfälligkeit für unerträgliche Polemik, fühlte sich darin jedoch offensichtlich wohl und in seinem Element. »Da hab ich mit Freuden geschrieben«[32], hieß es über seine Papstkritik und mit Blick auf den Braunschweiger Gegner zeigte er geradezu ein Stimmungshoch: »Wie könnt' ich sie besser plagen? Davon werde ich jung und frisch, stark und fröhlich«.[33] Seinem Temperament ließ er freien Lauf, wusste es in drastische Worte zu kleiden und zögerte nie, jemanden, der sich seiner Lehre entgegengestellt hatte, als Hurentreiber[34], Doktor Ochsenfurtz[35], Doktor Sau[36], Blutsäufer[37] oder Scheißbischof[38] zu bezeichnen.

Mit der gleichen Freude, in der Angriff und Gegenangriff aufs Papier gebracht wurden, vermochte Luther erst recht Christi frohe

Botschaft darzutun. In der »Freiheit eines Christenmenschen« fabulierte er zur Illustration der Sündenvergebung das Bild einer ausgelassenen Hochzeit zwischen dem Erlöser und der sündigen Menschenseele, »da der reiche, edle, fromme Bräutigam Christus das arme, verachtete, böse Hürlein zur Ehe nimmt und sie entledigt von allem Übel, zieret mit allen Gütern! So ist's nicht möglich, dass die Sünden sie verdammen, denn sie liegen nun auf Christo und sind in ihm verschlungen. So hat sie so eine reiche Gerechtigkeit in ihrem Bräutigam, dass sie abermals wider alle Sünden bestehen kann, ob sie schon auf ihr lägen.«[39] Nicht minder eindrucksvoll ist eines seiner bekanntesten Lieder, das Gott mit der »festen Burg« assoziiert, ihn als »gute Wehr und Waffen« gegen alle Not besingt. Ohne die ungeheuer starke Emotionalität Luthers, seine immer wieder hervorleuchtende Empathie, ohne das – erzieherisch oft durchaus sinnvolle – »lang Geschwätz«[40], dessen er sich selbst gelegentlich bezichtigte, und ohne den sprichwörtlichen Lutherzorn wäre sein Werk vermutlich weniger beeindruckend geworden, womöglich gar nicht erst entstanden.

Vom Lutherdeutsch zur Spracheinheit

Das »Lutherdeutsch« würdigten schon die Zeitgenossen. In Justus Jonas' Eislebener Leichenpredigt war vom trefflichen Rhetoriker und vom gewaltigen Dolmetscher die Rede, der die deutsche Sprache wieder hervorgebracht habe, dass man nun recht deutsch reden und schreiben könne.[41] Sachlichen Beweis für sein Lob liefern Zahlen: Bis zu Luthers Tod 1546 waren allein von Wittenberg über 80 Teilausgaben, vornehmlich das Neue Testament, und zehn Auflagen der Vollbibel ausgegangen. Im gleichen Zeitraum erschienen 260 auswärtige Nachdrucke und überdies fünf Bibeln und 90 Teilausgaben in Niederdeutsch. Damit kursierten schon zu Luthers Lebzeiten schätzungsweise eine halbe Million Lutherbibeln – die davon ausgehende, gewaltige Breitenwirkung lässt sich erahnen.[42] Obwohl noch 1550 vor den »glatten Honigworten einer güldenen Zunge« der Protestanten gewarnt wurde[43], vermochten auch die Korrekturbibeln von katholischer Seite den Einfluss Lutherischer Übersetzung nicht verleugnen. Konkret waren das Hieronymus Emsers Neues Testament von 1527, dem Luther Plagiat nachwies, und die Vollbibeln Johann Dietenbergers von 1534 und Johannes Ecks aus dem Jahr 1537.

Hiervon erlebte die sprachlich leicht oberdeutsch gefärbte Version Dietenbergers rund 100 Auflagen, die letzte 1776, während die Eck-Bibel, sehr stark am Bairischen orientiert und demnach auch nur hier und in Österreich weit verbreitet, über sieben Auflagen nicht hinauskam, ihre linguistische Wirkung schon im 17. Jh. verlor und später als sprachlich ungenießbar galt.[44]

In evangelischen Haushalten und Schulen wurde Luthers Heilige Schrift zum Bildungsbuch schlechthin, desgleichen seine Katechismen. Eine 1558 erschienene Grammatik von Johannes Clajus bezog sich vollständig auf die Luthertexte – mit ihren elf Auflagen bis 1720 eines der erfolgreichsten Lehrbücher seiner Art.[45] Als »rechten deutschen Cicero« und »deutschen Lehrmeister« bezeichnete 1663 auch der Theologe Johann Balthasar Schupp den Wittenberger Reformator: wer gutes Deutsch lernen wolle, so empfahl er, lese fleißig die Lutherbibel.[46] Ganz ähnlich äußerte sich im gleichen Jahr der Grammatiker Justus Georg Schottel, Mitglied der Fruchtbringenden Gesellschaft, die sich der deutschen Sprachpflege verschrieb. Luther habe »alle Lieblichkeit und Zier, Ungestüm und bewegenden Donner in die deutsche Sprache gepflanzet.«[47] Nach Herder hat Luther die deutsche Sprache »aufgewecket und losgebunden«[48], Jacob Grimm sah in ihm den symbolischen Gründervater des Neuhochdeutschen, das für ihn sogar ein »protestantischer Dialekt« war[49]. Klopstock bestimmte die Bibelübersetzung als »nationsbildende Tat«[50] und in diesem Sinne urteilte auch Goethe: »… denn es ist wahr, was Gott im Koran sagt: Wir haben keinem Volk einen Propheten geschickt als in seiner Sprache! Und so sind die Deutschen erst ein Volk durch Luthern geworden.«[51]

Das Fundament einheitlichen Sprachgebrauchs war im 16. Jh. gesetzt, der Weiterbau, wenngleich langwierig, nicht mehr aufzuhalten. Im 17. Jh. machte sich bei der im Wesentlichen etablierten Lutherbibel bereits einiger Modernisierungsbedarf bemerkbar. Hatte der Baseler Drucker Adam Petri seinem Nachdruck von Luthers Neuem Testament 1523 ein Glossar beigegeben, wie es auch andere mit und nach ihm taten, ersetzte man nun, zunächst sehr vorsichtig, veraltete Worte oder korrigierte Schreibweisen innerhalb des Textes. 1713 brachte Freiherr Carl Hildebrand von Canstein die erste revidierte Ausgabe auf den Weg.[52] Die Canstein'sche Bibelanstalt, die er gemeinsam mit dem pietistischen Theologen August Hermann Francke und seinen Hallenser Stiftungen ins Leben rief, war nicht nur die weltweit erste, und bis heute bestehende, Bibelgesellschaft, sondern auch die innovativste. Bemüht um preisgünstigsten Druck, was besonders durch die Novität des Stehsatzes gewährleistet war, bilanzierte allein diese Anstalt 1775 bereits über eine Million Vollbibeln und über 700 Tausend Exemplare des Neuen Testaments und erwarb sich so besonders erwähnenswerte Verdienste um deren textstabile Verbreitung.[53] Sprachliche Korrekturen der Lutherbibel unternahmen nach Canstein auch andere Herausgeber, bis angesichts der zunehmenden Zahl unterschiedlicher Lutherbibeln um 1860 mit der ersten kirchenamtlichen Bibelrevision begonnen wurde, der weitere nachfolgten. Die oft zitierte deutsche Spracheinheit stellte sich um die Mitte des 18. Jahrhunderts in der Literatur ein, im Sprechen noch viel später und nur in bestimmten Domänen.[54]

Hochdeutsch, besser die heutige deutsche Standardsprache hat einen langen Weg hinter sich, wobei die jeweiligen Entwicklungszentren unterschiedlich verortet waren. Dass neben dem Oberdeutschen und Ostfränkischen im 16. Jh. das Ostmitteldeutsche zu einer fundamentalen Säule wurde, ist ohne Zweifel Luther zu verdanken, der die deutsche(n) Volkssprache(n) mit seiner Bibel zu kanalisieren imstande war, und dies sicherlich nur mit der Bibel, die dann im religiösen wie auch im kulturellen Leben zum Buch der Bücher wurde.[55]

1   WA DB 8, S. 32.

2   WA TR 1, S. 525, 15–20.

3   WA DB 10/1, S. 94, 2–7.

4   WA 1, S. 379.

5   WA TR 5, S. 511–512, Nr. 6146.

6   WA TR 4, S. 604–605, Nr. 4996.

7   WA TR 2, S. 639–640, Nr. 2758a, b;
WA TR 1, S. 524–525, Nr. 1040.

8   WA TR 4, S. 511–512, Nr. 6146.

9   Rudolf Große u. a. (Hg.), *Wittenberg –
Sprache und Kultur in der Reformationszeit,*
Frankfurt a.M. 2008, S. 81 und S. 145–146.
Vgl. auch Werner Besch, *Luther und die
deutsche Sprache,* Berlin 2014, S. 33–35.

10   Zit. nach Besch (Anm. 9), S. 35.

11   Werner Besch, *Sprachgeschichte. Ein
Handbuch zur Geschichte und Erforschung der
deutschen Sprache,* 2. Teilband, Walter de Gruyter New York Berlin 2000, Bd. 2, S. 1717.

12   WA 51, S. 540.

13   Zahlenangaben nach Johannes Schwitalla,
Flugschrift, Tübingen 1999, S. 27 und Hans-
Joachim Köhler, *Die Flugschriften der frühen
Neuzeit. Ein Überblick.* In: Werner Arnold u.a.
(Hg.), *Die Erforschung der Buch- und Biblio-
theksgeschichte,* Wiesbaden 1987, S. 338.

14   Zit. nach der Calwer Luther-Ausgabe,
hg. von Wolfgang Metzger, Stuttgart 1996,
S. 151 (WA 15, S. 27).

15   Zit. nach Martin Luther, *Briefe von
der Wartburg 1521/22,* hg. von Herbert
Hintzenstern, Eisenach 1984, S. 125.

16   WA 30 II, S. 637, 26 f.

17   Zit. nach Hintzenstern (Anm. 15),
S. 132–134, hier S. 133 (WA BR 2, S. 422–424,
Nr. 449).

18   Ebd., S. 134.

19   WA 30, 2, S. 638.

20   WA 30, 2, S. 639.

21   WA 30, 2, S. 643.

22   Vgl. WA 30, 2, S. 636.

23   Vgl. Albrecht Beutel, *Am Anfang war das
Wort. Studien zu Luthers Sprachverständnis,*
Tübingen 2006, S. 263.

24   Vgl. Konrad Kratzsch, *Zur Druckge-
schichte der Lutherbibel 1522–1546.* In: *Beibuch
zur Faksimile-Ausgabe der ersten vollständigen
Lutherbibel von 1534 in zwei Bänden,* Leipzig
1983, S. 42.

25   Vgl. Beutel (Anm. 23), S. 270.

26   WA 38, S. 11, 38; Vgl. Birgit Stolt,
Martin Luthers Rhetorik des Herzens,
Tübingen 2000, S. 95.

27   WA 30, 2, S. 637.

28   WA 30, 2, S. 639.

29   WA 38, S. 13; vgl. Stolt (Anm. 26), S. 97;
Beutel (Anm. 23), S. 269 f.

30   Zit. nach Stolt (Anm. 26), S. 108;
WA 38, S. 10.

31   Vgl. Erwin Arndt/Gisela Brandt,
Luther und die deutsche Sprache, Leipzig 1987,
S. 200.

32   WA TR 1, S. 215, Nr. 491.

33   WA 51, S. 469; vgl. auch Herbert Wolf,
Luthers sprachliche Selbstbeurteilungen.
In: *Zeitschrift für deutsche Philologie,* hg. von
Werner Besch und Hartmut Steinecke,
S. 356–357.

34   WA 12, S. 94, 3 f.

35   WA 43, 1, S. 85, 27.

36   WA 51, S. 542; WA 53, S. 249; WA 54,
S. 231, 11.

37   WA 1, S. 657, 2; WA 6, S. 406, 2.

38   WA 50, S. 351, 11.

39   WA 7, S. 20 f.; vgl. Stolt (Anm. 26), S. 109.

40   WA TR 2, S. 40, Nr. 1317.

41   Vgl. Friedrich Kluge, *Von Luther
bis Lessing. Sprachgeschichtliche Aufsätze,*
Straßburg 1904, S. 41.

42   Vgl. Besch (Anm. 9), S. 57.

43 Wolfgang Besch, *Die Rolle Luthers in der deutschen Sprachgeschichte.* In: Wolfgang Besch (Hg.), *Sprachgeschichte. Ein Handbuch zur Geschichte der deutschen Sprache,* 1. Teilband, 2. Aufl., Walter de Gruyter 1998, S. 1715.

44 Friedrich Wilhelm Bautz, *ECK, Johann.* In: *Biographisch-Bibliographisches Kirchenlexikon,* Bd. 1, Hamm 1975, Sp. 1452–1454.

45 Vgl. Besch (Anm. 11), S. 1713–1745, hier S. 1714.

46 Ebd.

47 Zit. nach Besch (Anm. 9), S. 49.

48 Zit. nach Christian Senkel, *Patriotismus und Protestantismus. Konfessionelle Semantik im nationalen Diskurs zwischen 1749 und 1813,* Tübingen 2015, S. 116.

49 Besch (Anm. 11), S. 1716.

50 Senkel (Anm. 48), S. 100.

51 Goethe an Blumenthal, 28. Mai 1819. In: *Goethe. Werke,* Weimarer Ausgabe IV, Bd. 31, S. 160.

52 Johannes Erben, *Luther und die neuhochdeutsche Schriftsprache.* In: Heinz Rupp (Hg.), *Deutsche Wortgeschichte,* Teil 1, Walter de Gruyter 1974, S. 568.

53 Vgl. Besch (Anm. 9), S. 58.

54 Ebd., S. 139.

55 Vgl. Johannes Anderegg, *Aufs Maul geschaut? Überlegungen zum Einfluss Luthers auf die deutsche Literatur.* In: Corinna Dahlgrün und Jens Haustein, *Anmut und Sprachgewalt. Zur Zukunft der Lutherbibel,* Deutsche Bibelgesellschaft 2013, S. 131.

COLLOQVIA Oder

Tischreden Doctor Martini Lutheri / so er in vilen Jaren / die Zeyt seines Lebens / gegen Gelehrten Leuthen / Auch frömbden Gesten vnd seinen Tischgesellen geführet. Darinn von allen Artic켄ln vnser Religion / Auch von hohen stücken / Fragen vnd Antwort / Item viel mercklichen Historijs / vnd sonst von allerley Lehre / Trost / Rath / Weissagung / Warnung vnd vermanung / Bericht vnd vnterricht zu finden. Anfencklichs von M. Anthonio Lauterbach zusamen getragen / Hernacher in gewisse Locos Comunes verfaßet / vñ auß viel anderer Gelehrter Leut Collectaneis gemehret

Durch Johannem Aurisabern.

Weiter ist auch hinzu kommen ein Newer Anhang / etlicher Tischreden / So der Thewre Mann Gottes / D. Martin Luther gegen Gelarten Theologis vnd Pfarrherrn / kurz vor seinem End vnd seligen Abschied auß dieser Welt geführet hat / sampt vielen Trostschrifften / Sendbriefen / Auch Historien / Antworten auff vielfaltige fragen / Bericht von den fürnembsten Heubtstück Christlicher Religion / an gefährzige Christe zum mehrer theil geschrieben / vnd auch Mündtlichen geredt. Jetzunder auffs Newe auß vielen geschriebenen Büchern zusammen getragen / vnd allen Pfarrherrn / Studiosis / zu dienst vnd wolgefallen /

Durch einen liebhaber der Theologia an Tag geben.

Getruckt zu Franckfurt am Mayn / im Jar M. D. LXVIII.

Wir müssen aber den Teufelsdreck
darvon tun und die Sprichwörter retten.

Alles in Luther?
Das sprichwörtliche Weiterleben des Reformators

Rolf-Bernhard Essig

In puncto Volkstümlichkeit kann ihm keine unserer Berühmtheiten das Wasser reichen. Bei mehreren hundert Veranstaltungen und Radiosendungen mit Hörerbeteiligung in ganz Deutschland zum Thema »Sprichwörter und Redensarten« zwischen 2008 und 2016 erlebte ich kaum eine, bei der nicht Martin-Luther-Sprüche aufs Tapet gebracht wurden – fast immer mit einem verschmitzten Lächeln. Die Dauerbrenner waren:

»Warum rülpset und furzet Ihr nicht? Hat es Euch nicht geschmecket?«[1]

»Aus einem verzagten Arsch fährt niemals ein fröhlicher Furz.«

»Iss, was gar ist, trink, was klar ist, sprich, was wahr ist.«[2]

»Wer nicht liebt Wein, Weib und Gesang, der bleibt ein Narr sein Leben lang, sagt Doktor Martin Luther.«[3]

»Wenn morgen die Welt unterginge, würde ich ein Apfelbäumchen pflanzen.«[4]

»Hier steh ich nun, ich kann nicht anders.«[5]

»Tritt fest auf, tu's Maul auf, hör bald auf.«[6]

Doch keines dieser vielverwendeten Sprichwörter stammt tatsächlich von Luther. Sie wurden ihm nur zugeschrieben, teils von Zeitgenossen, teils im 18. oder sogar erst im 20. Jahrhundert. Das gilt insbesondere für das berühmte Apfelbäumchen-Zitat, das sich zahlreich auf Nippes sowie Spruchkarten und Buchtiteln findet. Zum 500. Reformationsjubiläum gab es dazu sogar eine Pflanzaktion: Die Barnimer Baumschule suchte 95 Paten für 95 Luther-Apfelbäume – für jede seiner Thesen einen.[7]

Von den sieben zitierten »Luther«-Weisheiten kann immerhin die letzte direkt aus seinen Ratschlägen für einen guten Prediger destilliert werden, die anderen spiegeln bloß seine Standhaftigkeit, Genuss- und Leibfreude wieder, die ja in vielen seiner Äußerungen belegt sind. Man kann angesichts dieser volkstümlichen Freude am Legendarischen mit Giordano Bruno sagen: »Ist es auch nicht wahr, so ist es gut erfunden.« Der derbe Ton manch erfundenen Spruchs

Luther, Martin/Lauerbach, Anton/Aurifaber, Johann; Colloquia Oder Tischreden Doctor Martini Lutheri so er in vilen Jaren, die Zeyt seines Lebens, gegen Gelehrten Leuthen, Auch frömbden Gesten und seinen Tischgesellen gefüret. Darin[nen] von allen Articklen unser Religion ... Fragen und Antwort ... zu finden. Franckfurt am Mayn 1568 passt ebenfalls ohne Zweifel zu Luthers üblicher Sprachpraxis. So schrieb er am 23. Januar 1527: »Gnade und Frieden! Nichts neues gibt es, was ich an Dich schreiben könnte, mein Wenzeslaus, und was sollten wir, die wir in diesem Arsch der Welt verborgene Würmer sind, an Euch schreiben, die ihr auf dem Gipfelpunkt der Welt sitzt, und an Ort und Stelle die Schönheit der Welt seht und hört?«[8]

In aller Munde, an vielen Tischen

Die Pseudo-Luthersprichwörter beweisen überzeugend die Sonderstellung des Reformators als Teil der Volkskultur weit über protestantische Kreise hinaus. Er selbst half kräftig mit, als eine Axt im Wald wahrgenommen zu werden: »… ich bin dazu geboren, dass ich mit den Rotten und Teufeln muss kriegen und zu Felde liegen, darum meiner Bücher viel stürmisch und kriegrisch sind. Ich muss die Klötze [Stümpfe] und Stämme ausrotten [herausreißen], Dornen und Hecken weghauen, die Pfützen ausfüllen und bin der grobe Waldrechter [Roderer], der die Bahn brechen und zurichten [herstellen] muss.«[9] Das galt auch und gerade für seine verletzende Sprache, die er so beschreibt: »Philippus [Melanchthon] sticht auch, aber nur mit Pfriemen und Nadeln; die Stich sind übel zu heilen und tun wehe. Ich aber steche mit Schweinspießen …«[10]

Ungezählte Selbst- und Fremdbeschreibungen ließen Martin Luther zu einer geradezu mythischen Figur werden, die dennoch erdverbunden, menschlich, zum Anfassen blieb. Seine an der Tafel oder im Studierzimmer geäußerten Worte wurden schon zu Lebzeiten eifrig notiert, nach seinem Tod als »Tischreden« veröffentlicht. Sie vor allem festigten das populäre Bild eines glaubensgewissen Hausvaters, urwüchsig, genussfreudig, kampflustig, leutselig. Schon Goethe, der sich 1817 über den Thesenanschlagsjubiläumsrummel ärgerte, betonte: »Denn, unter uns gesagt, ist an der ganzen Sache nichts interessant als Luthers Charakter und es ist auch das Einzige, was der Menge eigent-

lich imponiert.«[11] Die falsche Erklärung der Redewendung »jemandem etwas ankreiden« mit Hilfe einer Luther-Bratwurstlegende gehört aus diesem Grund ebenfalls hierher. In Erfurt, Wertheim, wahrscheinlich auch anderen Städten soll er eine Bratwurst zwar gegessen, aber nicht bezahlt haben; der Wirt habe diese Schulden mit Kreide an die Tür geschrieben, weshalb man noch heute »in der Kreide stehen« oder »jemandem etwas ankreiden« sage. Die Redewendung ist freilich hundert Jahre älter.[12]

Als Held der deutschen Geschichte und als jemand, dem nichts Menschliches fremd war, lebte Luther in einer Art Heiligengeschichte weiter, wurde Stoff für Literatur, bildende Kunst, Musik, Film und Fernsehen. Dass er trotz unbestrittener Gelehrtheit und Frömmigkeit volksnah war und seine Sprache derart einflussreich wurde, macht ihn zum Sprichwortereignis noch für die heutige Zeit.

Über Luthers Sprichwort- und Redensartenfreude gibt es reichlich Literatur.[13] Er setzte allein in der Auslegung des 101. Psalms 170 Sprichwörter ein[14] und legte für seine theologische, seelsorgerische und publizistische Arbeit eine umfangreiche Sammlung mit Sprichwörtern an.[15] Hier findet man neben heute verschwundenen wie »Der wollt gern scheißen, wenn er Dreck im Bauche hätt« oder »Mäusedreck unter Pfeffer«[16] viele gebräuchliche Redewendungen und Sprichwörter, die Luther offenbar bemerkenswert fand, beispielsweise: »Eine Sache von eim alten Zaun brechen«, »Eine Krähe hackt der anderen kein Auge aus«, »Groß Geschrei und wenig Wolle«, »Fersengeld geben«, »sein Mütlin kühlen«, »Kleine Kinder, kleine Sorge, große Kinder, große Sorge«, »Der Nasen immer nach« »Das ist das Ende vom Liede«, »Wie ein Katze um den Brei«, »strecken nach der Decke«.[17] Luther bediente sich selbst häufig aus seiner Sammlung, dazu aus weiteren Sprichwortbüchern von Erasmus von Rotterdam, Thomas Murner oder Johannes Agricola[18]. Dass er von Haus aus einen Vorrat mitbrachte, den Schule und Studium noch bereicherten, versteht sich. Einen wichtigen Grund für seine Neigung, die er mit vielen Geistern seiner Zeit teilte, nennt er in den Tischreden, wobei er gleichzeitig dazu aufruft, sich die Sprichwörter nicht madig machen zu lassen: »Der Teufel ist auch den Spruchwortern feind, drumb hat er seine Geister dran geschmiert wie an viel Spruch der Schrift, damit er's mit seim Spott verdächtig machte und die Leut davonführet. Wir müssen aber den Teufelsdreck darvon tun und die Spruchwörter erretten.«[19]

Mehr als nur ein Scherflein

Luther war zwar kein fleißiger Sprichwortproduzent, gerade im Vergleich mit Goethe und Schiller, bedeutsam ist er aber als außerordentlich wirkungsvoller Sprichwortkatalysator, indem er Sprichwörtliches durch den Gebrauch – besonders in seiner Bibelübersetzung – hervorhob, veränderte, normierte und dadurch bekannt hielt.[20]

Damit trug er weit mehr als ein Scherflein zum deutschen Sprichwortschatz bei, beispielsweise auch dieses selbst. Luther ersetzte nämlich bei der Bibelübersetzung oft Dinge, Bräuche, Redensarten aus dem Hebräischen oder Griechischen durch solche, die ihm und seinen Zeitgenossen vertraut waren. Sowohl Markus- (12,42) wie Lukas-Evangelium (21,2) berichten von einer Witwe, die trotz Armut in das Almosenkästchen zwei Lepton einlegt und von Jesus dafür gelobt wird. »Lepton«, die kleine Münze der griechisch-römischen Antike, übersetzte Luther mit »Scherflein«. Der Scherf, Schaerf oder Schärft war eine ebenfalls geringwertige, gängige sächsisch-niedersächsische Münze, die er durch »-lein« noch verkleinerte.

Ähnlich sieht es aus mit dem Denkzettel, den wir jemandem verpassen. Das Wort »gedenkcedel« gab es zwar schon vor Luther für gerichtliche Mitteilungen in Schriftform, doch seine Entscheidung, die jüdischen Gebetsriemen in der Bibel mit »Denkzettel« zu übersetzen, verhalf dem Ausdruck zu weiter Verbreitung und anderer Bedeutung im Sinne von »Erinnerung an etwas«. Daraus entwickelte sich noch im 16. Jahrhundert die Bezeichnung für eine Art To-do-Liste und dann unter dem Einfluss von Strafzetteln für Schüler in Jesuitenanstalten, auf denen auch zu erwartende Züchtigungen vermerkt waren, unser Ausdruck für eine handgreifliche Erinnerung.[21]

Beim Sündenbock, der gesucht oder gefunden wird, sorgte ebenfalls Luthers Bibelübersetzung für die Redensart, gab er doch dem Tier, das stellvertretend die Sünden des Volkes Israel auf sich zu nehmen hatte und in die Wüste gejagt wurde, diesen Namen. Ähnlich ist

Centmünze/Scherflein

es bei »das ist nur ein Lippenbekenntnis«, das er wohl nach Jesaja 29,13 bildete, bei »eine Richtschnur sein« (Jesaja 28,17) oder bei der Wendung »im Dunkeln tappen« (5. Mose 28,29). Verbreitet ist ebenso die auf die Lutherbibel zurückgehende Redewendung »aus seinem Herzen keine Mördergrube machen«. Im Lukas- (19,46) und Matthäus-Evangelium (21,12) geht es um

Jesu Vertreibung der Händler und Geldwechsler aus dem Tempel: »Es steht geschrieben: ›Mein Haus ist ein Bethaus‹; ihr aber habt's gemacht zur Mördergrube.« Im griechischen Original steht allerdings »Höhle der Räuber«. Da das Herz nach christlicher Überzeugung ein Tempel Gottes sein soll, konnte der von Luther geprägte Ausdruck »Mördergrube« für die Redewendung produktiv werden.

Auch das oft zu hörende »man soll sein Licht nicht unter den Scheffel stellen« geht auf den Reformator zurück, der es nicht nur in seiner Übersetzung von Mt. 5,15, Lk. 11,33 und Mk. 4,21, sondern auch in weiteren Schriften gern verwendete, um falsche Bescheidenheit zu bezeichnen.

Einst geläufig, inzwischen veraltet ist die biblische Redensart »wider den Stachel löcken«.[22] Luther übersetzte hier in Apostelgeschichte 9,5 »calcitrare« mit »lecken«, das er als »aufbegehren gegen etwas«, »ausschlagen« verstand, dazu »stimulus« als Stachel zum Antreiben der Ochsen. So beschreibt für ihn »wider den Stachel lecken« ungebührliches Verhalten eines Untergebenen, der sich wie ein Ochse gegen den Stachel des Treibers wehrt. Um eine Verwechslung mit dem Lecken der Zunge zu vermeiden, veränderten Redakteure der Bibel es im 17. Jahrhundert erst in »locken«, dann in »löcken«. Gerade weil »wider den Stachel löcken« spezifisch für Luthers Übersetzung war, blieb die Redewendung bis weit ins 20. Jahrhundert unter Protestanten beliebt.

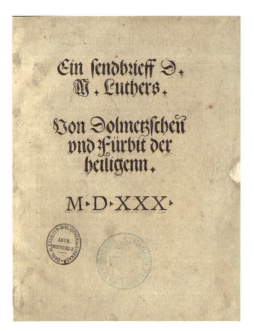

Martin Luther:
Ein sendbrieff Von
Dolmetzschenn und
Fürbit der heiligenn.
Nürnberg 1539,
Wartburg-Stiftung

Einer von Luthers prominentesten Sprüchen, programmatisch erwähnt als Beispiel für richtiges Übersetzen im selbst sprichwortreichen »Sendbrief vom Dolmetschen«[23], ist: »Wes das Herz voll ist, des geht der Mund über«. Die Übernahme des offenbar gebräuchlichen deutschen Sprichworts hatte aber bereits sein katholischer Gegner Hieronymus Emser als Übersetzung im Sinn – Luther rühmt sich dessen gleichwohl.[24] »Luther erweist sich also auch an diesem Beispiel als Normgeber der Schriftsprache und wegen des gewaltigen Einflusses seiner Bibelübersetzung auch als Normgeber der Umgangssprache und ihrer Sprichwörter.«[25]

Dauerhaft gängig machte Luther mit seiner deutschen Bibelfassung Redensarten und Sprichwörter wie »ein Stein des Anstoßes sein«, »mit Blindheit geschlagen sein«, »den Splitter im fremden Auge sehen, aber nicht den Balken im eigenen«[26], »Der Mensch lebt nicht vom Brot allein« sowie »Niemand kann zwei Herren dienen«. Originäre Eigenprägungen sind Sprichwörter wie »Recht muss Recht bleiben« oder »Bleibe im Land und nähre dich redlich«, außerdem Redensarten wie »seine Zunge in Zaum halten«, »ein Machtwort sprechen« und »in den letzten Zügen liegen«.[27]

Köhlerglaube, feste Burg und Matthäi am Letzten

Luthers Einfluss auf die sprichwörtlichen Redewendungen im Deutschen war stark, aber nicht immer stark genug. Für den ersten Fall kann man die so alltägliche wie bis heute nicht überzeugend erklärte Redensart »ins Bockshorn jagen« ins Feld führen, denn vor und nach Luther gab es auch die Formen »ins Bockshorn zwingen, treiben, stoßen, kriechen, blasen«. »Die Tatsache, daß gerade Luther ›ins Bockshorn jagen‹ sagt, hat wohl entscheidend dazu beigetragen, daß mit der Zeit nur ›jagen‹ sich erhalten hat.«[28] Für den zweiten Fall, eines zu wenig starken Einflusses, seien angeführt: »Es ist nicht alles Gold, das gleißet« (heute heißt es »was glänzt«), »Es ist mit Herren nicht gut Kirschen essen, sie werfen einen mit den Stielen« (heute »mit jemandem ist nicht gut Kirschen essen«), »Es ist besser ein Sperling in der Faust, denn nach einem Kranich in der Luft gaffen«, (heute »Besser ein Spatz in der Hand als eine Taube auf dem Dach«) und »Alte Schuld rostet nicht« (heute »Alte Liebe rostet nicht«).[29]

Ähnlich stark wie seine Bibelübersetzung wirkten sich für den Bereich des Sprichwörtlichen im Deutschen Luthers Werke aus, allein schon durch ihren Gebrauch im protestantischen Alltag. Geflügelte Worte überhaupt, also auch die Luthers, dienten besonders in Bürgertum und Adel des 19. Jahrhunderts als eine Art Erkennungszeichen und Bildungsbeweis. Man praktizierte »eine umfassende Konversationskultur … in der das Zitieren kanonischer Texte bzw. von Bruchstücken solcher Texte, der ›Geflügelten Worte‹ – wie sie in Georg Büchmanns Sammlung für den allgemeinen Gebrauch bereitgestellt wurden – eine zentrale Rolle spielte.«[30] Die große Beliebtheit der Luther-Zitate ist verantwortlich für die häufige Zuschreibung von Sätzen an ihn, wie eben die eingangs erwähnten. Zu den nicht von Luther stammenden gehört auch das innerkirchlich gern zitierte »Ecclesia semper reformanda (est)« – »Die Kirche ist immer eine zu reformierende«, das älter und jünger zugleich ist.[31]

Sechs tatsächlich auf ihn zurückgehende Geflügelte Worte entstammen allein seinem Kirchenlied »Ein feste Burg ist unser Gott«, geradezu die Hymne der Reformation. Da ist der Titel selbst, dann »ein gute Wehr und Waffen«, »Das Wort sie sollen lassen stahn«, »Und wenn die Welt voll Teufel wär«, »der Fürst dieser Welt«, »Lass fahren dahin«. Das Kinderlied zum Weihnachtsfest »Vom Himmel hoch, da komm ich her« ist mit der ersten Zeile schon oft Gegenstand ironischen Gebrauchs geworden, mehr noch die zweite Zeile »Ich bring euch gute neue Mär«.

»Ein feste Burg ist unser Gott – Junker Jörg übersetzt das neue Testament«, Notgeld Eisenach 1921

Einflussreich war selbstverständlich Luthers »Katechismus«, vor allem der Kleine, den jeder Konfirmand zu studieren, ja über Jahrhunderte hinweg auswendig zu lernen hatte. In dessen 4. und 5. Hauptstück kommt immer wieder die zum Geflügelten Wort gewordene Frage vor »Wo steht das geschrieben?«[32] Hier findet sich ebenfalls das inzwischen als Hüllformel fürs Sterben oder als Redensart fürs Pleite-Sein ver-

wendete »Dann ist Matthäi am Letzten«. Eigentlich
handelt es sich nur um eine Stellenangabe für die
Bibel: »Da unser Herr Jesus Christus spricht Matthäi am letzten. Geht hin in alle Welt …«[33] Das am
Ende des Matthäus-Evangeliums erwähnte Welt-
ende ließ sich leicht auf das Ende von Geld, Leben
oder Geduld übertragen.[34] Volkstümlich wurde
dazu Luthers Forderung aus dem »Sendbrief vom
Dolmetschen«[35], die eigentlich nur an den Übersetzer gerichtet war, man müsse dem »Volk aufs Maul
schauen«. Veraltet, aber durchaus noch im Schwange
ist das Luther-Wort »man lasse die Geister aufeinander platzen« aus seinem »Brief an die Fürsten zu
Sachsen von dem aufrührerischen Geist«.[36]

Vollkommen verloren hat sich die Kenntnis vom
Luther-Zusammenhang bei redensartlichen Aus-
drücken wie »Küchenpsychologie« oder »Küchen-
prosa«. Der Reformator schrieb und sprach – in einer Nachbildung
lateinischer Wendungen – oft von »Küchenlatein«, ein Spottbegriff
für schlechtes, ja hochstaplerisch verwendetes Latein, wie es ein für
die Küche zuständiger Mönch gerade noch zustande bringt. Das
schöne Koppelwort ließ sich natürlich sehr gut auf andere Fachge-
biete übertragen, was freilich erst im 20. Jahrhundert der Fall war.

Wie gerufen kam Luther das im 16. Jahrhundert neugebildete
Wort »Ölgötze«, das zuerst bemalte heidnische Standbilder bezeichnete. Er benutzte es als Schimpfwort für die mit heiligem Öl gesalb-
ten Priester der katholischen Kirche bis hin zum Papst, die er so
gleichzeitig mit heidnischen Standbildern verglich. Noch näher lag
die Übertragung von »Ölgötze« auf die Heiligendarstellungen der
Katholiken, ob als Gemälde oder bemalte Skulptur. Im Zusammenhang damit prägte oder popularisierte Luther die spöttische Redewendung »dastehen wie ein Ölgötze« für Dumm- und Klotzköpfe.

Zur Verbreitung und Sinnveränderung trug Luther mit seiner
Verwendung der Redewendung »einen Köhlerglauben haben« bei.
Heute versteht man darunter eine Art blinder, blöder Gefolgschaft,
doch früher bedeutete sie »treu, einfach und richtig glauben«. Eine in
vielen Varianten erzählte Geschichte steckt dahinter, die im Ursprung
von einem Köhler und seinem simplen, doch rechtschaffenen Glauben berichtet, der selbst den Teufel überwindet. Luther erzählte die
Geschichte anders[37]. Bei ihm argumentiert der Köhler im Zirkel-

schluss: »... ein Doktor hab einen Köhler zu Prage auf der Brücken aus Mitleiden als über einen armen Laien gefragt ›Lieber Mann, was gleubstu?‹ Der Köhler antwortet ›Das die Kirche gleubt’. Der Doktor ›Was gleubt denn die Kirche?‹ Der Köhler ›Das ich gleube’.«[38] Deshalb bezeichnete die Redewendung vom Köhlerglauben immer mehr – wie dann auch bei Fischart – nur noch unreflektierte Autoritätshörigkeit.

Erstaunlich modern klingt Luthers freie Übersetzung eines römischen Rechtsgrundsatzes in seiner Schrift »Von weltlicher Obrigkeit« (1523), die sich als Sprichwort längst von ihrem Urheber derart emanzipiert hat, dass man eher Heinrich Heine hinter ihr vermutet: »Gedanken sind zollfrei.«[39] Nicht nur übertrug er den Satz von der juristischen in die Zoll-Sphäre, er formulierte ihn weit kürzer als das Original.

Diese Prägnanz und sein immer wieder spöttelnder Ton machten Luther zitierfähig. So sorgte seine späte Schrift aus dem Jahr 1541 »Wider Hans Worst« dafür, dass aus einer Bezeichnung für eine plumpe Person, die mit einer gestopften Wurst verglichen wurde, diejenige für einen lächerlichen, verachtenswerten und frechen Tölpel wurde. Erst so eignete »Hanswurst« sich für die komische Figur im Theater, wegen der sich jemand noch heute »wie ein Hanswurst benehmen« kann. Auch Luthers heiteres Sprichwort »Was Hänschen nicht lernt, lernt Hans nimmermehr«[40] gehört in diesen Bereich, denn der über Jahrhunderte in Deutschland außerordentlich häufige Vorname Johannes führte ja in seiner Kurzform zum Übernamen »Hans« für die deutschen Männer insgesamt, die sich nun alle von dieser Lebensmaxime angesprochen fühlen konnten.

Zusammenfassend lässt sich sagen, dass die langfristige Wirkung der sprichwörtlichen Redensarten Luthers wohl besonders darin begründet liegt, dass sie oft gehäuft, sehr oft polemisch und durchweg prominent eingesetzt wurden. »Ohne Zweifel war diese festgeprägte Sprachware für Luther von größter kommunikativer Bedeutung, gleichgültig um was es sich in seinen Predigten, Streitschriften und Briefen drehte.«[41]

Selbst sprichwörtlich geworden

Kein Wunder, dass eine so berühmte, so sprichwortmächtige, so vielbewunderte und vielgescholtene Persönlichkeit wie Luther selbst zum Objekt von Sprichwörtern wurde. Früh schmähte man den Reformator schon, er habe das Kloster verlassen, um nicht mehr fasten zu müssen: »Martin Luther / frisst Käs und Butter.«[42] Häufig zitierte man Erasmus von Rotterdams Ausspruch »Der arme und geringe Luther macht viele zu reichen Hansen«, nämlich diejenigen Geistlichen, die ihn heftig angriffen und so in der katholischen Kirche Karriere machen konnten. Unter Protestanten beklagte man mangelnde Qualität von anmaßenden Pastoren mit dem Sprichwort: »Doktor Luthers Schuhe sind nicht jedem Dorfpfarrer gerecht.« Die gleichsam papstähnliche Stellung des Reformators stellte das Sprichwort klar: »Wer Luthers Lehr veracht, der bleibt ein Narr, wie groß er sich acht.«

Auch ohne seiner Lehre anzuhängen und ohne Jubiläum berufen sich selbst im 21. Jahrhundert nach wie vor unterschiedliche Bevölkerungsgruppen auf Martin Luther und seine sprichwörtlichen Weisheiten, wie zahlreiche Publikationen und Sammlungen im Internet beweisen.[43] Dass die Kategorien »echt«, »verändert«, »möglich, aber erfunden«, »falsch« auch nach fünfhundert Jahren kaum eine Rolle spielen, versteht sich dabei fast von selbst. So wirkt der echte Luther neben dem verfälschten immer noch mächtig auf unsere Sprache ein und wird es wohl noch lange tun. Das Schicksal teilt er mit anderen Klassikern. Alles in Luther also? Nicht immer. Aber immer öfter.

Gezeichnet von Samuel Rapp
für die Band »Deine Ludder«.

1 Dieses und die folgenden sechs Sprichwörter sind in vielen Varianten beliebt, von denen hier nur eine erwähnt wird. Zum Furzzitat ist zu sagen, dass obwohl selbst Bücher so betitelt werden – Mario Süssenguth: *Aus einem traurigen Arsch fährt nie ein fröhlicher Furz. Anekdoten über Luther.* Berlin 2006 – es im Grimm'schen Wörterbuch mit einem Hans-Sachs-Zitat belegt ist und wohl volksläufig war.

2 Das Zitat existiert sicher vor Luther schon und hat noch eine vierte, seltener benutzte Komponente »lieb, was rar ist.«

3 Zur Herkunft, Entwicklung und Rezeption des Sprichworts, das J. W. Goethe und M. Claudius entscheidend popularisierten, s. Wolfgang Mieder: *»Wein, Weib und Gesang«. Zum angeblichen Luther-Spruch in Kunst, Musik, Literatur, Medien und Karikaturen,* Wien 2004.

4 Erst gegen Ende des II. Weltkriegs ist das Zitat in einem Brief von Pfarrer Karl Lotz aus Hersfeld greifbar, freilich so formuliert, dass der Schreiber von Bekanntheit schon ausgeht. Über die erstaunliche Karriere des angeblichen Luther-Worts und dessen Bedeutung für die deutsche Mentalität vgl. Martin Schloemann: *Luthers Apfelbäumchen? Ein Kapitel deutscher Mentalitätsgeschichte seit dem Zweiten Weltkrieg,* Göttingen 1994.

5 Das soll Luther als Schluss seiner Erklärung vor dem Reichstag in Worms am 18. April 1521 gesagt haben; überliefert ist lediglich »Gott helfe mir, Amen!« Vgl. *Martin Luthers Werke. Kritische Gesamtausgabe* (Weimarer Ausgabe), Weimar 1883–2009, Band 7, S. 838, Z. 4–9. Zit. im Folgenden als WA mit Band- und Seitenzahl, bei den Tischreden als WATR; hier wie überhaupt wurden Schreibung und Lautung vorsichtig modernisiert.

Die Wittenberger Ausgabe zitiert 1569 allerdings schon: »Hier stehe ich, ich kann nicht anders. Gott helfe mir! Amen.« Martin Luthers Werke, Ausgabe Wittenberg 1569, Bd. 9, S. 110, b. Vgl. auch Lutz Röhrich: *Lexikon der sprichwörtlichen Redensarten,* Freiburg 2009, Bd. 3, S. 1533, im Folgenden: Röhrich.

6 In der Wochenpredigt über Mt. 5–7, die im Druck 1532 erschien, heißt es sehr ähnlich: »Denn das sind die drei Stücke, wie man sagt, so zu einem guten Prediger gehören: zum ersten dass er auftrete, zum andern dass er das Maul auftue und etwas sage, zum dritten dass er auch könne aufhören.« WA 32, 302, Z. 24–26.

7 http://www.martin-luther-apfel.de/index.php. Link überprüft am 30. April 2016.

8 Im Original: »Gratiam & pacem. Nihil noui est quod adte scribam mi Vuenceslae, & qui nos Vermes in hoc culo mundi latitantes ad vos scriberemus, qui in vertice mundi sedetis, & faciem mundi coram videtis & auditis?« WABW 4, S. 162 (Nr. 1075).

9 WA 30/II, S. 68.

10 WATR 2, Nr. 2410.

11 An Carl Ludwig von Knebel, 22. 8. 1817. Goethes Briefe, HAB 3, S. 400.

12 Aktuelle Nachweise (überprüfte Links April 2016) u. a. http://www.testedich.de/quiz35/quiz/1416557201/Jetzt-gehts-um-die-Wurst-Das-grosse-Wurstwissen-Quiz, hier die 7. Frage, https://de.wikipedia.org/wiki/1._Deutsches_Bratwurstmuseum, http://www.planet-wissen.de/gesellschaft/lebensmittel/wurst/index.html. Zur korrekten Erklärung der Redewendung vgl. Röhrich, Bd. 2, S. 888.

13 Dutzende Werke dazu finden sich in der *International Bibliography of Paremiology and*

Phraseology. Hg. von Wolfgang Mieder. Berlin / New York 2009. Vgl. vor allem die Nummern 265, 391, 567, 639, 674, 770, 838, 867, 905, 1009, 1055, 1510, 1511, 1928, 1981, 1982, 2103, 2531, 2657, 2883, 3317, 3504, 3653, 4329, 4340, 4355, 4357, 4572, 4631, 4670, 4681, 4702, 4812, 4885, 4901, 5171, 5205, 5250, 5262, 5371, 5461, 5465, 5657, 5659, 5660, 5661, 5667, 5676, 5707, 5720, 5761, 5772, 5799, 5811, 5963, 5988, 6280, 6284, 6445, 6447, 6448, 6449, 6649, 6903, 6983, 7117, 7191, 7549, 7729, 7738, 8098, 8156, 8164, 8182, 8195, 8289, 8400, 8630, 8738, 8833, 9107, 9108, 9480, 9600, 9642, 9724, 10017.

14 Dietz-Rüdiger Moser: »*Die wellt will meister klüglin bleiben …*« *Martin Luther und das deutsche Sprichwort.* In: *Muttersprache, 90* (1980), S. 151–166, hier S. 158.

15 Ernst Thiele (Hg.): *Luthers Sprichwörtersammlung. Nach seiner Handschrift.* Weimar 1900. Im Folgenden nach dessen Nummerierung zitiert. In populärer Form gibt es weitere Ausgaben, so: *Luthers Fabeln und Sprichwörter,* hg. von Reinhard Dithmar, Darmstadt 1995.

16 Thiele, Nr. 68, 371.

17 Thiele, Nr. 32, 67, 77, 118, 204, 275, 350, 434, 481.

18 Vgl. Moser, S. 151–166.

19 WATR 5, S. 62.

20 Berthold Weckmann: *Sprichwort und Redensart in der Lutherbibel.* In: *Archiv für das Studium der neueren Sprachen und Literaturen,* 221 (1984), S. 19–42, hier S. 31. So auch schon 160 Jahre zuvor Heuseler: »Ueber den Titel ,Luthers Sprichwörter' muß ich mich aber genauer erklären. Es werden nämlich damit nicht etwa solche Sprichwörter gemeint, welche dieser Mann selbst erfand; denn deren dürfen wohl nur sehr wenige seyn, und die

Sammlung derselben möchte kaum ein oder zwei Blätter erfordert haben.« J. A. Heuseler: *Luthers Sprichwörter aus seinen Schriften gesammelt und in Druck gegeben,* Leipzig 1824, S. IV.

21 Röhrich, Bd. 1, S. 312.

22 Vgl. dazu ausführlich Werner Besch: *Wider den Stachel löcken (lecken).* In: *Interdigitations. Essays for Irmengard Rauch,* hg. von Gerald F. Carr, Wayne Herbert, Lihua Zhang. New York et al. 1999, S. 247–256.

23 »*Ein sendbrief D. M. Luthers. Von Dolmetzschen und Fürbit der heiligenn.*« In: WA 30, Teil II, S. 632–646. Über den Sprichwortgebrauch darin Wolfgang Mieder: »Es ist gut pflügen, wenn der acker gereinigt ist«. Sprichwörtliche Argumentation in Luthers »Sendbrief vom Dolmetschen« (1530). In: *Wörterverbindungen. Festschrift für Jarmo Korhonen zum 60. Geburtstag,* hg. von Ulrich Breuer, Irma Hyvärinen. Frankfurt / M. et al. 2006, S. 431–446. Auf zwölfeinhalb Seiten dieser Schrift gebraucht Luther 34 sprichwörtliche Redensarten. Ebd., S. 443.

24 Weckmann, S. 37 f. Dazu Wolfgang Mieder: *Martin Luther und die Geschichte des Sprichwortes »Wes das Herz voll ist, des geht der Mund über«.* In: Ders.: *Sprichwörtliches und Geflügeltes. Sprachstudien von Martin Luther bis Karl Marx,* Bonn 1995, S. 13–22.

25 Mieder, S. 22.

26 Vor Luther hieß es noch drastischer: »Zeuch zuvor den Balken aus deinen Augen / un dan siehe daß du den Splitter aus deines Nechsten Auge ziehst.« Zitiert nach Martina D. Kessler: *Viel Köche versaltzen den Brey und Bey viel Hirten wird übel gehüetet. Diachrone Betrachtung der Variantenvielfalt phraseologischer Formen in Werken ab dem 16. Jahrhundert,* Frankfurt a. M. 2010, S. 76. Bei Luther dagegen: »Was siehst du aber den Splitter im Auge deines Bruders und nimmst nicht den Balken in deinem Auge wahr?«

27 Weckmann, S. 38–41.

28 Röhrich, S. 229.

29 Heuseler, S. 39, Nr. 162, S. 54, Nr. 206, S. 68, Nr. 249, S. 139, Nr. 434. Die Beispiele ließen sich leicht vermehren, schließlich veränderten sich Sprichwörter und Redewendungen vor den Normierungsanstrengungen des 19. Jahrhunderts häufig.

30 Harald Burger: *Alte und neue Methoden der historischen Phraseologie.* In: *Aspekte der historischen Phraseologie und Phraseographie,* hg. von N. Filatkina, A. Kleine-Engel, M. Dräger, H. Burger. Heidelberg 2012, S. 1–20, hier S. 14.

31 Theodor Mahlmann: *»Ecclesia semper reformanda«. Eine historische Aufarbeitung.* Neue Bearbeitung. In: T. Johansson, R. Kolb, J. A. Steiger (Hg.): *Hermeneutica Sacra. Studien zur Auslegung der Heiligen Schrift im 16. und 17. Jahrhundert.* Berlin / New York 2010, S. 382–441.

32 U. a. in: *Duden. Zitate und Aussprüche. Herkunft und aktueller Gebrauch.* Mannheim et al. 1993, S. 516.

33 WA 30 I, S. 380.

34 Weitere Erläuterungen u. konkurrierende Erklärungen bei Röhrich, Bd. 2, S. 1007.

35 WA 30, Teil II, S. 632–646, hier S. 637: »Sondern man mus die mutter ym hause, die kinder auff der gassen, den gemeinen man auff dem marckt drumb fragen, und den selbigen auff das maul sehen, wie sie reden, und darnach dolmetschen, so verstehen sie es denn, und mercken, das man deutsch mit jhn redet …«

36 WA 15, S. 210–221, hier S. 218f.

37 In seiner »*Warnungsschrift an die zu Frankfurt a. M., sich fur Zwinglischer Lere und Lerern zu hüten*«, Wittenberg 1533.

38 Ebd., S. 11.

39 WA 11, 246–280, hier S. 264. Das wahrscheinlich lateinische Vorbild formuliert: »Cogiationis poenam nemo patitur.« Wörtlich: »Des Gedankens wegen erleidet niemand Strafe.«

40 Wolfgang Mieder: »*Was Hänschen nicht lernt, lernt Hans nimmermehr.« Zur Überlieferung eines Luther-Sprichwortes.* In: *Sprachspiegel,* 39 (1983), S. 131–138. Nachdruck in: Ders.: *Sprichwörtliches und Geflügeltes. Sprachstudien von Martin Luther bis Karl Marx,* Bochum 1995, S. 23–32.

41 Mieder, »Es ist gut pflügen«, S. 442.

42 Dieser und die folgenden Luther-Sprüche nach Moser, S. 165f. Der fatale Reim »Luther – Butter« findet sich in weiteren Hänselversen wie »Der Doktor Martin Luther, der frisst an Kas und scheißt an Butter«, den ich aus Oberfranken kenne.

43 Eine kleine Auswahl populärer Sammlungen: Arnulf Zitelmann: *Ich, Martin Luther. Starke Sprüche über Weiber, Fürsten, Pfaffen undsoweiter,* Frankfurt a. M. 1982. *Dem Volk aufs Maul geschaut. Sprichwörter Luthers.* Hg. von Manfred Wolf, Leipzig 2011. http://www.bk-luebeck.eu/zitate-luther.html, http://natune.net/zitate/Martin%20Luther, http://www.aphorismen.de/suche?f_autor=2448_Martin+Luther, http://www.gratis-spruch.de/sprueche/Luther-Martin/autor/264, http://www.evangeliums.net/zitate/martin_luther.htm

Der gerecht mus viel leiden /
Aber der HERR hilfft ihm aus dem allen.

Zum Selbstverständnis einer Dynastie.
Die Ernestiner als Schutzherren der Reformation

Manuel Schwarz

Im Jahr 2016 veranstalten die Klassik Stiftung Weimar und die Stiftung Schloss Friedenstein Gotha gemeinsam die Thüringer Landesausstellung DIE ERNESTINER – EINE DYNASTIE PRÄGT EUROPA.[1] Die Schau begibt sich auf die Spuren einer der ältesten Dynastien, die die europäische Geschichte über Jahrhunderte beeinflusste. Durch die Leipziger Teilung von 1485 zwischen den Wettiner Brüdern Ernst und Albrecht entstanden die Ernestiner und Albertiner. Trotz der Teilung verstanden sich beide Linien weiterhin als Teil eines Hauses Sachsen. Die Begriffe Wettiner, Ernestiner und Albertiner etablierten sich erst im 19. Jahrhundert. Historische Kontinuität und legitimer Herrschaftsanspruch beider Linien standen nach der Leipziger Teilung von 1485 nicht in Frage. Grund für eine Legitimitätskrise bestand insbesondere bei den Ernestinern nicht, waren sie als die ältere Linie doch im Besitz der Kurwürde und gehörten zu den mächtigsten Dynastien im Heiligen Römischen Reich. Erst die Niederlage in der Schlacht bei Mühlberg 1547, in deren Folge die Kurwürde und große Teile des Territoriums verloren gingen, zwang die Ernestiner zu einer Neuerfindung ihrer dynastischen Identität. Von diesem Moment an bildete der Schutz der Reformation den neuen Gründungsmythos der Dynastie. Das politische Handeln und die Selbstinszenierung wurden in den kommenden Jahrhunderten von diesem Selbstverständnis bestimmt.[2] Im Folgenden werden einige prägnante Beispiele für dieses Selbstverständnis aus der über 400-jährigen Geschichte der Dynastie vorgestellt.

Schutzherren der Reformation

Die Ausbreitung der Reformation war von Beginn an aufs Engste mit der Dynastie der Ernestiner verbunden. Als auf dem Reichstag zu Worms 1521 der römisch-deutsche König Karl V. das Wormser

Lucas Cranach d. Ä.
(Werkstatt),
Kurfürst Johann Friedrich I.
der Großmütige von Sachsen,
um 1540/45,
Klassik Stiftung Weimar,
Museen

Lucas Cranach. d. Ä.,
Martin Luther als Junker Jörg,
1521/22, Klassik Stiftung
Weimar, Museen

Edikt erließ, das über Martin Luther die Reichsacht verhängte sowie Lektüre und Verbreitung seiner Schriften verbot, schützte Kurfürst Friedrich III. der Weise von Sachsen seinen Untertan und ließ ihn nach dem Reichstag auf die Wartburg bei Eisenach bringen, wo er als »Junker Jörg« untertauchte. Bereits zuvor hatte der Kurfürst seinem umstrittenen Untertan beigestanden. Friedrich III. war sehr gläubig und besaß die drittgrößte Reliquiensammlung seiner Zeit. Der Grundstock der Sammlung stammte von seiner Pilgerreise ins Heilige Land 1493. Erst auf dem Sterbebett ließ er sich das Abendmahl auf protestantische Art reichen, was als Bekenntnis zum Protestantismus verstanden werden kann. Johann der Beständige, der von 1525 bis 1532 als Kurfürst regierte, bekannte sich rasch zur Reformation und führte bereits 1525 die lutherische Lehre ein und gründete 1527 die Evangelisch-Lutherische Landeskirche. Auf dem Reichstag zu Speyer 1529 gehörte er zu den Unterzeichnern der Protestationsschrift. Nach der Ablehnung der CONFESSIO AUGUSTANA durch Kaiser Karl V. auf dem Reichstag zu Augsburg 1530 lud Johann fünf Fürsten und Vertreter von zehn Städten nach Schmalkalden ein, wo sie nach einigen Beratungen ein protestantisches Verteidigungsbündnis schlossen.[3]

Das Imperium schlägt zurück

Johann Friedrich I. der Großmütige folgte 1532 auf seinen Vater als Kurfürst und verstand sich ganz in der Tradition seiner beiden Vorgänger als Schutzherr der Reformation. Er und Landgraf Phillipp von Hessen waren die Hauptmänner des Schmalkaldischen Bundes. Sie richteten das zur Verteidigung geschlossene Bündnis zunehmend offensiver aus. 1542 wurde gar der katholische Fürst Heinrich II. von Braunschweig-Wolfenbüttel gewaltsam vertrieben. Die Konflikte im Heiligen Römischen Reich führten schließlich zum Krieg mit Karl V., der ein universales Kaisertum und eine vereinte christliche Kirche erstrebte. Besonders brisant für die Ernestiner war der Umstand, dass es dem Habsburger gelang, den protestantischen Herzog Moritz von Sachsen als Verbündeten zu gewinnen. Mit Aussicht auf den Erhalt der Kurwürde stellte sich der Albertiner gegen seinen ernestinischen Vetter. Am 24. April 1547 kam es an der Elbe bei Mühlberg zur entscheidenden Schlacht: Die Kaiserlichen schlugen die Truppen des Schmalkaldischen Bundes vernichtend. Beim Versuch sich der Gefangennahme zu erwehren, wurde Johann Friedrich im Gesicht verwundet. Viel schlimmer als die Verletzung wog allerdings die Verurteilung zum Tod durch Karl V. Nur der Fürsprache einiger Fürsten war es zu verdanken, dass der Kaiser die Todesstrafe in Gefangenschaft umwandelte. Johann Friedrich musste jedoch die Wittenberger Kapitulation unterzeichnen, die unter anderem die Reduzierung seines Territoriums auf Gebiete in Thüringen und Franken sowie den Verlust der Kurwürde an die Albertiner bestimmte. Anschließend war er fünf Jahre persönlicher Gefangener des Kaisers. Seine Frau

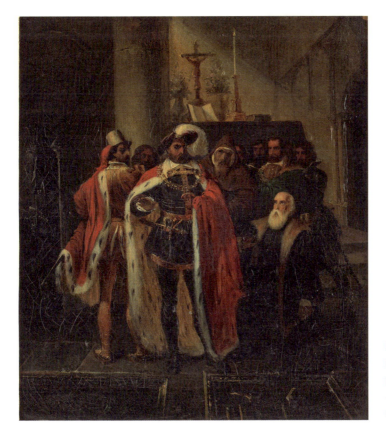

Friedrich Wilhelm Martersteig, Kaiser Karl V. am Grabe Luthers in Wittenberg 1547, 1859, Klassik Stiftung Weimar, Museen

Sibylle von Jülich-Cleve-Berg zog derweil mit den gemeinsamen Kindern in die Residenz nach Weimar.[4]

Der Sieg in der Niederlage

Um den politischen Bedeutungsverlust – vor allem gegenüber den anderen protestantischen Fürsten im Heiligen Römischen Reich – zu kompensieren, erfanden sich die Ernestiner neu und generierten einen neuen Gründungsmythos der Dynastie: Sie inszenierten sich fortan als die Schutzherren der Reformation und Johann Friedrich stilisierte sich zum protestantischen Märtyrer, der, verraten vom eigenen Cousin, Gefangenschaft und Verluste im Kampf für den »wahren Glauben« erduldete. Die militärische Niederlage wurde zum moralischen Sieg umgedeutet. So gelang es der Dynastie in der Krise ihre Würde zu bewahren und keine Zweifel an der Legitimität ihrer Herrschaft entstehen zu lassen. Zudem inszenierten sich die Ernestiner fortan als die Bewahrer des »wahren Luthertums«. Johann Friedrich veranlasste bereits während seiner Gefangenschaft als Ersatz für die verlorene Universität Wittenberg die Gründung der Hohen Schule – ab 1558 Universität – in Jena. Sie sollte als Ort zur Lehre des »wahren Luthertums« dienen. Die Jenaer Werkausgabe der Lutherschriften auf Grundlage der Originaltexte festigte diesen Anspruch. Mit Torgau und Wittenberg befanden sich seit 1547 zwei bedeutende Erinnerungsorte für die Dynastie und die Reformation auf dem Territorium der Albertiner. Die Ernestiner bemühten sich rasch um die Etablierung neuer reformatorischer Erinnerungsorte, so der Stadtkirche in Jena, wo die Grabplatte Martin Luthers aufgestellt wurde und der Stadtkirche in Weimar, für die sie ein monumentales Altarwerk von der Cranach-Werkstatt schaffen ließen.[5] Ebenfalls noch in Gefangenschaft beauftragte Johann Friedrich seinen Hofmaler Lucas Cranach d. Ä. ihn mit der in der Schlacht zugezogenen Narbe zu porträtieren – zukünftig das Zeichen seines heldenhaften Einsatzes für die Reformation. Ein Objekt, das sich in den Sammlungen der Klassik Stiftung Weimar befindet und dieses Motiv ebenfalls aufgreift, ist ein Kapselmedaillon eines flämischen Künstlers, das Johann Friedrich zu Neujahr 1549 seiner Frau Sybille aus der Gefangenschaft in Brüssel übersandte. Welche Bedeutung das Medaillon für die Ernestiner besaß, zeigt sich daran, dass es in die sogenannte Pretiosenschatulle aufgenommen wurde: In diesem Kas-

Flämischer Künstler,
Kapselmedaillon mit Porträt
Kurfürst Johann Friedrichs I.
des Großmütigen
von Sachsen, 1548,
Klassik Stiftung Weimar,
Museen

ten aus dem Bestand der Kunstkammer wurden Objekte von großer Bedeutung für die Dynastie aufbewahrt. Die Schatulle entstand im 19. Jahrhundert unter Carl Friedrich von Sachsen-Weimar-Eisenach, der sich besonders für die Familiengeschichte interessierte.[6]

Geteilte Dynastie – gemeinsame Geschichte

Im Jahr 1554 wurden die langwierigen Auseinandersetzungen zwischen den beiden Wettiner Linien infolge der Wittenberger Kapitulation im Naumburger Vertrag geregelt: Die Albertiner machten territoriale und finanzielle Zugeständnisse, die Ernestiner ihrerseits gaben ihre Ansprüche auf die Kurwürde auf. Johann Friedrich II. der Mittlere, der ältere Sohn des letzten Kurfürsten, strebte jedoch erneut nach deren Rückgewinnung. Kaiser Maximilian II. verhängte wegen dessen Verwicklung in die Grumbachschen Händel schließlich die Reichsacht über ihn. Die Festung Grimmenstein in Gotha wurde zerstört und der Herzog geriet in lebenslange Gefangenschaft. Obwohl Johann Friedrich I. einst auf der Unteilbarkeit des Landes bestanden hatte, erzwang Kaiser Maximilian II. 1572 eine Teilung, um Herzog Johann Wilhelm, den jüngeren Sohn, zu schwächen, da er in den Diensten von König Karl IX. von Frankreich stand.[7]

Der erzwungenen Teilung folgten über die Jahrhunderte viele freiwillige Teilungen, da die Ernestiner die Primogenitur erst im 18. Jahrhundert endgültig einführten. Im Jahr 1640 teilten die Brüder Albrecht, Wilhelm und Ernst das gemeinsame Territorium – danach

Flämischer Künstler,
Kurfürst Johann Friedrich I.
der Großmütige von Sachsen
beim Schachspiel, 1548,
Stiftung Schloss
Friedenstein Gotha

sollte es nie wieder zu einer Vereinigung aller Linien kommen. Doch nicht nur das Territorium, sondern auch Teile des Kunstbesitzes wurden zwischen den Herzögen aufgeteilt. So fand eine Vielzahl von Objekten ihren Weg von Weimar nach Gotha, darunter auch solche, die der neu entstandenen Linie des Herzogs Ernst I. des Frommen von Sachsen-Gotha zur Inszenierung der historischen Kontinuität dienen sollten. Unter den Objekten, die für die Kunstkammer in Gotha bestimmt waren, befand sich beispielsweise ein Stiefel von Kurfürst Johann Friedrich I. von Sachsen. Dem Kurfürsten waren nach der Schlacht von Mühlberg als Zeichen der Niederlage seine Stiefel abgenommen worden. Ein Stiefel soll in die Kunstkammer München, einer nach Madrid gelangt sein. Als München 1632 von protestantischen Truppen besetzt wurde, geriet der Stiefel als Beutestück zurück nach Weimar an die Ernestiner. Der Mythos um den Märtyrer Johann Friedrich I. war ungebrochen und mit der Entwendung einer der Stiefel als Sammlungsstück wurde die Niederlage zumindest symbolisch geahndet. Ebenfalls ein auf Johann Friedrich I. bezugnehmendes Kunstwerk, das im Zuge der Teilung 1640 nach Gotha gelangte, war ein Gemälde eines flämischen Künstlers, das den Kurfürsten während seiner Gefangenschaft beim Schachspiel zeigt. Dass Johann Friedrich I. die Verkündung des Todesurteils stoisch aufgenommen und Schach gespielt habe, gehört ebenfalls zum Mythos, so dass das Motiv des Schachspielers immer wieder aufgegriffen wurde. Die meisten Gemälde, die Ernst mit nach

Gotha nahm, stammten aus dem Grünen Schloss, seinem ehemaligen Wohnsitz in Weimar und späterem Stammgebäude der Herzogin Anna Amalia Bibliothek. Im Grünen Schloss befanden sich jedoch nicht bloß Gemälde mit dynastischem Bezug, sondern auch Porträts von Martin Luther, die für den frommen Herzog sicherlich von großer Bedeutung waren.[8]

Ein »protestantischer Wallenstein«

Als 1618 die Spannungen im Heiligen Römischen Reich zwischen protestantischen und katholischen Reichsständen erneut eskalierten, zogen nach und nach sechs der acht Söhne des verstorbenen Herzogs Johann III. von Sachsen gegen den Kaiser in den Krieg. In ihrem Selbstverständnis als Schutzherren der Reformation erachteten es die Ernestiner scheinbar als ihre Pflicht, zu den Waffen zu greifen. Als militärisches Talent erwies sich insbesondere Herzog Bernhard von Sachsen-Weimar. In der Schlacht bei Lützen 1632 übernahm er den Oberbefehl des gefallenen Schwedenkönigs Gustav II. Adolf. Der Ernestiner errang infolge eine Vielzahl von Siegen und erhielt für seine Verdienste das Herzogtum Franken. Ab 1635 stand er in französischen Diensten und eroberte unter anderem Breisach. In Vorbereitung weiterer Feldzüge starb er jedoch 1639 nach kurzer Krankheit.[9] Bernhard, bald genannt der Große, wurde fortan als protestantischer Feldherr für die Dynastie zu einer ihrer bedeutendsten Identifikationsfiguren. Im Jahr 1655 wurden seine Gebeine von Breisach nach Weimar überführt und in der Stadtkirche beigesetzt. In den Sammlungen in Weimar wurden zudem Erinnerungsstücke an den Feldherrn aufbewahrt, darunter seine Stiefel und sein linker Zeigefinger, den er beim Sturm auf Zabern im Elsass verloren hatte.[10]

Zwischen 1803 und 1804 ließ Herzog Carl August von Sachsen-Weimar und Eisenach im neu erbauten Residenzschloss in Weimar ein Zimmer zu Ehren Bernhards einrichten – im Gegensatz zu der ansonsten klassizistischen Gestaltung im neugotischen Stil. Bereits Bernhards Bruder Wil-

Bernhardzimmer im Residenzschloss in Weimar, um 1910, Klassik Stiftung Weimar, Museen

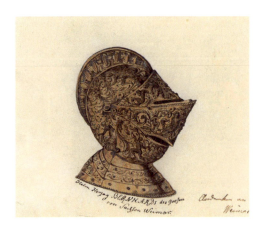

helm IV. hatte zu Ehren des Feldherrn einen Saal in der 1774 abgebrannten Wilhelmsburg einrichten lassen. Fotografien aus den Jahren um 1900 geben einen Eindruck von dem holzvertäfelten Raum und seiner Ausstattung, zu der unter anderem Marmorbüsten Bernhards und Wilhelms IV. von Friedrich Doell sowie die Prunkrüstung Bernhards gehörten. Als Architekt des Raumes gilt Martin Friedrich Rabe. Für den reichspatriotisch gesinnten Carl August, der nach Repräsentationsformen seiner politischen Vorstellungen suchte, war dabei Bernhards Eintreten für den Protestantismus ebenso wichtig wie dessen Bedeutung als Verteidiger ständischer Libertät gegen kaiserliche Machtansprüche.[11]

Ferdinand Jagemann, Eintrag im Stammbuch von Herzog Carl Bernhard von Sachsen-Weimar-Eisenach, 3. April 1813, Klassik Stiftung Weimar, Herzogin Anna Amalia Bibliothek

Dass die Bewunderung Bernhards in der herzoglichen Familie verbreitet war und nicht bloß zur Inszenierung diente, belegt die Eintragung des Malers Ferdinand Jagemann im Stammbuch des jungen Carl Bernhard von Sachsen-Weimar-Eisenach: Sie zeigt eine Aquarellzeichnung des Helmes der Prunkrüstung des Feldherrn. Offensichtlich besaß der junge Prinz besonderes Interesse an seinem berühmten Namensvetter. Zudem stand Carl Bernhard gerade selbst am Beginn einer sehr erfolgreichen Militärlaufbahn.

»Ein feste Burg ist unser Gott«

Am Ende des 18. Jahrhunderts verlor das Selbstverständnis der Ernestiner als Schutzherren der Reformation vorübergehend an Bedeutung. Weimar generierte mit dem »Musenhof« zudem einen neuen Mythos, um das Renommee des politisch mindermächtigen Herzogtums zu vergrößern. Die Umwälzungen der Französischen Revolution und der Aufstieg des Bürgertums im 19. Jahrhundert erforderten von der Dynastie jedoch, ihren Herrschaftsanspruch nochmals zu begründen. Das Gottesgnadentum genügte nicht mehr als Legitimation. Carl Alexander von Sachsen-Weimar-Eisenach betrieb darum wieder verstärkt – zusätzlich zur Pflege des klassischen Weimar – die Inszenierung der Ernestiner als Schutzherren der Reformation. Ein zentrales Projekt Carl Alexanders – mit finanzieller Unterstützung seiner Frau Sophie – war die Wiedererrichtung der Wartburg. Von 1853 bis 1867 war der Architekt Hugo von Ritgen mit der aufwändigen Rekonstruktion der Burg befasst, dazu gehörte auch der Bau mehrerer neuer Gebäude. Carl Alexander war bestrebt, die Wartburg zu dem deutschen Nationaldenkmal sowie Erinnerungsort für die Reformation und die eigene Dynastie zu machen. Ebenso große Bedeutung wie die Wiedererrichtung der Burg besaß dabei die künstlerische Gestaltung der Räumlichkeiten. Der Großherzog beauftragte Moritz von Schwind mit der Ausmalung des Landgrafenzimmers, des Sängersaals und der Elisabethengalerie im Palas, konnte den katholischen Künstler aber nicht für die Ausgestaltung der Reformationszimmer gewinnen. Letztlich entstanden im Laufe von über zehn Jahren durch vier Professoren der Großherzoglich Sächsischen Kunstschule in Weimar – Ferdinand Pauwels, Paul Thumann, Alexandre Struys und Willem Linnig d. J. – die 18 Gemälde zu Martin Luthers Leben und Wirken. Allerdings blieben die im Stil der Gotik und Renaissance eingerichteten Räume für die Öffentlichkeit entgegen der ursprünglichen Planung nicht zugänglich, so dass nur die Lutherstube und die »Lutherkapelle« als öffentliche Erinnerungsorte für die Reformation dienten.[12] Während der Feierlichkeiten zum 800-jährigen Jubiläum der Gründung der Wartburg im Jahr 1867 betonte Carl Alexander die große Bedeutung, die dem Ort unter anderem für die Dynastie und deren Einsatz für die Reformation zukam: »Seit 800 Jahren […] erhielt Gottes Gnade diese Burg und

Wartburg mit Widmung von Großherzog Carl Alexander von Sachsen-Weimar-Eisenach für Franz Liszt, 1867 Klassik Stiftung Weimar, Museen

machte sie zu einem Hort höchster nationaler Interessen. Die Erinnerung erhabener Beispiele der Glaubenstreue, der Opferbereitschaft für die Zwecke der deutschen Nation, der Pflege von Kunst und Wissenschaft bezeichnen mit hellem Licht den Weg der Toleranz, der Teilnahme am nationalen Wohl, des fördernden Schutzes wahrer Bildung als denjenigen, welcher ein Segen ward für die Vergangenheit, ein Segen bleiben wird für die Gegenwart und Zukunft.«[13] Das Zitat findet sich wieder im von Carl Alexander in Auftrag gegebenen sogenannten WARTBURG-WERK, einem Sammelband zur Geschichte der Burg sowie der mit ihr verbundenen Personen und Ereignisse. Die Veröffentlichung des monumentalen Bands erlebte der Großherzog allerdings nicht mehr – er erschien mit Widmung an seinen Nachfolger Wilhelm Ernst erst 1907.

Die Ernestiner waren für die Reformation so bedeutend wie keine zweite Dynastie. Für ihren Einsatz für den »wahren Glauben« bezahlten sie jedoch einen hohen Preis: Sie verloren letztlich dauerhaft die Kurwürde, große Teile ihres Territoriums und ihrer politischen Bedeutung. Diese Verluste versuchten sie durch eine intensive Förderung der Künste und Wissenschaften sowie eine kluge Heiratspolitik zu kompensieren. Im 19. Jahrhundert war insbesondere das Haus Sachsen-Coburg und Gotha mit seiner Heiratspolitik so erfolgreich, dass bald eine Vielzahl europäischer Regenten, darunter in Großbritannien, Belgien und Bulgarien, der ernestinischen Linie entstammte oder mit ihr verwandt war. Nach dem Desaster von Mühlberg 1547 inszenierten sich die Ernestiner als Schutzherren der Reformation, um ihre Würde und Legitimität zu bewahren. Die militärische Niederlage wurde zum moralischen Sieg umgedeutet und das mit großen Verlusten verbundene Festhalten am »wahren Glauben« zum Märtyrertum stilisiert. Bis zu ihrer erzwungenen Abdankung infolge der Novemberrevolution 1918 blieben sie diesem Selbstverständnis treu.

1 *Die Ernestiner – Eine Dynastie prägt Europa.* Thüringer Landesausstellung vom 24. April bis zum 28. August 2016 im Neuen Museum und Stadtschloss Weimar und im Herzoglichen Museum und Schloss Friedenstein Gotha.

2 Siegrid Westphal: *Zur Einführung: Wer waren die Ernestiner?* In: Hans-Werner Hahn/Georg Schmidt/Siegrid Westphal (Hg.): *Die Welt der Ernestiner: Ein Lesebuch,* Köln/Weimar/Wien 2016, S. 11–22.

3 Katharina Krügel: *Ernestinische Schutzmacht. Die Ausbreitung der Lutherischen Lehre.* In: Friedegund Freitag/Karin Kolb (Hg.): *Die Ernestiner. Eine Dynastie prägt Europa,* Dresden 2016, S. 179.

4 Gert-Dieter Ulferts: *Mühlberg. Trauma einer Dynastie.* In: Freitag/ Kolb (Hg.): *Die Ernestiner.* a.a. O., S. 105.

5 Gert-Dieter Ulferts: *Vom Besiegten zum Märtyrer.* In: Freitag/Kolb (Hg.): *Die Ernestiner.* a.a. O., S. 111; Westphal (2016), S. 15–17.

6 Renate Müller-Krumbach: *Würfelfigur.* In: Gerhard Schuster/Carolien Gille (Hg.): *Wiederholte Spiegelungen. Weimarer Klassik 1759–1832,* München/Wien: Carl Hanser-Verlag, 1999, S. 51.

7 Kai Fischer: *Das Fiasko von Gotha.* In: Freitag/ Kolb (Hg.): *Die Ernestiner,* a.a. O., S. 112–113; Dagmar Blaha: *Erzwungene Teilung.* Ebd. S. 113.

8 Stefanie Harnisch: *»Allerley Meisterstück«. Der fürstliche Kunstbesitz im Grünen Schloss zu Weimar und die Anfänge der Gothaer Kunstkammer.* In: Franziska Bomski, Hellmut Th. Seemann und Thorsten Valk (Hg.): *Mens et Manus. Kunst und Wissenschaft an den Höfen der Ernestiner,* Göttingen 2016, S. 171–185.

9 Gert-Dieter Ulferts: *Acht Brüder. Die Ernestiner im Dreißigjährigen Krieg.* In: Freitag/Kolb (Hg.): *Die Ernestiner,* a.a. O., S. 115.

10 Alexander Querengässer: *Ein ernestinischer Held.* In: Freitag/Kolb (Hg.): *Die Ernestiner,* a.a. O., S. 117.

11 Christian Salge: *Das Weimarer Bernhardzimmer als ernestinischer Memorialraum. Ein Werk des preußischen Architekten Martin Friedrich Rabe.* In: Bomski/Seemann/Valk (Hg.): *Mens et Manus.,* a.a. O., S. 263–283.

12 Grit Jacobs: *»Geistiger Glanzpunkt und höchste Leistung« – die Entstehung der Reformationszimmer.* In: *Luthers Bilderbiographie. Die einstigen Reformationszimmer der Wartburg,* 2013, S. 23–40.

13 Max Baumgärtel/Otto von Ritgen: *Die Wiederherstellung der Wartburg. Ein Beitrag zur deutschen Kultur- und Kunstgeschichte.* In: Max Baumgärtel (Hg.): *Die Wartburg. Ein Denkmal deutscher Geschichte und Kunst.* Berlin: Baumgärtel, 1907, S. 485, S. 317–500.

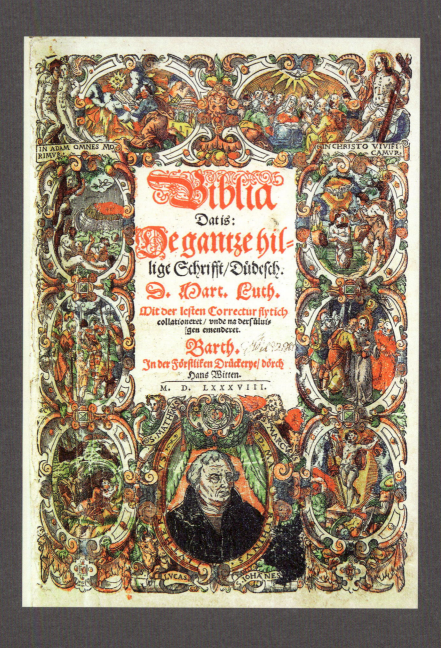

... hoffe, das solchs dem Holsterlande
auch zur seligkeit gedeien sol ...

Luthers Norden. 1517 und die Folgen

Uta Kuhl

Auch wenn Martin Luther persönlich nie im Norden weilte, hat die durch ihn in Gang gesetzte Reformation doch erstaunlich schnell ihren Weg dorthin gefunden. Innerhalb weniger Jahrzehnte schlossen sich fast alle Gebiete im Norden des Reiches und rings um die Ostsee dem neuen, evangelischen Glauben an. Und sie sind, vor allem in Skandinavien, bis heute in ungebrochener Tradition überwiegend evangelisch-lutherisch.

Besonders in den Hansestädten sowie in Handels- und Hafenstädten fand die neue Lehre sehr schnell eine breite Anhängerschaft. Zwar gab es in der Hanse als Institution zunächst Widerstand gegen die Reformation, doch schon auf dem Hansetag 1525 in Lübeck musste diese von ihrer Forderung an Stralsund und Wismar, den neuen Glauben und die ›martianischen secten‹ zu verfolgen, abrücken. Der nächste Hansetag gestand bereits jeder Stadt die Entscheidung über ihre Prediger selbst zu.

Beispiele für die Reformation in den Städten Stralsund – Lübeck – Husum

In Stralsund waren es zwei Schüler Johannes Bugenhagens, die als Glaubensflüchtlinge 1523 in die Stadt gekommen waren. Ihre Predigten stießen vor allem bei den unteren und mittleren Schichten der Bevölkerung auf Widerhall. Zunächst wandte sich der Rat der Stadt gegen die neue Lehre, stieß damit aber auf Zustimmung bei einem großen Teil der Bürger. So ließ sich der Rat, trotz des Widerstandes auf Seiten der katholischen Geistlichkeit, dann doch bald auf die neue Glaubenslehre ein. Selbst die pommerschen Herzöge, zunächst Gegner der Reformation, konnten deren Ausbreitung in Stralsund nicht mehr aufhalten. Mit der Kirchenordnung von 1525 wurde sie dann offiziell eingeführt. Die von Johannes Aepinus verfasste Stralsunder Kirchenordnung ist die erste evangelische überhaupt und

»Biblia Dat is: De gantze hillige Schrifft / Düdesch. D. Mart. Luth …«. Sog. Barther Bibel von 1588, gedruckt in der Fürstlichen Druckerei in Barth, auf der Grundlage von Bugenhagens Übersetzung ins Niederdeutsche. Im Pommern wurde die Barther Bibel als Altarbibel verwendet. Exemplar des Niederdeutschen Bibelzentrum St. Jürgen, Barth

geht damit zeitlich den zahlreichen Kirchenordnungen Bugenhagens, ja selbst der Wittenberger voraus
(s.u.).

Im Vergleich mit anderen Städten im Norden,
wo die Reformation überwiegend friedlich und
ohne Bilderstürme Einzug hielt, entstanden in Stralsund Tumulte und Plünderungen, vor allem weil
sich der Stadtrat dem von vielen Bürgern geforder-
ten sozialen Wandel verweigerte. Bekannt wurde das
sogenannte *Kirchenbrechen* 1525, bei dem mehrere
Kirchen und Klöster gestürmt und geplündert und
ihr Bilderschmuck zerstört wurde.[1]

Die Reformation in Lübeck ist in besonderer
Weise mit der Musik verbunden, genauer mit dem
sog. *Singekrieg*. Noch auf dem Hansetag 1525 hatte
sich der Lübecker Rat, der eng mit dem städtischen
Klerus verbunden war, gegen die Reformation ge-
wandt. Doch in der Stadt bekannten sich schon ab

Bugenhagen,
Der Keyserliken Stadt Lübeck
Christlike Ordeninge …
Kirchenordnung der Stadt
Lübeck 1531. Schon im Titel
wird hier auf die Bedeutung
guter Schulen hingewiesen.

1522 erste Bürger und einzelne Kirchenvertreter zu dem neuen, evangelischen Glauben. Ab 1523 kam es zu Störungen von Predigten, aber
noch behielt der Rat die Oberhand. Im Advent 1529 brach dann der
Singekrieg aus, bei dem während der katholischen Messen deutsche,
evangelische Gesänge angestimmt wurden. Besonders der Luther-
Choral »Ach Godt van Hemmel se daryn« (»Ach Gott, vom Himmel
sieh darein«) wurde so etwas wie ein »Kampf- und Agitationslied
der Reformation.«[2] Der Überlieferung nach wurden als erstes in
St. Jakobi, zunächst angestimmt durch »twe klene Jungen«, dann aber
auch in anderen Kirchen der Stadt immer dann deutsche Psalmen
gesungen, wenn die Predigt nicht im Einklang mit dem Evangelium
stand. Vermutlich auf Flugblättern waren die Lieder nach Lübeck gelangt. Sie stammten aus der Sammlung des Rostocker Gesangbuches
von Joachim Slüter.[3]

Im Juni 1530 vereinbarten die Bürger Lübecks mit dem Stadtrat 15
Artikel, darunter als erstes die Abschaffung der römischen Messe;
damit war der entscheidende Schritt getan. Mit der im Mai 1531 ver-
abschiedeten, mit Unterstützung Bugenhagens verfassten Kirchenordnung für die »Keyserlike Stadt Lübeck« war dann die Reformation endgültig vollzogen – hervorgegangen aus einer Laien- und
»Singebewegung, die die lutherische Kirche in Lübeck bis heute
geprägt hat.«[4]

In den Herzogtümern Schleswig und Holstein breitete sich die Reformation ausgehend von Husum aus. Wohl schon ab 1522 wurde dort lutherisch gepredigt, wenn auch zunächst unter freiem Himmel sowie im Hause des Husumer Bürgers Matthias Knutzen. Der wichtigste Reformator Husums ist Hermann Tast (1490–1551), der ab 1511 in Wittenberg studiert hatte und ein Schüler Martin Luthers war. Er wurde als Vikar an die Kirche St. Marien in Husum berufen und setzte sich an der Westküste sowie in Flensburg und Schleswig für die Reformation ein. Von 1527 stammt ein vom dänischen König bestätigter Vertrag der Geistlichkeit mit der Bürgerschaft über die Ordnung des Gottesdienstes nach Luthers Deutscher Messe; damit war die Reformation offiziell in Husum eingeführt.[5] Im selben Jahr wurde die Husumer Gelehrtenschule gegründet, die heute unter dem Namen Hermann-Tast-Schule an den Reformator der Westküste erinnert.

Die Reformation »von oben«[6]

Von mindestens ebenso großer Bedeutung für die frühe Ausbreitung der Reformation in Schleswig-Holstein und Dänemark, Mecklenburg und Pommern sowie im weiteren Ostseeraum aber war das große Interesse der Fürsten für die neue Glaubenslehre. Hier stehen die dänisch-norwegischen Könige Christian II. und Christian III. an erster Stelle, die zu Beginn des 16. Jahrhunderts weite Teile Nordeuropas regierten: Sie herrschten über die Königreiche Dänemark und Norwegen (und bis zum Ende der Kalmarer Union 1523 auch über Schweden); darüber hinaus waren die dänischen Könige über lange Zeit in Personalunion Herzöge von Schleswig und Holstein. Beide, Christian II. wie auch Christian III., kannten und schätzten Luther; sie hatten ihn persönlich erlebt und standen über lange Zeit in brieflichem Kontakt mit ihm.

Besonders eng war der persönliche Kontakt mit König Christian II., der aber 1523 schon abgesetzt wurde. Ein Grund dafür war das berüchtigte Stockholmer Blutbad 1520. Bei seinen Krönungsfeierlichkeiten in Stockholm am 8. und 9. November hatte Christian über 80 hochrangige Gäste aus dem schwedischen Reichsadel, dem Klerus und dem Stockholmer Bürgertum als Ketzer anklagen und hinrichten lassen, die für die schwedische Unabhängigkeit gekämpft hatten. Das Blutbad führte 1523 zum schwedischen Aufstand unter

Gustav I. Vasa, in der Folge zur Unabhängigkeit Schwedens und damit zum Ende der Kalmarer Union. Nun erhob sich auch der Adel in Dänemark und Norwegen gegen den König und zwang ihn zur Flucht, zunächst in die Niederlande. Doch bald reiste Christian zusammen mit seiner Frau, der Schwester von Kaiser Karl V., nach Wittenberg. Christian hoffte dort auf die Unterstützung des Kurfürsten Friedrichs d. Weisen. Vor allem aber traf er in Wittenberg Martin Luther, der kurz zuvor schon für ihn gepredigt hatte. Zusammen mit seiner Frau empfing Christian das Abendmahl in beiderlei Gestalt und bekannte sich damit zur lutherischen Kirche. In Wittenberg schloss er auch Bekanntschaft mit Philipp Melanchthon und Lucas Cranach, in dessen Haus das Königspaar vermutlich bis Juli 1524 lebte. Aus dieser Zeit stammt das berühmte Portrait Christians II. von Lucas Cranach d. Ä., das sich heute im Germanischen Nationalmuseum Nürnberg befindet.

Zeitlebens blieb Christian II. mit dem Reformator in Briefkontakt und ließ schon 1524 das von Luther 1522 übersetzte Neue Testament in dänischer Sprache drucken. Luther seinerseits wandte sich gegen die Vertreibung des Königs und unterstützte ihn mit zahlreichen Briefen, auch an seinen Nachfolger Friedrich I. Luthers Schrift »Ob Kriegsleute auch in seligem Stande sein können« von 1526 führt sogar die »aufrührerischen Dänen als abschreckendes Beispiel dafür an, weil gotteslästerlich sich Menschen verhalten können, wenn sie sich gegen die von Gott eingesetzte weltliche Obrigkeit auflehnen«.[7]

Christians Nachfolger wurde sein Onkel, Friedrich I., Herzog von Schleswig und Holstein. Er ließ der Reformation ihren Lauf, unterstützte zunächst aber auch noch die katholische Kirche, der er in der Handfeste bei seiner Wahl Schutz versprochen hatte. Er ließ im Bistum Schleswig den katholischen Bischof gewähren und sicherte der katholischen Kirche offiziell ihren Fortbestsand zu, duldete aber zugleich lutherische Prediger. 1526 ernannte er den wegen seiner reformierten Predigt bedrohten Hans Tausen zu seinem Privatkaplan, der einer der großen Reformatoren Dänemarks wurde. 1527 sicherte er den Lutheranern auf dem Reichstag zu Odense deren Duldung zu. Auch ließ der König die Vertreibung der Bettelorden aus den Städten zu: Zwischen 1528 und 1532 wurden von 26 Franziskanerklöstern in Dänemark 19 aufgelöst.[8]

Die offizielle Einführung der Reformation in Dänemark geht auf Friedrichs Sohn und Nachfolger König Christian III. zurück. Dieser hatte als 18jähriger Luther auf dem Wormser Reichstag erlebt, nachdem er ihn zuvor in Wittenberg aufgesucht hatte. Er wurde zu einem überzeugten Anhänger des Reformators. Nach seiner Königswahl 1523 übertrug ihm sein Vater Friedrich I. die Regierung über einen Teil des Herzogtums Schleswig mit dem Zentrum Hadersleben. Hier führte Christian III., quasi als eine Art Pilotprojekt für ganz Dänemark-Norwegen, die Reformation ein. Mit Johann Wendt (ca. 1495–1541) und Eberhard Weidensee (ca. 1486–1547) berief er wichtige Reformatoren. Mit den »Haderslebener Artikeln« von 1528 wurde »die erste lutherische Fürstenkirche des Nordens geschaffen«.[9] Bis heute wird die Stadt auch das Wittenberg des Nordens genannt.

Unter seinem Vorsitz fand auch die sogenannte Flensburger Disputation vom 8.4.1529 mit Melchior Hofmann aus Schwaben statt, der zu diesem Zeitpunkt noch Prediger in Kiel war, aber in seiner Abendmahlslehre in Gegensatz zu Luther getreten war. Die lutherische Lehre vertrat Johannes Bugenhagen, der zu diesem Zeitpunkt zur Durchführung der Reformation nach Stadt Hamburg berufen worden war. Auf diese Begegnung geht das enge Verhältnis des Königs zu Bugenhagen zurück, das auch bei der Einführung der Reformation in ganz Dänemark noch eine Rolle spielen sollte.

Theodor de Bry,
Johannes Bugenhagen, 1528,
Pommersches
Landesmuseum Greifswald
(Stiftung Pommern Kiel)

Johannes Bugenhagen

Der Reformator des Nordens war Johannes Bugenhagen, auch *Doctor Pomeranus* genannt. Bugenhagen stammte aus dem Pommerschen Wollin und wurde schon 1504 Leiter der Lateinschule in Treptow. 1509 wurde er zum Priester geweiht, von 1517 bis 1521 wirkte er im Pommerschen Kloster Belbuck. Nachdem er mit Schriften Luthers in Berührung kam, ging er 1521 nach Wittenberg, zunächst zum Studium, hielt aber im Herbst des Jahres schon eigene Vorlesungen, auf Luthers Bitte hin.[10] 1523 wurde Bugenhagen Stadtpfarrer in Wittenberg und blieb ein enger Mitstreiter, Vertrauter und der Beichtvater Martin Luthers bis zu dessen Tod.

Schon 1524 wählte der Kirchenvorstand der Stadt Hamburg Bugenhagen zum Stadtpfarrer, doch scheiterte die Berufung am Einspruch des

Senats.[11] 1528 aber wurde seine Entsendung nach Braunschweig genehmigt, wo Bugenhagen seine erste Kirchenordnung verfasste. Es folgten weitere Kirchenordnungen: 1529 wurde seine Kirchenordnung für Hamburg angenommen, im selben Jahr begründete er in dem nun aufgegebenen Johanniskloster das bis heute existierende Johanneum, die erste Lateinschule der Stadt.

Ebenfalls von Bugenhagen stammen die Lübecker Kirchenordnung von 1531, die Pommersche Kirchenordnung von 1535 und selbst die offizielle Wittenberger Kirchenordnung.

Für das Herzoghaus von Pommern wirkte Johannes Bugenhagen zudem als Heiratsvermittler: So vermittelte er bei der Brautwerbung Prinz Philipps von Pommern um Maria von Sachsen. Dafür reiste er nach Torgau an den Hof Johann Friedrichs von Sachsen. Die Hochzeit wurde im Februar 1536 in Torgau gefeiert. Bald darauf wurde Pommern in den Schmalkaldischen Bund aufgenommen. Die Be-deutung dieser Hochzeit wird bis heute an einem der herausragendsten Exponate der Ausstellung im Pommerschen Landesmuseum deutlich, dem sog. »Croÿ-Teppich«, der nach Vorlagen der Cranach-Werkstatt von Peter Heymanns 1553-1556 vollendet wurde. Die Darstellung der Hochzeit von Torgau, zu der Martin Luther die

Peter Heymanns, Croÿ-Teppich, 1553/1554, Akademische Kunstsammlung Ernst-Moritz-Arndt-Universität-Greifswald, als Dauerleihgabe im Pommerschen Landesmuseum Greifswald

Hochzeitspredigt hielt, ist nicht allein Bekenntnisbild noch diente sie allein der Selbstdarstellung der beiden hier verbundenen Dynastien, sondern dient auch »dem Zweck, die unterschiedlichen lutherischen Lehrmeinungen, die sich nach dem Schmalkaldischen Krieg herausgebildet hatten, zu einem ›Tapetum Concordiae‹ zusammen zu führen.«[12] Neben den Vertretern der Brautfamilien und Martin Luther als Prediger im Zentrum sind ferner Johannes Bugenhagen auf Seiten des pommerschen Fürstenhauses sowie Philipp Melanchthon auf Seiten der sächsisch-ernestinischen Fürsten zu sehen. Auch eine Inschrift im oberen Rand weist auf die Bedeutung Bugenhagens bei der Einführung der Reformation in Pommern hin.

Die Reformation in Dänemark

»Nirgendwo in Europa wurde die lutherische Reformation auf so dramatische Weise eingeführt wie in Dänemark.«[13] 1536 hatte König Christian III., nachdem er aus dem »Grafenfehde« genannten Bürgerkrieg zwischen Anhängern des abgesetzten Königs Christian II. (unterstützt von einem Heer der Stadt Lübeck im Bündnis mit weiteren Hansestädten, dem Herzog Albrecht VII. von Mecklenburg und unter Führung des Grafen Christoph von Oldenburg) siegreich hervorgegangen war, die dänischen Bischöfe absetzen, als Verbrecher verhaften und gefangen nehmen lassen. Beim Herrentag im Oktober 1536 wurden die Reichsräte auf den lutherischen Glauben verpflichtet und eine weltliche Regierung aus König und Reichsrat eingerichtet. Der bischöfliche Besitz im gesamten Land wurde zugunsten der Krone beschlagnahmt. Damit war die Reformation im Grunde durchgesetzt. In einem Brief setzte Christian III. Luther über sein Vorgehen in Kenntnis, im Dezember 1536 antwortete Luther, indem er »das Geschehene voll und ganz anerkannte.«[14] Zugleich mahnte er den König, das beschlagnahmte Eigentum der Bischöfe für kirchliche Zwecke zu verwenden.[15]

1537 berief Christian III. Johannes Bugenhagen nach Kopenhagen, wo dieser im Austausch mit dänischen Vertretern der neuen Lehre die Kirchenordnung für Dänemark verfasste (auf der Grundlage eines Entwurfs von Hans Tausen), mit der die Reformation offiziell eingeführt wurde. Bevor diese vom König unterzeichnet werden konnte, vollzog Bugenhagen am 12. August 1537 die feierliche Krönung und Salbung von Christian III. und dessen Frau Dorothea in der Frauenkirche zu Kopenhagen. Dies war bis dahin dem Erzbischof vorbehalten gewesen. Wenige Tage später ordinierte Bugenhagen sieben neue Superintendenten (die später wieder Bischöfe genannt wurden). Da Bugenhagen selbst kein ordinierter Bischof war, markiert dies das Ende der apostolischen Sukzession und damit einen weiteren deutlichen Bruch mit der katholischen Kirche. Mit der geradezu sakralen Krönung Christians III. – ihm wurden zum Zeichen seines Priesterstandes Diakonengewänder angelegt – war der Neuanfang der evangelischen Staatskirche in Dänemark vollzogen, deren Oberhaupt, seit 1849 zusammen mit Regierung und Parlament, bis heute der König bzw. aktuell Königin Margrethe II. ist.[16]

1542 wurde dann auch die Kirchenordnung für die – zu der Zeit noch in Personalunion vom dänischen König Christian III. regierten – Herzogtümer Schleswig und Holstein auf dem Landtag in Rendsburg unterzeichnet, unter Anwesenheit Bugenhagens persönlich. Diese stellte eine Umformulierung der dänischen Kirchenordnung dar, trat aber in den Herzogtümern erst mit Verzögerungen nach dem Tod des letzten katholischen Bischofs von Schleswig, Gottschalk von Ahlefeld, in Kraft.

Dabei regelten die Kirchenordnungen nicht allein theologische Fragen wie die Frage der Gottesdienstordnung oder die Bedeutung der Sakramente, sondern auch die Armenfürsorge oder die Gründung von Schulen. Bei der schon erwähnten Lübecker Kirchenordnung wird das schon im Titel angesprochen. Durch die niederdeutsche Übersetzung der Bibel, vor allem aber durch seine Kirchenordnungen, die die theologischen Grundlagen der neuen Lehre mit den notwendigen organisatorischen Grundlagen für das Gemeinwesen verbanden, war das Wirken Bugenhagens von großer Bedeutung für die Evangelisch-Lutherische Kirche überhaupt – im Deutschen Reich und darüber hinaus in Dänemark. Immer wieder setzte er sich dafür ein, dass nach der Einziehung der Kirchengüter die Krone auch ihren Verpflichtungen nachkomme. So heißt es in einem Brief vom 3. Dezember 1536, den Bugenhagen noch aus Wittenberg an König Christian III. schrieb: »Ich wil aber K. M. treulich gewarnt haben, das E. M. je behalte einen großen Furrat von geistlichen gutern, für die Kirchen und Predigtstüle, für die Schulen und armen leute, für kranke und verlassene Kirchendiener und Schuldiener, für die jerliche Visitatien da viel zugehöret und ist hoch von noten, für die Ehesachen zu bestellen da gros an gelegen, item für arme Studenten und was mehr müge fürfallen.«[17]

Ganz ähnlich hatte dies schon Luther 1536 an den König geschrieben (s.o.). Und in einem Brief vom 21. November 1537 schrieb Bugenhagen an Christian III., jetzt schon aus Kopenhagen: Er hoffe, dass der König wohlbehalten und gesund sei, und er »hoffe, das solchs dem Holsterlande auch zur seligkeit gedeien sol, da die Kirchen und Schulen noch nicht versorget sind und die armen Priester, welche Got dahin itzt gegeben hat, harren auf versorgung und auf eine gute Ordinantie viel mehr den die seelen in des Pabsts Fegfeuer auf erlösung.«[18]

Während im Deutschen Reich in Folge der Reformation die Territorialmächte gegenüber dem Universalitätsanspruch des Kaisers gestärkt wurden – und erstarkende Territorialmächte zugleich die Voraussetzung für die Durchsetzung der Reformation boten –, bewirkte die Reformation in Dänemark umgekehrt eine Stärkung der Krone gegenüber dem Adel. Dies lag zum einen darin begründet, dass der König das Oberhaupt der gesamten dänischen Kirche darstellte; zum zweiten in der Stärkung der Königsmacht, nachdem die sog. Grafenfehde zugunsten des Königs ausgefochten worden war. Nicht zuletzt bot die Einziehung von Kirchengut, die überwiegend der Krone zu Gute kam, die Grundlage für eine Zentralisierung der Macht. Umgekehrt wurde der König deswegen und in seiner Funktion – sowohl von Luther wie auch von Bugenhagen ganz persönlich und explizit – in die Verantwortung genommen für die Gewährleistung der sozialen Ordnung, der Armenfürsorge und der schulischen Bildung.

Es muss letztlich Spekulation bleiben, ob der für Skandinavien typische, in dieser Ausprägung in Europa sonst nicht realisierte Sozialstaat noch in der Reformation »von oben« in Dänemark-Norwegen und auch in Schweden sowie der ungebrochenen evangelisch-lutherischen Tradition der Länder wurzelt. Natürlich gibt es weitere Ursachen, und es »wäre naiv, eine unmittelbare und direkt aufweisbare Kausalität zwischen Reformation damals und Kultur heute aufzeigen zu wollen.«[19]

Unbestreitbar ist aber die Rolle, die die durch die Könige in Dänemark-Norwegen und auch in Schweden selbst beauftragten Übersetzungen von Luthers Bibel für die Entwicklung der skandinavischen Volksprachen hatten. So ließ Christian II. schon 1524 das Neue Testament ins Dänische übersetzen und in Leipzig drucken (s.o.); die erste dänische Vollbibel, die sog. Christian-III.-Bibel wurde 1550 in Kopenhagen gedruckt. Die erste schwedische Voll-Bibel, beauftragt von Gustav I. Vasa, lag 1541 vor. Ebenso wurde die Reformation für die Ausbildung der baltischen Schriftsprachen wirksam.[20]

Aber auch die deutsche Sprache wurde ganz wesentlich von der Luther-Bibel geprägt. Luthers Bibel-Übersetzung verlieh dem Deutschen »in Nord- und Mittel-Osteuropa einen Vorsprung und eine Anziehungskraft […], die es in Skandinavien erst infolge der Nazibarbarei und im Osten sogar erst in unseren Tagen an das Englische als die lingua franca der Globalisierung abtreten sollte.«[21]

Unbestreitbar ist auch, dass die allgemeine Geschichtsschreibung der Länder Dänemark und auch in Schweden untrennbar mit der Reformation verbunden ist und beide Königshäuser bis heute selbstverständlich lutherisch sind. Denn mit der Einführung der Reformation in Dänemark-Norwegen, Mecklenburg und Pommern sowie in den Herzogtümern Schleswig, Holstein und später in Schweden bis in das Baltikum hinein entstand das größte lutherische Gebiet Europas, das in ungebrochener Kontinuität bis heute ganz überwiegend evangelisch-lutherisch ist. Dies prägt auch die Identität der Menschen bis heute.

Als der Retter der Reformation und des evangelischen Glaubens, als der Löwe aus Mitternacht, wurde über Jahrhunderte der schwedische König Gustav II. Adolf von Schweden verehrt, als er ein Jahrhundert nach der Reformation gegen die Kaiserlichen Truppen in den Dreißigjährigen Krieg eingriff. Die Heldenverehrung Gustav II. Adolf nahm Züge einer Heiligenverehrung bis hin zur Blasphemie an.[22]

Wirkungen der Reformation

Mit der Änderung der Konfession ging ein starker Wandel in Gesellschaft, Politik und Kultur einher, der sich bis in die Familien auswirkte. Die in der frühen Neuzeit allgemein verstärkte Tendenz zur sozialen Disziplinierung wurde durch die neue Lehre der Reformation, die von Luther geforderte permanente Bußbereitschaft und Selbstreflexion, ja auch das von ihm eingeforderte öffentliche, angemessene christliche Auftreten sicherlich verstärkt. Eine unbestreitbare Folge davon, gerade im spät christianisierten Norden, ist eine tiefergehende Christianisierung der Lebensführung, die sich in den gesamten Alltag hin auswirkte und dort auch dingliche Spuren hinterlassen hat. Dies belegen vielfältige Zeugnisse der bäuerlichen und bürgerlichen Alltagskultur aus den Herzogtümern Schleswig und Holstein vom 16. bis zum 19. Jahrhundert (s. u.).

Die Stärkung des Individuums in Luthers Lehre, etwa in der Lehre vom Priestertum aller Gläubigen, aber auch die verstärkte Einbindung des Einzelnen in die christliche Gemeinschaft, führte auf der anderen Seite zu einer verstärkten Kontrolle und Disziplinierung der Gläubigen. Auch dies wird vielleicht in Nordeuropa besonders sichtbar, wo die Rechtsprechung im Einklang mit den kirchlichen Geboten zu einer Gerichtsbarkeit führen konnte, die für das heutige Verständnis irritierend erscheint und in ihrer strikten Sexualmoral eher an die islamische Scharia denken lässt.[23] Auch Hexenverfolgungen lassen sich in Schleswig und Holstein sowie in Dänemark erst nach der Reformation nachweisen.

Im Gegensatz zur gängigen Vorstellung von ›mittelalterlicher‹ Sexualmoral geht die christlich dominierte strikte Sexualmoral auf die Reformation und Luthers »radikale Monopolisierung legitimer Sexualität in der Ehe und die daraus resultierende Verfolgung von Verstößen durch Kirche wie Staat« zurück. Diese »sollten in den protestantischen Zonen Deutschlands und Europas das private wie öffentliche Lieben bis in das vorige Jahrhundert hinein nachhaltig prägen.«[24]

Ein neues Lied

Deutsche Liedgesänge spielten für die Ausbreitung der Reformation eine enorme Rolle, wie nicht nur das Beispiel des Lübecker *Singekriegs* deutlich macht. Auch im Herzogtum Schleswig wurde der Durchbruch der Reformation im Frühjahr 1524 auf das Bekanntwerden der ersten Luther-Lieder zurückgeführt.[25] Anfang 1524 erschien das sog. ACHTLIEDER BUCH, die erste deutschsprachige evangelische Liedersammlung. Sie enthielt vier Lieder Martin Luthers, die sich sehr schnell verbreiteten. Schon 1525 gab Joachim Slüter in Rostock ein Gesangbuch heraus (s. o.). Das erste dänische Gesangbuch erschien 1528 in Malmö.[26] Vor allem die Bedeutung, die Luther selbst der Musik beimaß, in seiner Theologie wie auch durch seine eigenen Kompositionen und Dichtungen, begründeten die über Jahrhunderte anhaltende Wirkmacht der Musik für die Verkündung des Glaubens.

»Denn die Musik ist eine Gabe und Geschenk Gottes, nicht ein Menschen-Geschenk. So vertreibt sie auch den Teufel und macht die Leut fröhlich …« (Martin Luther) [27]

Die besondere Bedeutung der ›neuen‹ Musik in Folge der Reformation für die Herzogtümer Schleswig und Holstein wurde in den vergangenen Jahren auch durch ein interdisziplinäres Forschungs- und Vermittlungsprojekt unter dem Titel »Musik und Religion zwischen Ribe und Rendsburg« dargestellt, das seinen Ausgangspunkt auf Schloss Gottorf hatte. [28] Im Rahmen dieses Projektes wurde durch Konrad Küster ein wichtiger Teil des musikalischen Erbes der Region aus der Zeit zwischen 1500 und 1800 ediert und online veröffentlicht. Ein besonderer Stellenwert kommt der Musik am Gottorfer Hof zu, seit 1544 Residenz der Herzöge von Schleswig-Holstein-Gottorf. Diese ist seit 2012 in dem Festival »Gottorfer Hofmusik« zu erleben, das u. a. dank der langjährigen Förderung durch die Beauftragte der Bundesregierung für Kultur und Medien im Rahmen der Luther-Dekade stattfinden kann. Im 17. Jahrhundert wurde Gottorf zu einem musikalischen Zentrum von weit über die Region hinausreichender Strahlkraft. Davon zeugt u. a. die Musikaliensammlung, die im späten 17. Jahrhundert auf Gottorf angelegt wurde. [29] Die wichtigsten Kompositionen Gottorfer Kapellmeister wurden im Rahmen des Festivals seit 2012 von dem renommierten Ensemble Weser-Renaissance Bremen musiziert und auf CD eingespielt – in der Gottorfer Schlosskapelle, dem originalen Ort ihrer Entstehung. Damit wurde nicht nur bedeutende lutherische Musik wiederentdeckt, sondern auch eine neue kulturhistorische Dimension erschlossen. [30] Den Höhepunkt stellte das Konzert »Abschied und Ewigkeit. Staatsmusiken des Gottorfer Hofes« im Mai 2015 dar: Hier führte das Ensemble Weser-Renaissance Bremen unter Leitung von Manfred Cordes die großen Trauermusiken des Gottorfer Hofes im Schleswiger Dom auf, gut 300

Hofkapelle zu Schloss Gottorf, Schleswig, vollendet 1590

Jahren nach ihrem Entstehen, am Ort ihrer Uraufführung. Seit 2016 sind diese Kompositionen unter dem Titel FUNERAL MUSIC FROM GOTTORF bei cpo erhältlich – die »prachtvollste Musik, die vom Gottorfer Hof erhalten ist«. In ihnen verbinden sich Musik und die neue lutherische Rechtfertigungslehre geradezu exemplarisch.[31]

Von Lucas Cranach bis Caspar David Friedrich – neue Bilder

Ein besonders wirkmächtiger Wegbereiter des neuen Glaubens war Lucas Cranach d.Ä., ein enger Vertrauter Martin Luthers. Zum einen durch seine Portraits des Reformators und ihre massenhafte Verbreitung durch seine produktive Werkstatt; zum anderen als Schöpfer

neuer Bildthemen und damit als Botschafter im Dienst der Reformation – bis weit in den Norden.[32] So befand sich ein Gemälde Cranachs mit dem Motiv »Christus als Sieger über Tod und Teufel«, in dem Luthers Rechtfertigungslehre sinnreich veranschaulicht wird, schon im 17. Jahrhundert in der Sammlung der Gottorfer Herzöge.

Lucas Cranach d.Ä. (1472–1533), Das Christuskind als Sieger über Tod und Teufel, um 1534, Stiftung Schleswig-Holsteinische Landesmuseen Schloss Gottorf (Freundeskreis Schloss Gottorf e.V. und Stiftung des Sparkassen- und Giroverbandes Schleswig-Holstein)

Entsakralisierung der Landschaft

Während in Schleswig und Holstein wie auch in Dänemark keine Bilderstürme bekannt sind und die Kirchen bis heute oft noch ihre mittelalterliche Ausstattung bewahrt haben, war die auf die Reformation folgende Entsakralisierung der Städte und der Landschaften durch das Ende der Heiligenverehrung sowie von Wallfahrt und Pilgerwesen doch von tiefgreifender Wirkung. Mit der Aufhebung der Klöster verschwanden alte kulturelle Kristallisationszentren. Durch die Umnutzung der Klöster in Spitäler, Armenhäuser oder auch Schulen (Johanneum Hamburg) entwickeln sich jedoch neue kulturelle Zentren und Aufgaben.

Als pars pro toto veranschaulichen dies Frühdrucke aus dem ehemaligen Augustiner-Chorherrenstift Bordesholm. Das Kloster wurde 1566 säkularisiert, in das Gebäude zog eine evangelische Fürstenschule. Diese wurde im Dreißigjährigen Krieg zerstört und ging 1665 in der neu gegründeten Kieler Universität auf. Eines der bekanntesten Beispiele aus dem Norden ist das Zisterzienser-Kloster Eldena, das nach Einführung der Reformation in Pommern 1535 säkularisiert wurde; der gesamte Besitz fiel an Herzog Philipp I., der das Kloster in einen Gutshof umwandelte. Die Ruine Eldena ist bis heute erhalten – berühmt geworden durch die Gemälde von Caspar David Friedrich.

Der Entsakralisierung der Landschaft steht die tiefgehende Christianisierung des Einzelnen und die intensivere, erst durch die Übersetzungen und verbreitete Bildung ermöglichte Auseinandersetzung mit der Bibel im Alltag gegenüber. Dies belegen neben den schon erwähnten vielfältigen Zeugnissen der Alltagskultur aus Schleswig und Holstein auch schulische Schreibübungen mit biblischen Texten. Biblische Szenen finden sich auf den unterschiedlichsten Alltagsgegenständen, von Fliesen und keramischen Ofenkacheln bis zu gusseisernen Ofenplatten, vom Bildkissen bis zur Backmodel. Besonders reich und künstlerisch hochrangig sind die Darstellungen biblischer Motive in der schleswig-holsteinischen Möbel-Schnitzkunst. Zu den bedeutendsten Werken dieser Gattung gehören die Truhen und Schränke des Eckernförder Bildschnitzers Hans Gudewerth d. Ä. († 1642), der mit mehreren Werken in der Stiftung Schleswig-Holsteinische Landesmuseen vertreten ist.

Caspar David Friedrich (1774–1840), Ruine Eldena im Riesengebirge, 1830/34, Pommersches Landesmuseum Greifswald

Diese und andere Objekte werden anlässlich des Reformationsjubiläums in einer großen Sonderausstellung 2017 präsentiert, die
Wege und Verläufe der Reformation und ihre kulturellen Auswirkungen im Norden aufzeigt, veranstaltet vom Schleswig Holsteini-
schen Landesmuseum Schloss Gottorf gemeinsam mit dem Pommerschen Landesmuseum Greifswald.

1 Roderich Schmidt: *Pommern, Cammin.* In: Anton Schindling, Walter Zieger (Hg.), *Die Territorien des Reichs im Zeitalter der Reformation und Konfessionalisierung. Land und Konfession 1500–1650,* Bd. 2: *Der Nordosten,* 3. Aufl., Münster 1993, S. 182–205, S. 188–192.

2 Ada Kadelbach: *Die singende Reformation in Lübeck.* In: *Orte der Reformation – Hamburg, Lübeck, Schleswig-Holstein,* hg. von Daniel Mourkojannis, Johannes Schilling und Landesbischof Gerhard Ulrich, Leipzig 2013, S. 44–46, S. 44

3 Ebd. S. 45 f.

4 Ebd. S. 46. Zur Reformation in Lübeck s. auch Manfred Eickhölter: *Lübeck.* In: Wolfgang Adam/Siegrid Westphal: *Handbuch kultureller Zentren der Frühen Neuzeit. Städte und Residenzen im deutschen Sprachraum,* Bd. 2, Berlin/Boston 2013, S. 1299–1348, S. 1310 f.

5 Vgl. Volquart Pauls: *Geschichte der Reformation in Schleswig-Holstein* (= Schriften des Vereins für schleswig-holsteinische Kirchengeschichte, 1. Sonderheft), Kiel 1922, S. 4–6 u. S. 10.

6 So Christa Hansen/Johannes Schilling: *1526 – Die Reformation »von oben« in Hadersleben.* In: *Orte der Reformation – Hamburg, Lübeck, Schleswig-Holstein,* hg. von Daniel Mourkojannis, Johannes Schilling und Landesbischof Gerhard Ulrich, Leipzig 2013, S. 33–35, S. 33 zur Reformation in Hadersleben.

7 Martin Schwarz Lausten: *Die Reformation in Dänemark,* dt. Heidelberg 2008, S. 22–27, Zit. S. 27.

8 Ebd. S. 45.

9 Ebd. S. 36.

10 Ferdinand Ahois: *Johannes Bugenhagen – der Mann der Reformation.* In: *Orte der Reformation – Hamburg, Lübeck, Schleswig-Holstein,* hg. von Daniel Mourkojannis, Johannes Schilling und Landesbischof Gerhard Ulrich, Leipzig 2013, S. 30–32, S. 30.

11 Ebd. ausführlicher zu den Hintergründen.

12 Heimo Reinitzer: *Tapetum Concordiae. Peter Heymans Bildteppich für Philipp I. von Pommern und die Tradition der von Mose getragenen Kanzeln.* Berlin 2012; allgemein s. Horst-Dieter Schroeder: *Der Croy-Teppich der Universität Greifswald und seine Geschichte,* Greifswald 2000.

13 Schwarz Lausten a. a. O., S. 92. Zur Reformation in Dänemark s. a. Ole P. Grell: *Die Kirchenpolitik der Reformationskönige Friedrich I. und Christian III.* In: *Regna firmat pietas. Staat und Staatlichkeit im Ostseeraum. Festgabe zum 60. Geburtstag von Jens E. Olesen,* hg. von Martin Kriger und Joachim Krüger, Greifswald 2010, S. 155–167.

14 Schwarz Lausten, a. a. O. S. 100.

15 Ebd. Luther an Christian III., Wittenberg 2. 12. 1536, WA Br 7, Nr. 3112.

16 Ausführlich zur Krönung und ihrer Zeremonie Schwarz Lausten a. a. O., S. 104–106. Zur »Sakralisierung der Herrschersphäre« s. a. Per Ingesman: *Staat, Kirche und Konfessinalisierung im frühneuzeitlichen Dänemark (1545–1645).* In: *Regna firmat pietas. Staat und Staatlichkeit im Ostseeraum. Festgabe zum 60. Geburtstag von Jens E. Olesen,* hg. von Martin Kriger und Joachim Krüger, Greifswald 2010, S. 169–184, S. 172.

17 Otto Vogt (Hg.): *Dr. Johannes Bugenhagens Briefwechsel, mit einem Vorwort und Nachträgen von Eike Wolgast, unter Mitarbeit von Hans Volz,* Hildesheim 1966, S. 142 f.

18 Ebd., S. 155 f.

19 Heinrich Bedford-Strohm: *Kultur in der*

Reformationsdekade. In: *Marin Luther Superstar. 500 Jahre Reformation, Politik & Kultur, Dossier Reformationsjubiläum Nr. 1,* hg. von Olaf Zimmermann und Theo Geißler, Regensburg 2016, S. 9–10, S. 9.

20 Dies war Inhalt mehrere Vorträge bei der internationalen Tagung reformatio baltica, Kulturwirkungen der Reformation in den Metropolen des Ostseeraums, Vilnius 9.-13. Sept. 2015, etwa: Mara Gurdule, *Reformation as the beginnings of written poetry in Latvian. Der Tagungsband,* hg. von A. Steiger et. al., erscheint in Kürze.

21 Heinz Schilling: *Martin Luther. Rebell in einer Zeit des Umbruchs,* München 2012, S. 271.

22 Vgl. Maik Reichel/Inger Schuberth: *Gustav Adolf. König von Schweden. Die Kraft der Erinnerung 1632–2007,* Kat. Lützen 2007, darin bes. Sverker Oredsson: *Die Erinnerung an Gustav Adolf in Deutschland und Schweden,* S. 17–26, S. 17); Olaf Mörke: *»Der Schwede lebet noch« – Die Bildformung Gustav Adolfs in Deutschland nach der Schlacht bei Lützen,* S. 83–92 sowie Christoph Dieckmann: *Gottes Raubtier.* In: *Zeit Geschichte, Heilige Kriege, 2,* 2016, S. 44–50, S. 48. Konkret bezieht sich Dieckmann bei seinem Vorwurf der Blasphemie auf die Gustav-Adolf-Gedächtniskirche, auf deren Giebelkreuz statt INRI GASR (Gustav Adolf Sueciae Rex) steht.

23 Dies wurde u.a. deutlich in dem Vortrag von Mia Korpiola, *Regionale Varianten in der Behandlung von Ehe- und Sexualkriminalität in den Diözesangerichten im Schweden der Reformationszeit,* Tagung reformatio baltica, Kulturwirkungen der Reformation in den Metropolen des Ostseeraums, Vilnius, 12. Sept. 2015. S. a. Ingesman a. a. O., bes. S. 174, 177 ff, 180.

24 Schilling a. a. O., S. 332.

25 Durch den Nordstrander Chronisten

Johannes Petreius, s. Pauls, a. a. O., S. 5.

26 Schwarz Lausten a. a. O., S. 163.

27 WATR 7034

28 Als Leadpartner realisierte die Stiftung Schleswig-Holsteinische Landesmuseen dieses Projekt 2013 – 2015 zusammen mit zwei dänischen Partnern, der Kirchenmusikschule Lügumkloster und dem Museum Sønderjylland/Museum für Kulturgeschichte Tondern. Es wurde durch Fördermittel aus dem Europäischen Fonds für regionale Entwicklung im Rahmen von INTERREG 4 A Syddanmark – Schleswig – K.E.R.N ermöglicht.

29 Angelegt von Georg Österreich (1663–1732), von 1689 bis 1702/04 Kapellmeister auf Schloss Gotttorf. Diese Sammlung, in der Literatur bekannt unter dem Namen »Sammlung Bokemeyer«, liegt heute in der Staatsbibliothek zu Berlin.

30 Konrad Küster, (Hg.): *Zwischen Schütz und Bach. Georg Österreich und Heinrich Bokemeyer als Notensammler (Gottorf/Wolfenbüttel),* Stuttgart 2015, S. 9. Konrad Küster besorgte auch die wissenschaftlichen Editionen für die genannten Konzerte und CD-Einspielungen.

31 Küster in seiner Einführung in das Konzert im Programmheft »Gottorfer Hofmusik« 2015 (unpag.)

32 Dazu grundlegend der Ausstellungskatalog *Bild und Botschaft. Cranach im Dienst von Hof und Reformation.* Ausstellungskatalog hg. von der Museumslandschaft Hessen Kassel und der Stiftung Schloss Friedenstein Gotha, Heidelberg 2015.

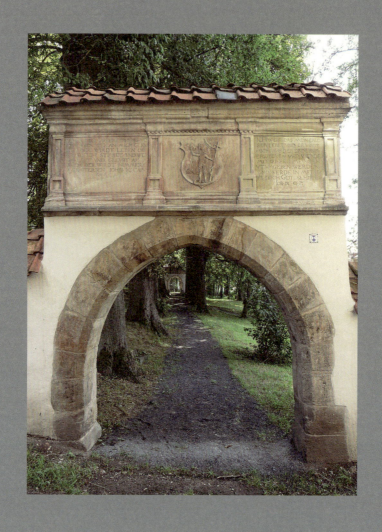

Wir Christen aber ... sollen uns uben
und gewehnen im Glauben, Den Tod
zuuerachten, und als einen tieffen,
starcken, süssen Schlaff anzusehen.

Tradition und Neuerung in der Begräbnis- und Friedhofskultur nach Luther

Reiner Sörries

Mit der Reformation haben sich viele Lebensbereiche radikal verändert, und die Auswirkungen sind bis heute zu spüren. Das soll auch für die Bestattungs- und Friedhofskultur gelten, die bis dahin eine Domäne der Kirche war. Man hielt es seit Jahrhunderten für nötig, die Toten um ihres Seelenheils willen bei den Pfarrkirchen in geweihter Erde zu beerdigen, wo sie den Reliquien der Heiligen in den Altären nahe waren. Die Reformatoren und allen voran Martin Luther hatten diese Notwendigkeit zunehmend in Frage gestellt und sich stattdessen den hygienischen Bedenken mancher Zeitgenossen angeschlossen, die von den innerstädtischen Kirchhöfen gesundheitliche Gefahren ausgehen sahen. Dass daraufhin in immer mehr Gemeinden die Kirchhöfe durch außerörtliche Friedhöfe abgelöst wurden bzw. die Wahl des Ortes eine gewisse Beliebigkeit erreicht hat, sei eine Folge der Reformation, deren radikale Konsequenzen sich erst in der Gegenwart in ihrem ganzen Ausmaß zeigen, wie es jüngst Barbara Happe formuliert hat: »Es war Luther, der die heutige Vielfalt an Bestattungsorten wie dem FriedWald, den Ascheausstreuungen in den Schweizer Bergen oder die Seebestattung wenn nicht antizipiert, so doch prinzipiell erst möglich gemacht hat.«[1]

Die Erkenntnis, dass die hygienischen Bedenken bereits in vorreformatorischer Zeit zur Auslagerung von Friedhöfen führten, ist freilich nicht ganz neu, und die genannte Autorin hat in ihrer früheren Arbeit selbst kenntnisreich darauf verwiesen[2], dass solche Verlagerungen der Friedhöfe vor die Tore der Gemeinwesen bereits Ende des 15. Jahrhunderts und demnach vor der Reformation ihren Anfang nahmen. Somit relativiert sich die Frage nach der Verantwortlichkeit für die neuzeitliche Friedhofskultur, und es gilt zu erörtern, welchen Anteil die Reformation daran hat.

Die Auslagerung der Friedhöfe war zumal im 16. Jahrhundert mit dem Aufkommen eines neuen Friedhofstyps verbunden, der in der friedhofskulturellen Fachsprache seit dem 19. Jahrhundert als Campo

Eisfeld, Portal am
Alten Friedhof, 1542

Santo bezeichnet wird. Dieser Terminus hat sogar Eingang in die allgemeine Redeweise gefunden, wie der entsprechende Artikel Camposanto in Wikipedia belegen kann: »Infolge der Reformation entstanden im 16. Jahrhundert besonders in Mitteldeutschland derartige Friedhofsanlagen: Leipzig (1536), Arnstadt (1537), Altenburg (1552), Buttstädt (1592), Eisfeld (1554), Eisleben (1538), Gera (1556), Halle (1594), Saalfeld (1553), Weida (1564).« Demzufolge sei ein Camposanto durch eine »hofartig umschlossene Ausführung mit einem nach innen offenen Bogengang« charakterisiert. Die in diesem Bogengang angelegten Begräbnisstätten wurden in zeitgenössischen Quellen als Schwibbogen oder Schwingenbogen bezeichnet. Als Orte für die Erbbegräbnisse der sozialen Oberschicht sollten sie für das (weitgehend) eingebüßte Privileg der Kirchenbestattung einen adäquaten Ersatz bieten.

Allerdings hat wiederum schon Barbara Happe darauf verwiesen, dass solche Friedhöfe mit Begräbnisstätten in den umlaufenden Arkaden und damit Friedhöfe vom Campo-Santo-Typ nicht nur in protestantischen, sondern auch in katholischen Städten Verbreitung fanden.[3] Es scheint zwar heute klar zu sein, dass trotz des ans Italienische angelehnten Begriffs der Campo-Santo-Friedhof nicht an südländische Vorbilder anknüpft, sondern eine nordalpine Schöpfung darstellt. Aber es wird zunehmend fraglich, ob wir darin eine reformatorische Erfindung sehen dürfen. Dabei war ich selbst diesem Gedanken immer sehr verbunden[4], der nun dank der neuen umfassenden Arbeit von Anja A. Tietz seine Berechtigung endgültig verloren zu haben scheint: »Wurden bislang das veränderte Verhältnis der lutherischen Reformation zum Tod und die Auswirkungen auf die Begräbnispraxis herausgestellt, hat sich nunmehr gezeigt, dass weit vor der Reformation Veränderungen im Begräbniswesen zu verzeichnen sind.«[5] Wie fast immer tragen neue Forschungserkenntnisse jedoch nicht zur Lösung aller Fragen bei, vielmehr werfen sie neue auf.

Zunächst muss man mit Happe und Tietz festhalten, dass bereits Anfang des 16. Jahrhunderts von Kaiser Maximilian I. mit den Päpsten Julius II. und Leo X. eine Begräbnisreform initiiert worden ist, die sich auf Luthers Gedanken auswirkte. Er formulierte in seiner 1527 verfassten Schrift Ob man vor dem Sterben fliehen möge: »Weil wir aber an diese Sache gekommen sind, vom Sterben zu reden, so kann ich's nicht lassen, auch vom Begräbnis etwas zu sagen. Erstens lasse ich die Doktoren der Arznei und alle, die darin bessere

Erfahrung haben, darüber urteilen, ob es gefährlich sei, dass man mitten in den Städten Kirchhöfe hat. Denn ich weiß nicht und verstehe mich nicht darauf, ob aus den Gräbern Dunst oder Dampf ausgeht, der die Luft verpestet. Wenn dem aber so wäre, so hätte man gemäß den oben erwähnten Warnungen Grund genug, den Kirchhof außerhalb der Stadt zu haben.«[6]

Doch nicht nur die Tendenz zur Auslagerung der Friedhöfe hat eine vorreformatorische Tradition, sondern auch ihre Gestaltung im Sinne einer sog. Campo-Santo-Anlage. Hier sei, so Tietz[7], der Innsbrucker Gottesacker am Heilig-Geist-Spital zu nennen, der in den Jahren 1513/14 eine architektonische Gestaltung in Form einer Arkadenanlage erhielt, deren einzelne Memorialräume als Schwingenbogen bezeichnet wurden. Weitere Beispiele für katholische Campo-Santo-Friedhöfe sind z.B. der alte Friedhof in Wangen/Allg. von 1521 und der Sebastiansfriedhof in Salzburg von 1595/1600.

Die am vollständigsten erhaltene und deshalb auch bekannteste Anlage eines mitteldeutschen Campo-Santo-Friedhofs mit den mittlerweile restaurierten Schwibbögen findet man bekanntermaßen mit dem Stadtgottesacker in Halle (Saale). Auf Betreiben von Kardinal Albrecht war die Verlagerung der innerstädtischen Begräbnisplätze bei den Kirchen hinaus auf den Martinsberg erfolgt, wo der neue Friedhof 1529 noch vor Einführung der Reformation eingeweiht wurde. Doch erst nach der durchgesetzten Reformation 1541

Halle (Saale),
Stadtgottesacker
mit Schwibbögen

war der Stadtbaumeister Nickel Hoffmann mit der architektonischen Gestaltung des Friedhofs beauftragt worden, die in den Jahren zwischen 1557 und 1590 erfolgte. Somit stammen die charakteristischen Schwibbögen, wie sie hier genannt werden, erst aus reformatorischer Zeit. Wenn es dieses Gestaltungsprinzip jedoch schon gab, was war dann daran reformatorisch?

Bevor wir uns dieser Frage zuwenden, sei noch ein Blick auf die Gestaltung der Schwibbögen selbst geworfen, denn diese zeigen deutliche Anklänge an die Emporen der Hallenser Marienkirche, die in den Jahren zwischen 1529 und 1554 auf Betreiben Kardinal Albrechts durch die Zusammenlegung der beiden Vorgängerkirchen St. Marien und St. Gertruden entstanden war. Vollendet wurde sie jedoch erst nach Einführung der Reformation unter der Bauleitung von Nickel Hoffmann. Somit handelt es sich bei den Schwibbögen des Gottesackers um Versatzstücke aus dem architektonischen Baukasten des Stadtbaumeisters.

Was an ihnen reformatorisch ist, zeigt sich erst auf den zweiten Blick. Denn die Schwibbögen zeigen sämtlich biblische Inschriften, wie sie Martin Luther für die Gestaltung von Begräbnisstätten vorgeschlagen hatte: »Wenn man auch sonst die Greber wolt ehren, were es fein, an die Wende, wo sie da sind, gute Epitaphia oder Sprüche aus der Schrifft drüber zu malen oder zu schreiben, das sie fur augen weren denen, so zur Leiche oder auff den Kirchoff giengen, nemlich also, oder dergleichen.«[8] Die Inschriften aus dem Alten und Neuen Testament befinden sich auf Schriftbändern über den Arkaden der Schwibbögen. Muss man dann nicht sagen, dass die vorrefomatorische Grundstruktur des Stadtgottesackers lediglich durch reformatorische Akzente überformt ist?

Nicht einfacher stellt sich die Situation auf dem neuen Gottesacker der Stadt Eisleben dar, der 1533 in Nutzung genommen wurde und später den Namen Kronenfriedhof erhielt, weil es Sitte war, die Totenkronen der Beigesetzten dort zu zeigen. Zur Zeit der Friedhofsweihe war die Geburtsstadt Luthers aufgrund der konfessionsverschiedenen Herrschaften noch bikonfessionell. Die zuständigen Mansfelder Grafen waren teils noch katholisch, teils schon dem neuen, lutherischen Bekenntnis zugetan, und an der Hauptkirche St. Andreas gab es katholische und lutherische Prediger.

Nun war es zwar der lutherische Geistliche Caspar Güttel, der 1529 die Anlegung eines neuen Gottesackers vor der Stadt anregte, doch die Quellen lassen nicht erkennen, dass es theologische Erwägungen waren, die ihn dazu veranlassten. Vielmehr fußte sein Entschluss wohl ausschließlich (?) auf der grassierenden Epidemie des sog. Englischen Schweisses, die Hunderte von Toten kostete. Durch eine sich anschließende Pestwelle hatte sich die Situation dramatisch verschärft. Da dies in einer Zeit geschah, als auch die Einwohnerzahl stark gestiegen war, wussten die Mansfeldischen Chronica zu berichten, dass es zu viele Tote waren, um alle auf die Kirchhöfe zu legen.[9] Auch die erhaltene Inschrifttafel, die an die Einweihung erinnert, lässt kaum theologische Implikationen erkennen, sondern nennt das Einweihungsjahr, die verantwortlichen Herren der Mansfelder Grafschaft sowie alle Geistlichen der Eislebener Pfarren. Die Inschrift endet mit den Worten, der allmächtige barmherzige Gott möge allen, die in ihm entschlafen und hier begraben sind, die ewige Ruhe und Frieden verleihen durch seinen lieben Sohn Jesus Christus, unseren Herrn. Dies kann man nur sehr bedingt auf eine rein lutherische Ausrichtung hin interpretieren.

Freilich hielt die Einweihungspredigt der lutherische Prediger Caspar Güttel, die sich jedoch nicht erhalten hat, weshalb daraus keine weiteren Schlüsse gezogen werden können. Man darf jedoch aus der 1535 datierten Stellungnahme seines katholischen Kontrahenten Georg Witzel d. Ä., Pfarrer an St. Andreas, schließen, dass das

Eisleben,
Kronenfriedhof,
Totentafel der
Familie Feuerlein, 1563

außerörtliche Feldbegräbnis bei ihm tiefes Missfallen ausgelöst hat.[10] Für lutherisch kann man halten, dass der neue Gottesacker nicht durch den Weihbischof förmlich eingesegnet wurde, und man darf darauf verweisen, dass er keine eigene Gottesackerkirche erhielt, sondern stattdessen nur eine hölzerne Kanzel am Schnittpunkt der beiden zuerst errichteten Schwibbogenflügel. Mit ihrer Einrichtung hatte man 1538/39 begonnen, wohl um dem Wunsch nach repräsentativen Erbbegräbnissen nachzukommen.

Sucht man nun ähnlich Halle nach einer spezifisch lutherischen Gestaltung des Kronenfriedhofs, dessen Errichtung eher sachlichen Gründen zu verdanken ist, so ist man auch hier auf die in diesem Fall malerische Ausstattung der Grabstätten angewiesen. Zu den Besonderheiten des Kronenfriedhofs gehören hölzerne, bemalte Tafeln, welche sich in den Nischen der Schwibbögen befunden haben. Erhalten haben sich insgesamt sechs solcher Epitaphien, die sich in Eisleben in den Museen Luthers Geburtshaus und Luthers Sterbehaus befinden. Bereits 1815 hatte Karl Friedrich Schinkel, der im Auftrag des preußischen Königs Friedrich die preußisch gewordenen Gebiete bereiste, empfohlen, die wertvollsten Gemälde geschützt unterzubringen. Sie sind es, die im 16. und 17. Jahrhundert entstanden sind und mit ihren biblischen Szenen des Alten und Neuen Testaments dem lutherischen Rat folgen, »Sprüche aus der Schrifft drüber zu malen oder zu schreiben.«

Die Eislebener Gemälde zeigen u.a. die Auferweckung der Toten-
gebeine nach Ezechiel, die Erweckung des Jünglings zu Naim sowie
Szenen der Passion und Auferstehung Jesu Christi. Ikonographisch
am auffälligsten ist die Darstellung der drei Jünglinge im Feuerofen
auf dem Totengemälde der Familie Koburger, die um 1576 entstanden ist. Gedeutet wird das Motiv meist als Hinweis auf den aufrech-
ten Glauben des Verstorbenen, doch reicht die Ikonographie in alt-
christliche Zeit zurück, wo es als Sinnbild des göttlichen Rettungs-
handelns aus Not und Tod verstanden wurde.

Mit diesen Totentafeln besitzt Eisleben in der Tat eines der selte-
nen Ensembles gemalter Friedhofsbilder, die der Anregung Martin
Luthers geschuldet sind, Texte und Bilder aus der Heiligen Schrift
zur Erbauung der Trauernden und Friedhofsbesucher auf dem Friedhof anzubringen. Regelmäßig zeigen die Bilder jedoch die teils verstorbenen, teils lebenden Familienmitglieder, weshalb sie zugleich
Repräsentanten der Memoria sind und ebenfalls der Hebung des
Sozialprestiges dienen.

Wenngleich auch für andere lutherische Gottesäcker dergleichen
bildliche Ausstattungen bezeugt sind, wie etwa für den Alten Johan-
nisfriedhof in Leipzig, so stehen doch die Gemälde vom Kronenfriedhof in Eisleben ziemlich einzigartig da, weil das meiste im Laufe
der Jahrhunderte verloren ging. Eine geographisch weit entfernte,
inhaltlich jedoch sehr nahe Parallele bieten die vier erhaltenen Totentafeln vom Alten Lindauer Friedhof in Aeschach. Der Friedhof selbst,
der infolge der Pest Anfang des 16. Jahrhunderts zwischen 1512 und
1515 gegenüber der Inselstadt im Bodensee auf dem Festland angelegt
wurde und dem man eine Campo-Santo-Struktur bescheinigen
kann, stammt also wiederum aus vorreformatorischer Zeit. Erst die

nach 1600 entstandenen Totentafeln mit ihren biblischen Inhalten sind Ausdruck reformatorischer Frömmigkeit. Die beispielhaft herausgegriffene, auf 1604 datierte Totentafel zeigt nicht nur zu beiden Seiten des Gekreuzigten die Mitglieder der Familie Deller, sondern links im Hintergrund auch ein authentisches Bild des Friedhofs zu dieser Zeit mit seinen von Grabnischen beherrschten Erbbegräbnissen an der Friedhofsmauer. Die Totentafeln, von denen sich noch vier im Lindauer Stadtmuseum befinden, waren in diesen Nischen angebracht und besaßen zum Verschließen seitlich angebrachte Flügelbilder.

In ikonographischer Hinsicht verdient die um 1650 entstandene Totentafel der Familie Bertsch höchste Aufmerksamkeit, denn als Hauptbild zeigt sie über der versammelten Familie das reformatorische Lehrbild schlechthin, das unter dem Terminus »Sünde und Gnade« oder »Gesetz und Evangelium« bekannt ist. Mit dieser Ikonographie hatte Lukas Cranach d. Ä. die lutherische Erkenntnis von der Rechtfertigung des Sünders allein durch den Glauben bildhaft und einzigartig umgesetzt. Der bisher beschrittene Weg des Gesetzes, repräsentiert durch Mose in der linken Bildhälfte, führt letztlich zum Tod des Sünders und ist nicht mehr gangbar. Erlösung verspricht allein der Glaube an den Gekreuzigten in der rechten Bildhälfte. Cranach hatte für den Verweis auf Mose allerdings das biblische Motiv von der Aufrichtung der ehernen Schlange gewählt, das seit alters als typologischer Verweis auf den Kreuzestod Jesu verstanden und bildlich analog gestaltet wurde.

Immerhin zeigt die Lindauer Parallele, dass die Idee von der epigraphisch oder bildlich umgesetzten Verkündigungsaufgabe des Friedhofs nicht auf die reformatorischen Kernlande in Mitteldeutschland beschränkt war. Ein weiteres Beispiel bietet das quellenmäßig überlieferte Bildprogramm des St. Lazarus-Friedhofs in Regensburg, der 1527 kurz nach Einführung der Reformation für die Evangelischen angelegt worden war. Nahezu gleichlautend schildern der Superintendent Nikolaus Gallus und der Ratskonsulent Johann Hiltner als Zeitgenossen ein 62 Motive umfassendes Bildprogramm, das man sich wohl entlang der Friedhofsmauern vorstellen muss.[11] Aufgezählt werden alt- und neutestamentliche Bilder von der Erschaffung der Welt bis zum Jüngsten Gericht und damit ein heilsgeschichtliches Bildprogramm, wie es sich auch in den malerischen Ausstattungen protestantischer Kirchenräume finden lässt. Ob das Regensburger Bildprogramm des Lazarus-Friedhofs je ausgeführt und ob überhaupt jemals ein Friedhof mit einer solch theologisch konzipierten Bilderfolge ausgestattet wurde, lässt sich derzeit nicht klären.

Lindau, Aeschacher Friedhof, Totentafel der Familie Bertsch, um 1650

Die epigraphische oder bildliche Ausstattung reformationszeitlicher Friedhöfe war vermutlich weit verbreitet, und in diesen Befund muss man zudem die zahlreichen Epitaphien mit einbeziehen, die unter diesem Aspekt lutherischer Bildfrömmigkeit noch zu wenig berücksichtigt wurden. Als weiterer Ort dieser Art wird man zudem die Friedhofseingänge zu berücksichtigen haben, die sich als Stätten der Verkündigung eigneten. Als Beispiel sei das Portal des Gottesackers in Eisfeld genannt, das zwar nicht genau datiert ist, jedoch in die Zeit der Entstehung des 1542 angelegten Begräbnisplatzes gehören dürfte. Über dem Torbogen befinden sich drei Text-/Bildfelder, wobei das mittlere Bildfeld mit der Auferstehung Christi in Anlehnung an Psalm 91,13 – »über die Schlange und den Basilisken wirst du schreiten und den Löwen und den Drachen wirst du zertreten« – von Textfeldern mit Schriftzitaten aus Joh. 11,25 und Hiob 19,25 flankiert wird (vgl. Abb. S. 74).

Aus dem bisher Angeführten können nun zwei Schlüsse gezogen werden. Der zumal in Mitteldeutschland, aber auch andernorts verbreitete Friedhofstyp des Campo Santo ist ebenso wie die Auslagerung der Friedhöfe vor die Städte keine genuin reformatorische Neuerung, doch konnte sie sich unter ihrem Einfluss durchgreifender verbreiten als in Gebieten, die katholisch geblieben waren und oftmals dem alten Kirchhof den Vorzug vor dem neuen und scheinbar unchristlichen Feldbegräbnis gaben. Den Vorstellungen Martin Luthers von der Ausschmückung eines Friedhofs mit erbaulichen Texten und Bildern sind jedoch manche Friedhöfe gefolgt. Dabei ist es allerdings fraglich, ob es – wie das Regensburger Beispiel nahelegen könnte – Friedhofskonzeptionen gab, die eine durchgehende und konzeptionell durchdachte Ikonographie vorsahen. Die erhaltenen Beispiele zeigen, dass es die Familien waren, die ihre Grabstätten entsprechend ausgestalteten. Von Friedhofseite verantwortet waren jedoch gewiss Bilder und Inschriften, soweit sie etwa an Friedhofseingängen angebracht waren.[12] Die Vorgabe einer formal einheitlichen Ausschmückung lassen auch die Schwibbögen des Hallenser Stadtgottesackers mit ihren Schriftfeldern erkennen.

Das Neue im lutherischen Begräbnis- und Friedhofswesen kann nun nicht primär in der Auslagerung der Friedhöfe oder in einem besonderen Friedhofstyp gesehen werden, sondern eher in einem epochalen Funktionswandel, der auf einer völligen Neubestimmung des Verhältnisses zwischen Lebenden und Toten beruhte. Konsequent war der Wegfall jeglicher Seelenfürsorge für die Verstorbenen, die

nun nicht mehr als Arme Seelen durchs Fegfeuer irrten und der barmherzigen Hilfe der Heiligen und der Hinterbliebenen entbehren konnten. Gleichzeitig musste jedoch der Zustand der Abgeschiedenen definiert werden, für den Luther die Metapher eines langen, traumlosen Schlafes benutzte. Wenn also der Friedhof mit der Reformation eine grundlegende Wandlung erfuhr, so muss man diese im Bild vom Todesschlaf sehen, und die Redeweise von den Entschlafenen ist gewiss eine Folge dieser neuen Sichtweise.

So schlug Martin Luther in seiner Predigt am 24. Sonntag nach Trinitatis 1544 vor, von den Friedhöfen als Schlafstätten zu reden: »Daher auch von alters die Christen … die weise gehabt, das sie jre begrebenis ehrlich gehalten und beinander gehabt … und dieselbe genennet nicht Grabstete oder Todtenhoefe, sondern Coemeteria, Dormitoria, Schlaffheuser, daher auch solcher namen bis auff uns blieben, Und wir Deudschen von alters solche begrebenis nennen Gottes acker nach der weise, wie S. Paulus 1. Corinth. 15 redet ›Es wird geseet ein natürlicher Leib‹ etc.«[13] Neben der Betonung des Friedhofs als Schlafstätte bevorzugt Luther den Ausdruck Gottesacker als Hinweis auf das Zukünftige, wenn Gottes Saat aufgeht.

Mit diesen Botschaften versah die lutherisch gewordene Gemeinde in Steyr das Eingangsportal ihres neuen Friedhofs auf dem Tabor. Der Friedhof war 1583/84 außerhalb der Stadt als Campo-Santo-Anlage errichtet worden, und das von einem Turm bekrönte Eingangsportal erhielt folgende Inschrift:

Steyr, Portal
am Taborfriedhof,
1583/84

Haec loca corporibus defunctis Stira paravit
Aeterni at Domini est fertilis illa seges
Somnum, non mortem spectas in morte piorum
Inque Deo salvi, qui moriuntur erunt.

(Diese Stätte hat Steyr den Leibern der Toten bereitet
Fruchtbarer Acker jedoch ist sie, des ewigen Herrn
Schlaf, nicht den Tod ersiehst Du im Sterben der Frommen,
denn geborgen in Gott werden, die sterben, ja sein.)

Bedenck mensch, das wir sterblich sein.
Du gehest für aus oder ein
Glaube an Christum den Herrn,
So wirstu nicht ewig sterben.
tausendfünfhundertachtzigvier
Baut Steirstadt das Schlafhaus alhier.
Auferstehn und ewigs leben
Wird uns Gott aus Gnaden geben.

Wie an kaum einer anderen Stätte der reformatorischen Fried-
hofsdenkmäler findet sich hier in Steyr das neue lutherische Ver-

ständnis von Begräbnis und Begräbnisort so konzentriert ausgedrückt. Liegt darin das reformatorische Verständnis vom Begräbnisort, dann wird deutlich, dass es nicht notwendigerweise an eine neue Friedhofsform gekoppelt war. Weder die Lage vor der Stadt noch die architektonische Bauweise waren konstitutive Elemente, wenngleich man für beide Erscheinungsformen aufgeschlossen sein konnte. Aber auch der alte Kirchhof hatte nicht ausgedient, und selbst die Bestattung im Kirchengebäude konnte weiterhin geübt werden. So waren auch in Eisleben bestimmte Persönlichkeiten von der außerörtlichen Bestattung ausgenommen, wie z. B. Generalsuperintendent Cyriakus Spangenberg, der 1550 im Chor der St. Andreaskirche beigesetzt wurde.[14]

Auch in nachreformatorischer Zeit blieb die Bestattung in der Kirche die bevorzugte Grablage für die Honoratioren und Adligen, wie es die zahlreichen Grüfte belegen, die insbesondere von den Patronatsherren ihrer jeweiligen Kirche angelegt wurden. Hier schufen sie sich gemäß lutherischer Auffassung ihr Schlaf- oder Ruhkämmerlein, in dem die Entschlafenen bis zur Auferstehung ruhen konnten. Diese Auffassung wiederholte Luther in der Vorrede zur Sammlung der Begräbnislieder 1542: »Wir Christen aber, so von dem allen durch das theure Blut des Sons Gottes erlöset sind, sollen uns uben und gewehnen im Glauben, Den Tod zuuerachten, und als einen tieffen, starcken, süssen Schlaff anzusehen. Den Sarck nicht anders denn als unsers HERRN Christi Schos oder Paradis, Das Grab nicht anders, denn als ein sanfft Faul oder Rugebette zuhalten.«[15]

Was es das Mittelalter hindurch üblich, nur in Tüchern zu bestatten, so kann in den Jahrhunderten nach der Reformation eine stetige Zunahme der Verwendung des Sarges beobachtet werden, wenngleich der kausale Zusammenhang bis heute nicht eindeutig erwiesen ist. Doch die gleichzeitige Verwendung von Gruft und Sarg kann durchaus der Vorstellung vom Tod als Schlaf zugeschrieben werden, woraus zudem bei den Gruftbestattungen eine intendierte natürliche Mumifizierung der Bestatteten resultierte. Erst seit einigen Jahren tritt die Gruftbestattung im reformatorischen Kontext als Thema ins Bewusstsein und die Gruftarchäologie erfasst und dokumentiert zunehmend Grüfte wie in Sommersdorf[16], Schwerin, Mirow und Wolgast[17], Berlin, Menkin und Lüne[18] oder in Illmersdorf[19], doch erlaubt man sich gegenwärtig noch keine verallgemeinernde Aussagen zur Gruftbestattung und Mumifizierung im protestantischen Kontext.

Der Anteil der Reformation an der Entwicklung des neuzeitlichen Friedhofswesens muss demnach differenziert gesehen werden. Die Idee von der Auslagerung der Friedhöfe ist vorreformatorisch, sie fiel jedoch besonders dort auf fruchtbaren Boden, wo das reformatorische Bekenntnis von der Rechtfertigung des Sünders allein aus Gnaden die Notwendigkeit der Bestattung in geweihter Erde und die damit verbundene Seelenfürsorge verworfen hatte. Dabei hielt man es nicht für nötig, eine gestalterische Alternative zu dem bereits entwickelten Typ des Campo-Santo-Friedhofs zu entwickeln, der sich möglicherweise aus dem mittelalterlichen Kreuzgang oder anderen Vorbildern ableiten lässt[20], auf die hier nicht weiter eingegangen werden kann. Die Arkaden des Campo Santo eigneten sich sogar hervorragend, um der sozialen Oberschicht weiterhin privilegierte Gräber bereitstellen zu können. An der sozialen Differenzierung der Grablagen hat die Reformation nichts geändert, auch daran nicht, dass sich die Patronatsherren der Kirchen eigene Kirchengrüfte errichten konnten. Auch sonst blieb vielerorts die Kirchenbestattung bis ins 19. Jahrhundert eine das Sozialprestige hebende Möglichkeit.

Mit der reformatorischen Neuausrichtung des Begräbnisdienstes weg von den Entschlafenen hin zu den Hinterbliebenen und zur ganzen Gemeinde rückte die Verkündigung des Evangeliums in den Mittelpunkt und bildete die Grundlage für die ikonographische

Illmersdorf, Pfarrkirche, Begräbnisgruft mit Mumien

Gestaltung reformatorischer Friedhöfe. Biblische Verse und Bilder auf den Friedhöfen luden zur Andacht ein, das eigene Ende zu bedenken und der Hoffnung auf Auferstehung zu vertrauen. Und diese Friedhofsikonographie ist tatsächlich gegenüber dem mittelalterlichen Kirchhof ein Novum.

Eine weitere Novität waren auch die Friedhofskanzeln, die entweder in die umlaufenden Arkaden eingepasst waren oder frei auf dem Friedhof standen. Weil die Leichenpredigt zu einem signifikanten Merkmal der lutherischen Bestattung geworden war, brauchte man nun auch einen entsprechenden Ort, von dem aus gepredigt werden konnte, Vor allem in Unterfranken und in Thüringen haben sich Beispiele dieser fast vergessenen protestantischen Einrichtung erhalten.[21]

Durchgesetzt hatte sich zudem die Vorstellung vom Tod als Schlaf, deren materielle Umsetzung mit der Schaffung eines eigenen Ruhkämmerleins in Form einer Gruft und mit der Bewahrung des Leibes mittels Mumifizierung obersten sozialen Schichten vorbehalten blieb. Weitere Verbreitung fand indes der Sarg, der allmählich die Beisetzung im Leintuch abzulösen begann.

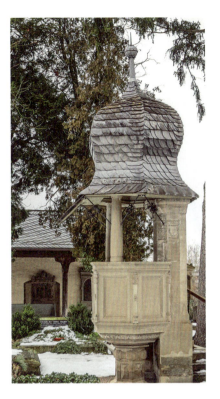

Mainbernheim, Friedhofskanzel

Gruft, Grabstätte und Sarg entwickelten sich zudem zu Trägern des individuellen Totengedenkens, denn inschriftlich hielten sie Namen und Lebensdaten der Verstorbenen fest und dienten ihrer Memoria. Mit dieser Tendenz zur Individualisierung entpuppt sich die Reformation jedoch als Geschwisterkind der Renaissance, die ihrerseits zur Entdeckung der je eigenen Persönlichkeit beigetragen hatte. Es bleibt tatsächlich eine Frage der Interpretation, ob man den Eingriff der Reformation in den mittelalterlichen Totenkult als »fundamental« begreift und ihr den Weg zur Ebnung »für langfristige Veränderungen der Friedhofs- und Bestattungskultur«[22] zuschreibt, oder ob man die reformatorischen Veränderungen im Begräbniswesen eingebettet sieht in den Strom der Zeit. Es wird jeweils darauf ankommen, welche Aspekte man herausgreift. Insbesondere die quellenbasierte Arbeit von Anja A. Tietz zum frühneuzeitlichen Gottesacker weist darauf hin, wie komplex die Sachverhalte tatsächlich sind, deren weitere Erforschung eine Aufgabe bleiben wird.

Und apropos Renaissance: Anja A. Tietz führt noch einen weiteren Grund für die Verlagerung der Friedhöfe vor die Städte an. Innerörtlich waren sie einer modernen, repräsentativen Stadtgestaltung einfach im Wege. Als Kardinal Albrecht in Halle bereits 1526 für die Anlage eines außerörtlichen Friedhofes plädierte, hatte er auch die repräsentative Ausgestaltung seiner Residenz im Auge, der Gotteshäuser und Friedhöfe weichen mussten.[23] Nicht anders verhielt es sich in Salzburg, als 1599 der alte Domfriedhof aufgelassen worden war, um dort Platz für die repräsentative Anlage des Residenzplatzes zu schaffen. Bei den Planungen der Städte, die erst zu Beginn des 16. Jahrhunderts neu gegründet wurden wie z. B. Annaberg und Marienberg im Erzgebirge hatte man entsprechend den damals favorisierten Idealplanungen die Friedhöfe bereits außerhalb der Stadt vorgesehen und gab ihnen die Gestalt eines Campo Santo.[24] Neben den hygienischen und religiösen Aspekten müssen auch stadtplanerisch-repräsentative Beweggründe berücksichtigt werden.

Und wenn ein mitteldeutscher Friedhof des 16. Jahrhunderts den Namen Campo Santo wirklich verdient, dann ist es der 1507 angelegte Gottesacker von Annaberg, denn er erhielt tatsächlich heilige Erde vom Campo Santo in Rom verbunden mit päpstlichen Privilegien, denen zufolge der mit heiliger Erde geweihte Gottesacker von Annaberg denselben Segen zu spenden vermag als der »Campo Santo« in Rom.

1 Barbara Happe, *Der Tod gehört mir: Die Vielfalt der heutigen Bestattungskultur und ihre Ursprünge,* Berlin 2012, S. 34.

2 Barbara Happe, *Die Entwicklung der deutschen Friedhöfe von der Reformation bis 1870,* Tübingen 1991.

3 Ebd.

4 Reiner Sörries, *Ruhe sanft. Kulturgeschichte des Friedhofs,* Kevelaer 2009.

5 Anja A. Tietz, *Der frühneuzeitliche Gottes-acker. Entstehung und Entwicklung unter besonderer Berücksichtigung des Architekturtypus Camposanto in Mitteldeutschland,* Halle (Saale) 2012, S. 250.

6 Weimarer Ausgabe, *Kritische Gesamtausgabe sämtlicher Schriften Martin Luthers,* Weimar 1883 ff, Band 23, S. 355.

7 Tietz, (Anm. 5), S. 251.

8 (http://www.zeno.org/Literatur/M/Luther,+Martin/Gedichte/Die+Gesangbuchvorreden/4.+Die+Vorrede+zu+der+Sammlung+der+Begräbnislieder).

9 Cyriakus Spangenberg, *Mansfeldische Chronica.* Der vierte Teil, Teil 1. Beschreibung der Graueschaft Mansfeltt von ortt zu ortt …, hg. von Pastor Koennecke, Prof. Dr. Leers und Carl Rühlemann i.A. des Vereins für Geschichte und Altertümer der Grafschaft Mansfeld, Eisleben 1925, S. 269.

10 Tietz, (Anm. 5), S. 66 ff.

11 Carolin Schmuck, *Der Friedhof St. Lazarus in Regensburg und sein geplantes reformatorisches Bildprogramm,* Kassel 1999.

12 Reiner Sörries, *Der Tod ist die Pforte zum Leben. Die Geschichte des Friedhofseingangs vom Mittelalter bis zur Gegenwart,* Wiesbaden 2016.

13 Weimarer Ausgabe, (Anm. 6), Band 49, S. 403.

14 Tietz, (Anm. 5), S. 109.

15 (Anm. 8)

16 Manfred Baron von Crailsheim, *Die Mumien von Schloss Sommersdorf.* In: Wieczorek/Tellenbach/Rosendahl (Hg.), *Mumien. Der Traum vom ewigen Leben,* Mannheim/Mainz 2007, S. 374-376.

17 Regina Ströbl, *Schwerin – Mirow – Wolgast. Die drei großen Herzogsgrüfte in Mecklenburg-Vorpommern.* In: Sörries/Füldner/Rosendahl (Hg.), *Geschichte und Tradition der Mumifizierung in Europa.* Beiträge zu einer Tagung im Museum für Sepulkralkultur 2010, Kassel 2011, S. 49-64.

18 Bettina Jungklaus und Dana Vick, *Mumienfunde in neuzeitlichen Grüften in Berlin, Brandenburg und Niedersachsen.* In: (Anm. 17), S. 65-78.

19 Andreas von Scheven, *»Du wirst uns Un-vergesslich sein …«. Eine besondere Grablege im Land Brandenburg: Die Mumiengruft Illmersdorf.* In: (Anm. 17), S. 79-102.

20 Tietz, (Anm. 5), S. 184-200.

21 Ludger Heuer, *Ländliche Friedhöfe in Unterfranken,* Dettelbach 1995 (= Kasseler Studien zur Sepulkralkultur Band 6), S. 51-74.

22 Happe, (Anm. 1), S. 43.

23 Tietz, (Anm. 5), S. 89.

24 Tietz, (Anm. 5), S. 57 f.

Ausschreiben/an alle Stende des Reichs/inn der Christlichen Religion aynungs verwandten Namen ꝛc. Die beschwärung des Kaiserlichen Camergerichs belangende.

VERBVM DOMINI MA-
NET IN AETERNVM.

Denn was fragt Gott nach Bapst, Keiser,
Koninge, Kamergericht, Juristen?

Vom Versuch, keinen Krieg zu führen
Die Reformationsprozesse
vor dem Reichskammergericht

Stefan Xenakis

Alles schien gesagt an diesem 4. Dezember 1542. Die im Schmalkaldi-schen Bund versammelten Reichsstände hatten eine Abordnung nach Speyer entsandt und ließen dem dort tagenden Reichskammer-gericht mitteilen, dass sie es nicht mehr anerkannten, sondern für »zum höchsten argwöhnig, verdächtig und beschwerlich«[1] hielten. Über ein Jahrzehnt hatten sie daran gearbeitet, ihre kirchlichen Reformen dort zu verteidigen und abzusichern. Jetzt aber ging es nur noch darum, dieses Gericht – oder wenigstens seine Richter – loszuwerden. Die politische Ära der Reformationsprozesse ging zu Ende. Doch bis hierhin war viel passiert.

Für diese Geschichte bietet die Weihnachtszeit des Jahres 1530 einen guten Anfang. Die Anhänger der Reformation hatten sich in Schmalkalden versammelt. Nach dem Speyerer Reichstag von 1529 – wo Luthers Lehre, die bisher, je nach Territorium, relativ ungehin-dert verbreitet werden konnte, per Reichstagsentscheid verboten werden sollte – mussten Beschlüsse, musste eine Strategie her. Und zwar eine, die über die in Speyer erklärte Protestation hinaus tragen würde: Es galt, die getroffenen Reformen abzusichern und, zur Not, zu verteidigen.

Zu diesem Zweck stand schon im Januar 1531 der Schmalkaldi-sche Bund. Nimmt man es genau – und gerade hier bringt Genauig-keit einiges an Klarheit – handelte es sich um zwei Bündnisse. Einer-seits eine rechtliche Streitgenossenschaft. Mit dieser bekannten und im Fachjargon *litis consortium* genannten Einrichtung versprachen sich die Genossen gegenseitigen juristischen Beistand bei möglichen Anklagen vor Gericht.

Einige von ihnen vereinbarten aber auch das so genannte »Christ-liche Verständnis«: einen Vertrag, mit dem sie sich gegenseitig Hilfe bei der Verteidigung des Glaubens versprachen, wenn er militärisch oder auf andere Weise bedrängt würde. Gewalt wurde dabei nicht ausgeschlossen, sollte aber erst als Ultima Ratio zum Einsatz kom-

Öffentliches Ausschreiben aus dem Jahr 1538 an die im Schmalkaldischen Bund versammelten Reichsstände, die Reformationsprozesse belangend.

men. Diese Gruppe erhielt im Laufe des Jahres 1531 einigen Zulauf. Doch der Hauptakteur war, auch noch für die nächsten Jahre, die rechtliche Streitgenossenschaft.[2] Vorerst wollte niemand einen Krieg. Was vielmehr folgte, war eine Reihe von über 130 höchstrichterlichen Verfahren, die in irgendeiner Art mit reformatorischen Maßnahmen zusammenhingen.[3] Meist ging es um ganz konkrete besitzrechtliche Folgen der Umwidmung von kirchlichen Dienststellen und Einrichtungen.[4]

Die Schmalkaldener hatten ihre beiden Prokuratoren Johann Helfmann und Ludwig Hierter nach Speyer an das Reichskammergericht entsandt, um dort ihre Interessen wahrzunehmen. Die Mission war freilich schwierig. Die beiden mussten ein ums andere Mal argumentieren, dass die vor diesem, von Kaiser und Ständen getragenen, höchsten Reichsgericht angestrengten Prozesse nach Ansicht ihrer Auftraggeber überhaupt nicht dorthin gehörten. Alle Sachen, die »der seelen hail, das gwissen und wort gottes belangen«, sollten statt dessen vor einem »frey, cristlich concilium«[5] verhandelt werden.

Ferner sei das Kollegium des Gerichts, insofern es dem alten Glauben anhing, als unchristlich, als »dem euangelio zuwider«[6] abzulehnen. Diese Linie war vom hessischen Kanzler Johannes Feige ausgearbeitet worden und prägte die Politik des Bundes in der Folgezeit.[7] Man kämpfte auch deshalb mit so harten Bandagen, weil seit dem Augsburger Reichstag von 1530 alle reformatorischen Maßnahmen mit der Reichsacht bedroht waren.[8] Wohl und Wehe des Glaubens schienen sich also vor dem Reichskammergericht zu entscheiden.

Hessen und Sachsen hatten nicht nur die Strategie der gerichtlichen Verteidigung ausgearbeitet, sie organisierten auch die gesamte Interessenvertretung in Speyer. Jeder Reichsstand, der sich durch einen Prozess in Sachen Religion beschwert fühlte, wurde deshalb zunächst vor Kurfürst Johann oder Landgraf Philipp vorstellig; dort wurden die Klagen bewertet und gegebenenfalls an die Prokuratoren weitergeleitet.[9]

Und ihre Kanzleien hatten einiges zu tun. Erste Prozesse betrafen die Reichsstädte Ulm und Konstanz. Beide hatten Klöster reformiert,

und entflohene Kleriker klagten jetzt auf Restitution und Schadenersatz. Weitere Vorladungen ergingen an Straßburg, Reutlingen,
Magdeburg, Göttingen, Bremen sowie Herzog Ernst von Lüneburg
und Markgraf Georg von Brandenburg-Ansbach. Bis 1534 kamen
Memmingen, Esslingen und Hessen hinzu.[10] Alle diese Prozesse
wurden von den Bundesverwandten auf Listen festgehalten und in
die Diskussion mit Kaiser und Ständen eingebracht.[11]

   Diese Listen dienten einem ganz bestimmten politischen Zweck:
Der Schmalkaldische Bund hatte sich zuvor, seit 1530, in einer prekä-
ren Lage befunden. Denn der Augsburger Reichstag hatte beschlossen, dass alle reformatorischen Maßnahmen Gerichtsverfahren bis
hin zur Verhängung der Reichsacht nach sich ziehen konnten; doch
1532 erreichte man in Nürnberg einen einstweiligen Religionsfrieden. Die unmittelbare Achtandrohung fiel und Kaiser Karl V. sagte zu,
dass die Reformationsprozesse am Reichskammergericht bis zum
gewünschten »frey, cristlich concillium« ausgesetzt bleiben würden.

Audienz am Reichskammer-
gericht, 1668 in Speyer.
Kupferstich, Künstler unbek.
Frontispiz über Doppelseite
in: Wilhelm Roding,
Pancecta iuris cameralis,
Speyer 1668.

Diese Zusage war allerdings schlau formuliert. Karl konnte damit die Gemüter erst einmal beruhigen, ohne dass er seinen Worten Taten folgen lassen musste. Denn es war alles andere als klar, was überhaupt als Reformationsprozess anzusehen sei. Hier gab es fest gefügte Positionen. Die des Schmalkaldischen Bundes ist schon deutlich geworden: alle Prozesse, die aus Konflikten um die Religion entsprangen. Ungefähr gleichlautend schrieb Karl auch an das Gericht: Alle »sachen, den glauben und die religion belangende«[12] sollten bis auf weiteres, spätestens aber bis zu einem Konzil ausgesetzt werden. Viel genauer wurde er aber nicht. Es gab keine Ausführungsbestimmungen; und publiziert wurden die Nürnberger Beschlüsse auch nicht.[13]

Sein Brief führte somit nur zu Ratlosigkeit, was dem Kaiser klar gewesen sein musste. Auch innerhalb der Assessorenschaft − den eigentlichen Richtern, die unter der Führung des Kammerrichters die Fälle per Votum entschieden − gab es Diskussionen, was nun ein Reformationsprozess sei und was nicht. Der Kammerrichter bat um Präzisierung, erhielt aber keine Antwort. Und so hielt sich das Gericht an die einzige klare Richtschnur: die Tatbestände, auf die sich die jeweiligen Klagen stützten. Und die waren allesamt weltlich, denn religiöse Probleme wurden vor dem Reichskammergericht aus Prinzip nicht verhandelt.

Es gab noch ein weiteres Problem. Das Gericht war nicht nur dem Kaiser, sondern auch den Ständen verpflichtet. Ein Reichstagsbeschluss hätte die Prozesse aufhalten können, ein einfacher Brief, auch mit Karl V. als Absender, reichte nicht.[14] Die Verfahren liefen also gemäß der Gerichtsordnung, die ein strenges Terminsystem vorsah,[15] weiter.

Die protestantischen Stände unternahmen nun einen weiteren, in Feiges Gutachten schon vorgezeichneten Schritt. Befangene Richter, hier also die »dem euangelio zuwider« agierenden Assessoren des Reichskammergerichts, durfte man nach dem geltenden Recht ablehnen. Dafür war ein spezielles Rechtsmittel, die so genannte Rekusation, vorgesehen. Für die Anhänger des neuen Glaubens hingen Recht und Religion nicht weniger eng zusammen als für die alte Reichskirche. Das Recht war zu dieser Zeit für Niemanden ohne seine Gründung im göttlichen Willen denkbar. Außerhalb des rechten Glaubens konnte es kein Recht geben.[16] Der hessische Landgraf arbeitete ab jetzt, gestützt auf diese für die Zeitgenossen durchaus einsichtige Begründung, auf eine Rekusation des gesamten Gerichtes hin.

Doch auf diese Weise hätten sich die protestantischen Stände der Möglichkeit jeglicher Klage vor dem höchsten Gericht beraubt. Viele wollten nicht so weit gehen und auch den Kaiser nicht weiter brüskieren. Sie beschlossen daher, nur solche Urteile zu rekusieren, die den religiösen Konflikt betrafen – und damit stand wieder das alte Abgrenzungsproblem ins Haus: Welcher Prozess betraf die Religion, und welcher war in erster Linie weltlich? Es bedurfte nur eines geschickten Winkelzugs, und der Kammerrichter hatte die Rekusation niedergeschlagen. Denn hatte sich das Gericht überhaupt jemals angemaßt, in Religionssachen zu urteilen? Das war nach eigenem Verständnis ganz offensichtlich nicht der Fall.[17]

Höchste Zeit für einen Perspektivwechsel. Niemand steht gerne vor dem Richter. Die eigene

Lucas Cranach d. Ä.,
Kaiser Karl V.,
1533, Öl auf Holz

Position wird streng hinterfragt. Man wird gezwungen, lieb gewordene oder sogar unverzichtbar scheinende Forderungen aufzugeben – und Beschlüsse haben oft schmerzhafte Folgen. Das galt auch für das rein schriftliche Verfahren, das am Reichskammergericht herrschte. Bisher haben wir die Perspektive der Beklagten verfolgt und beobachtet, wie sie sich in dieser unangenehmen Lage verhielten.

Auf der anderen Seite bieten Prozesse eine große Chance: Positionen werden hinterfragt, lieb gewordene oder sogar unverzichtbar scheinende Forderungen werden aufgegeben. Oder sie werden zumindest immer und immer wieder diskutiert, bis sich Handlungsalternativen herausschälen. Wir sollten also den Blickwinkel der Schmalkaldener verlassen und die Chance würdigen, die sich dem Frieden im Reich durch die Prozesse vor dem Reichskammergericht boten.

War die Verquickung von Religion und Recht, wie sie die altgläubigen Stände und der Kaiser vornahmen, als die den Landfriedenstatbestand in Anschlag brachten, wirklich so verhängnisvoll, wie sie aus einem modernen, aufgeklärten Blickwinkel erscheinen müssen? Oder wäre nicht das eigentliche Verhängnis, auch schon zu diesem Zeitpunkt, ein Religionskrieg gewesen? Der Kaiser war Schüt-

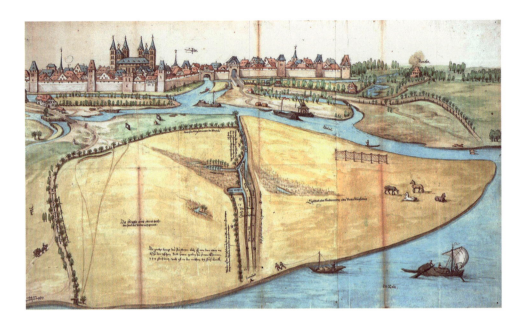

zer des Rechts und des Glaubens und beides war, wie erwähnt, nicht voneinander zu trennen. Als Oberhaupt der Reichskirche musste er gegen die protestierenden Stände vorgehen – mit der Delegation des Problems an das Reichskammergericht brauchte er dafür aber keinen Krieg zu führen.[18]

Indem die Reichsstände mit ihren Beschlüssen von 1529 und 1530 den Streit vor das Gericht zogen, schlugen sie den Weg des Redens und nicht den des Kämpfens ein. Und geredet wurde ab dann überhaupt nur noch vor dem Reichskammergericht. Reichstage sollten bis 1542 nicht stattfinden. Damit war die Speyerer Kammer die einzige funktionierende Institution des Reiches; außerhalb war es »als handelnder Gesamtverband inexistent.«[19] Hätten die Stände nicht die Speyerer Prozesse als Forum für ihren Streit gehabt, hätte ein Krieg sehr viel früher ausbrechen können.

Doch mit der gescheiterten Rekusation hatten die Parteien den Weg des Ausgleichs verlassen und eine Kettenreaktion in Gang gesetzt, die einige bisher gangbare Brücken zum Einsturz bringen würde: Denn die Justiz hatte jetzt, nach geltendem Recht, Zwangsmittel an der Hand – bis hin zur Reichsacht, die auf einmal wieder sehr viel konkreter im Raum stand. Bisher war sie in den sehr auf Konflikteindämmung und Ausgleich bedachten Prozessen noch kein einziges Mal verhängt worden.[20]

Nun aber wappnete sich der Bund verstärkt gegen dieses Risiko. Und noch dazu war die in Schmalkalden gegründete rechtliche Streitgenossenschaft ihres Daseinszwecks beraubt. Genau die Art Rechtsstreit, für die sie gegründet worden war, wurde ja pauschal abgelehnt. Statt dessen kam jetzt die politische Vertragsgemeinschaft zum Zug und präzisierte den Bündnisfall: Er war nun – ganz explizit – bei Achturteilen des Reichskammergerichts gegeben. Das heißt, die Rechtsprechung des Reiches, die den Frieden sichern sollte, konnte auf einmal selbst zum Kriegsgrund werden.[21]

Doch noch war es nicht soweit. Immer deutlicher wurde allerdings eine Verhärtung der Fronten spürbar. Das Gericht erschien den Schmalkaldenern zunehmend »suspect und verdacht«[22], um noch einmal die Formulierung Feiges herauszugreifen. Es ging kaum noch um die rechtliche Absicherung der Reformation, sondern vielmehr um die Gegnerschaft zum Gericht selbst – was auch mit einer unglücklichen personellen Verbindung zusammenhängen mochte. Mit Matthias Held wurde 1537 nicht nur ein Speyerer Assessor Reichsvizekanzler, sondern vor allem einer der schärfsten Gegner der protestierenden Stände. Held verfolgte eine derart harte Linie, dass er selbst für Karl V. nach einigen Jahren nicht mehr tragbar sein würde – 1541 steckte der Reichsvizekanzler vertrauliche Informationen aus Verhandlungen in Schmalkalden direkt an das Reichskammergericht durch.

Franz Stober, Ruine des Speyerer Ratshofes im Jahr 1789, von Norden betrachtet. Hier tagte das Reichskammergericht bis zur Zerstörung der Gebäude im Pfälzischen Erbfolgekrieg 1689.

Schon jetzt zerschlug Held einiges Porzellan. Auf dem Schmalkaldener Bundestag von 1537 erweckte er gegenüber den dort versammelten Ständen den Anschein, der Kaiser habe den fünf Jahre zuvor in Nürnberg verhandelten einstweiligen Frieden »mer im gründ genzlichen ufgehoben denn bestetiget«. Auf Vorschläge zur Einrichtung eines Schiedsgremiums für die Religionssachen ging er nicht ein, sondern sah sie ganz in der Kompetenz des Reichskammergerichts. Sein eigentliches Ziel, die Teilnahme der Stände am Trienter Konzil und die Gewährung von Kriegsbeiträgen zum Kampf gegen die Osmanen, erreichte Karl V. mit der Entsendung Helds jedenfalls nicht.[23]

Held war auch die treibende Kraft hinter der Gründung eines katholischen Gegenbündnisses, 1532 in Nürnberg. Kurzum: Sein Agieren machte den Bündnisfall wahrscheinlicher.[24] Krieg wurde jetzt zu einer Option. Vor allem auf hessisches Betreiben wurde er nicht mehr nur für den Fall einer vollstreckten Reichsacht, sondern schon präventiv, schon, wenn die Acht vom Reichskammergericht ausgesprochen würde, in Betracht gezogen.

Aber noch immer versuchten andere, die Gewalt einzudämmen. Zwar war der Bündnisfall am 9. Oktober 1538 eingetreten: Das Reichskammergericht erklärte die Stadt Minden in die Acht. Doch innerhalb des Schmalkaldischen Bundes ließ man Vorsicht walten und prüfte genau, ob dies wirklich als Religionssache gelten konnte. Immerhin bildete ein handfester politischer Schlagabtausch den Hintergrund für den konfessionellen Konflikt. Die Bürgerschaft lag mit Klerus und Bischof im Streit um die Administration der Stadt. Gegenstand der Speyerer Prozesse war Schadenersatz, vor allem für einige Kapellen, die zur Sicherung der Stadtmauern abgebrochen worden waren.[25]

Und auch innerhalb des Gerichts sollte man nicht mit besonderem Verfolgungseifer rechnen. Neu entdeckte Quellen – fast 50 eigenhändige Notizbände der Assessoren – zeigen, dass selbst hier in Minden, in diesem hochpolitischen Fall, nicht politische, sondern juristische Gründe ausschlaggebend für das Urteil waren.[26]

1539 erreichten alle Seiten noch einmal einen kurzfristigen Aufschub aller Prozesse,[27] erst danach wurde das Mindener Verfahren vom Schmalkaldischen Bund überhaupt als Religionssache angezeigt.[28] 1540 erließ das Reichskammergericht schließlich eine Exekutionsanordnung gegen Minden und gegen Goslar.[29] Der mit der

»De iniustis processibus iudicii camerae imperialis protestatio et petitio pricipium«. Publizierte Streitschrift gegen die Reformationsprozesse vor dem Reichskammergericht. Das Motiv des Titels greift auf die Analogie der Rettung des Volkes Israel vor den Ägyptern zurück, die bei der Verfolgung im Meer ertrinken.

DE INIVSTIS PROCESSI-
BVS IVDICII CAMERAE IMPERIALIS,
proteſtatio & petitio Principum, & coeterorum conſœdera=
torum in cauſa veræ religionis & puræ doctrinæ Chriſti.
1 5 3 8

Rs 15

VERBVM
DOMINI
MANET IN-
AETERNVM.

J. H. E. Neumann,
Heinrich II. (der Jüngere),
Herzog zu Braunschweig-
Wolfenbüttel, 1823,
Öl auf Leinwand
Braunschweigisches
Landesmuseum

Vollstreckung der Goslarer Acht beauftragte Herzog Heinrich von Braunschweig-Wolfenbüttel schritt ohne Verzug zur Tat. Doch auch dieser Fall wurde vom Schmalkaldischen Bund erst mit Verzögerung als Religionssache anerkannt.[30]

1542 ließ der Bund dann aber die Waffen sprechen. Wobei diese Aussage ganz so plakativ nicht stehen bleiben sollte. Genau genommen nutzten Sachsen und Hessen die Beschlusslage für einen vollständigen Politikwechsel. Sie begannen einen Kriegszug gegen den Braunschweiger Herzog, ohne dass dies zuvor eine Mehrheit im Bund gefunden hätte. Allerdings traute sich dort auch niemand, sich von den beiden federführenden Fürsten loszusagen.[31]

Ironie der Geschichte: Zwischenzeitlich hatte Karl V. – im Januar 1541 und zur Vorbereitung eines möglichen Ausgleichs auf dem Regensburger Reichstag – die Reformationsprozesse tatsächlich suspendiert. Und anders als 1532 hatte er dem Gericht auch alle nötigen Details bekanntgegeben.[32] Allein das macht deutlich, wie sehr sich die Gewichte verschoben hatten, wie unwichtig der Ausgleich der Interessen vor Gericht geworden war.

Der Schmalkaldische Bund, allen voran der Hessische Landgraf, nutzte jetzt seine momentane militärische und politische Stärke, um so konsequent, wie er es ursprünglich geplant hatte, gegen das Reichskammergericht vorzugehen. Nachdem Heinrich II. dort gegen den Kriegszug geklagt hatte, verwahrte sich der Bund jeglicher Rechtsprechung durch die Speyerer Kammer, er sprach die Generalrekusation aus – was nur folgerichtig war. Denn im nun ins Haus stehenden Prozess würde es um schweren Landfriedensbruch gehen. Doch das Gericht lehnte auch diese Rekusation ab. Damit waren alle juristischen Möglichkeiten erschöpft. Nun konnte kein Bundesstand mehr in Speyer Prozesse einleiten, ebenso wenig sich in irgendeiner Sache verteidigen.[33] Alles schien gesagt; die Zeit des Redens vorbei.

Zu erwähnen ist vielleicht noch, dass der Bund nur den Gerichtszwang des Reichskammergerichts rekusierte; inklusive der Pointe, dass er dies der Form nach nicht mit einer Ablehnung der kaiserlichen Autorität an sich verband. Ganz im Gegenteil: Die Generalrekusation diente – so die offizielle Begründung – der Durchsetzung der eben erwähnten kaiserlichen Suspension aller Prozesse, also der Durchsetzung der kaiserlichen Autorität gegenüber dem Gericht.[34] Doch konnten sich der Bund und der Kaiser, anders als vereinbart, weder auf dessen Überprüfung noch auf eine Neubesetzung einigen. Nicht zuletzt hatten hier auch die altgläubigen Stände ein Wort mitzureden.[35]

1544 traten dann ganz neue Entwicklungen ein, und die Gewichte verschoben sich einmal mehr. Der Kaiser war – da sich ein Waffenstillstand mit dem Osmanischen Reich abzeichnete – nicht mehr auf die Hilfe der protestantischen Stände angewiesen.[36] Jetzt setzte er seinerseits auf Gewalt. Es folgte der Schmalkaldische Krieg und das Interim. Danach wurden die Karten mit dem Augsburger Religionsfrieden von 1555 ganz neu gemischt.

Für das Reichskammergericht bedeutete der Religionsfrieden einen echten Neuanfang. Es erhielt eine neue Ordnung,[37] die eine paritätische Besetzung aller Assessorenstellen vorsah. Die nun folgenden Verfahren hatten einen völlig anderen Charakter als die bisherigen. Die Reichsacht wurde in aller Regel nicht mehr verhängt und verlor ihre politische Brisanz. Statt dessen hatte man in Speyer, selbst für Fälle des Religions- und Landfriedensbruchs, neue Rechtsmittel entwickelt.[38] Sie ermöglichten ausgewogene Sanktionen; und in den behandelten Konflikten ging es nun in der Tat meist um nichts anderes als die jeweils beklagte Streitsache.[39]

Das bedeutet nicht, dass diese Verfahren nicht immens wichtig für die Entwicklung der Reichsverfassung gewesen wären. Sie entfalteten ihre Wirkung aber langsam, in kleinen Schritten. Um ihre Bedeutung wirklich zu verstehen, muss man wissen, dass im Verlauf des nun schon eine Generation andauernden Konfessionskampfes auch das Rechtsleben in zwei verschiedene Kulturen zerfallen war.[40] Selbst von den fundamentalsten Konzepten gab es jetzt ganz verschiedene Auffassungen.

Die Gehorsamspflicht der Untertanen zum Beispiel: Sie galt, gemäß der neuen Lesart, nicht mehr dem Kaiser, sondern war auf den jeweiligen Landesherren übergegangen. Denn jetzt war er das weltliche Oberhaupt seiner Landeskirche.[41] Wenn nun, um beim Beispiel zu bleiben, von »Gehorsam« die Rede war, konnten unterschiedliche Parteien damit jeweils etwas völlig anderes meinen. Analog verfuhr man mit vielen anderen Begriffen, schuf Mehrdeutigkeiten und nutzte diese für die jeweils eigenen Zwecke. Es bildete sich eine Kultur des Dissimulierens heraus. Konfliktparteien konnten sich auf dem Papier einigen, auch wenn sie eigentlich unvereinbare Positionen einnahmen. Ihr Streit wurde damit auf die lange Bank geschoben – was man im Nachhinein begrüßen oder bedauern mag. Es war ein schmaler Grat, der häufig in Aporien und neue Konflikte führte. Andererseits lernte die Justiz aber, mit dem fortwährenden Vertagen der Wahrheitsfrage und mit schmerzhaften Kompromissen umzugehen.

Mit dem Fortdauern der Prozesse über viele Jahrzehnte bildete sich so etwas wie ein neutraler Boden zwischen den Konfessionen heraus. Juristische Behelfsbrücken erwiesen sich als gangbare Wege und wurden teils sogar zu fundamentalen Prinzipien der Reichsverfassung. Konflikte wurden – auch wenn sie nicht gelöst werden konnten – Teil des Alltags. Das Reichskammergericht sorgte damit wieder für Kommunikation, auch wenn die Fronten oft verhärtet schienen.[42] Als Beispiel lässt sich hier der Umgang mit Kirchengütern herausgreifen. Aus dem konfessionellen Blickwinkel führte die Gegenseite die jeweiligen Einrichtungen ja der größtmöglichen Zweckentfremdung zu. Doch im Laufe der Zeit fanden sich die Parteien damit ab, dass das Reichskirchenrecht diese Frage ausklammerte und nur noch den korrekten Verlauf des Übergangs regelte. Auf diese Weise bildete sich das Staatskirchenrecht heraus.[43] Auch an anderen Stellen ging die Entwicklung der Konfessionen Hand in Hand mit der Entwicklung des modernen Staats.[44]

Nicht vergessen sollte man an dieser Stelle die vielen Prozesse, die das Emigrationsrecht der Untertanen zum Gegenstand hatten. Sie verhinderten nicht nur die Umwandlung dieses 1555 in Augsburg beschlossenen fundamentalen Schutzes in eine von vielen altgläubigen Ständen propagierte Emigrationspflicht; sie spielten auf lange Sicht auch eine Schlüsselrolle für die Entwicklung grundlegender Ideen von religiöser Toleranz.[45]

Hier knüpft die Rechtswissenschaft derzeit an. Die Forschungsstelle für Höchstgerichtsbarkeit im Alten Europa, Wetzlar, hatte im vergangenen Jahr das große Vergnügen, Sara Ludin aus Berkeley bei ihrer Arbeit zu unterstützen. Ludin, eine amerikanische Muslima, arbeitet zu dem in der frühen Neuzeit entwickelten säkularen juristi-

schen Religionsbegriff – der Idee also, die letztlich einen neutralen
Standpunkt gegenüber dem zuvor alles beherrschenden Konfessi-
onskonflikt ermöglichte.[46] Ihr Promotionsprojekt widmet sie den
Ursprüngen dieses Konzepts – und auch seinen Widersprüchen – in
den Prozessen am Reichskammergericht. Denn dort zeigt sich die
große schöpferische Kraft des Rechts, wenn es darum geht, verbindende Elemente zu schaffen; eine Kraft, die gerade dann besonders
stark ist, wenn sie durch Widersprüche und unterschiedliche Gedan-
kenwelten herausgefordert wird. Zu den Religionsprozessen der frühen Neuzeit ist, so zeigt sich, noch längst nicht alles gesagt.

1 Zitiert nach: Gabriele Schlütter-Schindler, *Der Schmalkaldische Bund und das Problem der causa religionis* (Europäische Hochschulschriften, 283), Frankfurt am Main 1986, S. 233.

2 Zur Unterscheidung von rechtlicher Streitgenossenschaft und vertraglichem Bündnis siehe Gabriele Haug-Moritz, *Religionsprozesse am Reichskammergericht. Zum Wandel des reichspolitischen Konfliktpotentials der Kammergerichtsjudikatur im Reich der Reformationszeit (1530–1541).* In: *Speyer als Hauptstadt des Reiches. Politik und Justiz zwischen Reich und Territorium,* hg. von Anette Baumann/Joachim Kemper (Bibliothek Altes Reich, 20), Berlin vorauss. 2016. Beitrag dankenswerterweise vorab zur Verfügung gestellt.

3 Vgl. Tobias Branz, *Reformationsprozesse am Reichskammergericht,* S. 68.

4 Eine idealtypische Charakterisierung bietet Branz, ebd., S. 276.

5 Beide Zitate nach Schlütter-Schindler, *Der Schmalkaldische Bund,* (Anm. 1), S. 19–20.

6 Zitiert nach ebd., S. 20.

7 Vgl. ebd., S. 19; Wolfgang Friedrich, *Territorialfürst und Reichsjustiz. Recht und Politik im Kontext der hessischen Reformationsprozesse am Reichskammergericht,* Tübingen 2008, S. 136–138, S. 280, S. 347.

8 Vgl. Branz, *Reformationsprozesse,* (Anm. 3), S. 2–4; eine Übersicht zur Beschlusslage der Reichstage dieser Zeit insgesamt bei Martin Heckel, *Deutschland im konfessionellen Zeitalter* (Kleine Vandenhoeck-Reihe, 1490), Göttingen 1983, S. 33–38.

9 Vgl. Haug-Moritz, *Religionsprozesse,* (Anm. 2).

10 Vgl. Schlütter-Schindler, *Der Schmalkaldische Bund,* (Anm. 1), S. 23–26, S. 80. Zu einigen Prozessen sind ausführliche Monografien erschienen, siehe zu Straßburg Robert Schelp, *Die Reformationsprozesse der Stadt Straßburg am Reichskammergericht zur Zeit des Schmalkaldischen Bundes* (1524)/1531–1541/(1555), Kaiserslautern 1965; zu Hessen Friedrich, *Territorialfürst,* (Anm. 7); zu den sog. Klosterprozessen am Ende des 16. Jh. Dietrich Kratsch, *Justiz, Religion, Politik. Das Reichskammergericht und die Klosterprozesse im ausgehenden 16. Jahrhundert,* Tübingen 1988.

11 Zu diesen oft inkonsistenten Listen vgl. Haug-Moritz, *Religionsprozesse,* (Anm. 2); ein Überblick über die Fälle bei Schlütter-Schindler, *Der Schmalkaldische Bund,* (Anm. 1), S. 26–30, S. 80, S. 109–145.

12 Ebd., S. 37.

13 Vgl. Haug-Moritz, *Religionsprozesse,* (Anm. 2); siehe auch Friedrich, *Territorialfürst,* (Anm. 7), S. 150–155, S. 161–162.

14 Vgl. Schlütter-Schindler, *Der Schmalkaldische Bund,* (Anm. 1), S. 37–39; Friedrich, *Territorialfürst,* (Anm. 7), S. 150–155, S. 161–162.

15 Siehe Bettina Dick, *Die Entwicklung des Kameralprozesses nach den Ordnungen von 1495 bis 1555* (Quellen und Forschungen zur höchsten Gerichtsbarkeit im Alten Reich, 10), Köln 1981.

16 Vgl. Martin Heckel, *Die Religionsprozesse am Reichskammergericht im konfessionell gespaltenen Reichskirchenrecht.* In: *Zeitschrift der Savigny-Stiftung für Rechtsgeschichte,* Kanonistische Abteilung 108 (1991), S. 283–350, S. 309, S. 312–313.

17 Vgl. Schlütter-Schindler, *Der Schmalkaldische Bund,* (Anm. 1), S. 42–65; Friedrich, *Territorialfürst,* (Anm. 7), S. 163–170.

18 Vgl. Branz, *Reformationsprozesse,* (Anm. 3), S. 279.

19 Vgl. ebd., S. 277–279; Haug-Moritz, *Religionsprozesse,* (Anm. 2)

20 Der von der ihrerseits noch lange konfessionell geprägten Forschung postulierte »rechtliche Krieg« des Reichskammergerichts gegen die Protestanten ist wahrscheinlich eine Fiktion, vgl. ebd.; zur Gegenposition siehe Friedrich, *Territorialfürst,* (Anm. 7), S. 346–347.

21 Vgl. Haug-Moritz, *Religionsprozesse,* (Anm. 2); Schlütter-Schindler, *Der Schmalkaldische Bund,* (Anm. 1), S. 42–65.

22 Zitiert nach ebd., S. 20.

23 Vgl. ebd., S. 96–97, dort auch das Zitat; zur Person Helds vgl. Anette Baumann, *Der Reichsvizekanzler im 16. Jahrhundert – eine erste Annäherung.* In: *Jahrbuch des öffentlichen Rechts der Gegenwart* NF 64 (2016), S. 261–279, S. 267 und Friedrich, *Territorialfürst,* (Anm. 7), S. 201.

24 Vgl. ebd., S. 201–202, S. 208.

25 Vgl. Branz, *Reformationsprozesse,* (Anm. 3), S. 140–144; Schlütter-Schindler, *Der Schmalkaldische Bund,* (Anm. 1), S. 155–161.

26 Vgl. Anette Baumann, *Landfrieden und Landfriedensbruch in den Notizen der Richter des Reichskammergerichts (1524–1627).* Aufsatz auf der Grundlage des am 11. Juni 2016 auf dem Workshop »Landfriedenspolitik in Spätmittelalter und Früher Neuzeit« des SFB »Dynamiken der Sicherheit« in Gießen gehaltenen Vortrags. Ein Tagungsband ist in Arbeit. Ausführlich verzeichnet sind die neu entdeckten Notizbände bei ders., *Die Gutachten der Richter. Ungedruckte Quellen zum Entscheidungsprozess am Reichskammergericht (1524–1627),* Wetzlar 2015 mit 102 Einträgen unter dem Stichwort »Landfrieden«.

27 Vgl. Friedrich, *Territorialfürst,* (Anm. 7), S. 205–206.

28 Vgl. Haug-Moritz, *Religionsprozesse,* (Anm. 2); Schlütter-Schindler, *Der Schmalkaldische Bund,* (Anm. 1), S. 178–179, S. 184. Bundesintern wurde es schon 1538 als Religionsprozess anerkannt; vgl. ebd. S. 159, S. 184.

29 Ebd., S. 194, S. 199.

30 Ebd., S. 201–202, S. 212.

31 Ebd., S. 213–223.

32 Vgl. Haug-Moritz, *Religionsprozesse,* (Anm. 2).

33 Schlütter-Schindler, *Der Schmalkaldische Bund,* (Anm. 1), S. 232–236; Friedrich, *Territorialfürst,* (Anm. 7), S. 247–250.

34 Vgl. Schlütter-Schindler, *Der Schmalkaldische Bund,* (Anm. 1), S. 233; Haug-Moritz, *Religionsprozesse,* (Anm. 2).

35 Vgl. Schlütter-Schindler, *Der Schmalkaldische Bund,* (Anm. 1), S. 286–288.

36 Vgl. ebd., S. 289–293.

37 Ausführlich dazu: Dick, *Entwicklung,* (Anm. 15).

38 Siehe dazu Baumann, *Landfrieden,* (Anm. 26).

39 Vgl. Friedrich, *Territorialfürst,* (Anm. 7), S. 342. Korrekt spricht man ab jetzt auch nicht mehr von Reformationsprozessen, sondern von Religionsprozessen, vgl. Bernhard Ruthmann, *Die Religionsprozesse am Reichskammergericht (1555–1648). Eine Analyse anhand ausgewählter Prozesse,* Tübingen 1996, S. 10.

40 Vgl. ebd., S. 23.

41 Vgl. Friedrich, *Territorialfürst,* (Anm. 7), S. 86.

42 Vgl. Ruthmann, *Religionsprozesse,* (Anm. 39), S. 275–283, S. 571; Heckel, *Religionsprozesse,* (Anm. 16), S. 320–322, S. 341 ff; S. 348–350.

43 Vgl. ebd., S. 317–318.

44 Vgl. Heckel, *Deutschland,* (Anm. 8), S. 9–10.

45 Vgl. Ruthmann, *Religionsprozesse,* (Anm. 39), S. 296–306.

46 Der Autor dieser Zeilen dankt der genannten Autorin für den hier kurz zusammengefassten Einblick in ihre Arbeit.

... daß der Glaube nichts sey,
wenn er nicht ohne Unterlaß Gutes thue

August Hermann Francke: die Fortsetzung reformatorischer Anliegen im Halleschen Pietismus

Thomas Müller-Bahlke

Der lutherische Theologe und Pädagoge August Hermann Francke (1663–1727) war als einer der ersten Professoren 1692 an die Universität nach Halle gekommen. Gleichzeitig wurde ihm ein Pfarramt in der kleinen Amtsstadt Glaucha bei Halle übertragen. Von den sozialen Verhältnissen, die er dort in seiner Gemeinde vorfand, zeichnete er ein erschütterndes Bild.[1] Nach seinen Schilderungen herrschten in Glaucha Armut und Verwahrlosung. Als eine Sofortmaßnahme, um gegen das Elend vorzugehen, ließ er in der Wohnstube seines Pfarrhauses eine Spendenbüchse anbringen. Eines Tages fand er darin die ansehnliche Summe von vier Talern und sechzehn Groschen: »Als ich dieses in die Hände nahm, sagte ich mit Glaubens-Freudigkeit: Dies ist ein ehrlich Capital, davon muß man etwas rechtes stiften; ich wil eine Armen-Schule damit anfangen. Ich […] machte noch desselbigen Tages Anstalt, daß für zwei Thaler Bücher gekauft wurden, und bestellete einen armen Studiosum, die armen Kinder täglich zwey Stunden zu informiren […].« Aus diesen allergeringsten Anfängen entwickelte sich innerhalb einer Lebensspanne ein umfassendes pädagogisches und soziales Werk, das von wissenschaftlichen, kulturellen, wirtschaftlichen und missionarischen Initiativen flankiert auf vielen Gebieten zum Impulsgeber für Neuerungen wurde, die den Weg in die Moderne wiesen und bis heute nachwirken.

Eine damals hochmoderne Stadt besonderer Dimension

Für sein visionäres Vorhaben von einer *Weltveränderung durch Menschenveränderung* errichtete August Hermann Francke vor den Toren Halles eine ganze Stadt mit zahlreichen für die damalige Zeit hochmodernen Gebäuden von teilweise aufsehenerregender Dimension. Diese wurden zur Unterbringung von Waisenkindern sowie als Schulen und Internate genutzt. Das erste Gebäude begann Francke

August Hermann Francke (1663–1727), Ölgemälde von Antoine Pesne, 1725

1698 zu bauen und bezeichnete es als Waisenhaus. Auf einem Areal von 16 Hektar Größe entstanden im Laufe der Zeit Funktionsgebäude, die vor allem für die Versorgung der vielen Menschen erforderlich waren. Dazu zählten Magazingebäude, eine Druckerei, ein Brau- und Backhaus sowie ein Krankenhaus, das heute als ältestes Kinderkrankenhaus in der Geschichte gilt. Hinzu kamen der Bauhof sowie die Meierei als Landwirtschaftsbetrieb der Anstalten mit eigenen Stallungen und Scheunen. Dahinter dehnten sich Nutzgärten und Felder aus. Am östlichen Ende des Anstaltsgeländes wurde ein eigener Teilkomplex für die vornehmste Schule Franckes errichtet, das Königliche Pädagogium, das ab 1702 sogar über ein eigenes Privileg des preußischen Königs verfügte.

August Hermann Francke trat an, um mit den Mitteln der Bildung die sozialen Missstände zu beheben und die gesellschaftlichen Verhältnisse seiner Zeit nachhaltig zu verbessern. Besonders in dieser Hinsicht befand er sich ganz in der Tradition Martin Luthers. Als ordinierter Pfarrer und Theologieprofessor war Francke Teil seiner evangelisch-lutherischen Landeskirche und fühlte sich nicht nur den lutherischen Bekenntnisschriften verpflichtet, sondern auch den geistigen Traditionslinien der Reformation. Das steht nicht im Widerspruch zu seiner scharfen Kritik, die er an den Zuständen in der lutherischen Kirche und an den Theologen der lutherischen Orthodoxie übte. Als Pietist wich er in mancher Hinsicht von dem überkommenen Luthertum seiner Zeit ab und setzte bei der Theologie Luthers durchaus eigene Akzente. So stellte Luther die Forderung

Das Historische Waisenhaus
der Franckeschen Stiftungen
zu Halle

nach einer persönlichen Gottesbeziehung des einzelnen Christen mit ins Zentrum seiner Lehre. Der Hallesche Pietismus stellte sich in diese Tradition, räumte jedoch der praktischen Frömmigkeit als unabdingbaren Bestandteil zur Erlangung des persönlichen Seelenheils einen deutlich höheren Stellenwert ein als dies in der ursprünglichen Lehre Luthers vorgesehen war. Abweichend von Luther, nach dessen Überzeugung die Gnade Gottes ein bedingungsloses Geschenk für jeden einzelnen getauften Christen ist, entwickelte der Pietismus die Vorstellung, dass der getaufte Christ gefordert ist, aktiv auf sein Seelenheil hinzuarbeiten. Daraus entstand die Lehre von der geistlichen Wiedergeburt sowie die Vorstellung, dass ein Christ dazu verpflichtet ist, seine Frömmigkeit durch einen vorbildlichen Lebenswandel und durch einen sinnvollen Lebensvollzug zum Wohle der Gemeinschaft und in christlicher Verantwortung sichtbar werden zu lassen. Das darf jedoch bei Francke nicht als Distanzierung von der lutherischen Theologie verstanden werden, sondern als Zeichen seiner intensiven Auseinandersetzung mit den Lehren Luthers und dem Wunsch, sie den eigenen Zeitumständen gemäß weiterzuentwickeln und neu fruchtbar zu machen.

Francke empfand eine hohe Wertschätzung für Martin Luther und achtete sehr darauf, diese auch nach außen hin deutlich zu betonen. Die Treue zu Luther teilte er mit anderen führenden pietistischen Köpfen der Zeit, allen voran mit seinem Mentor Philipp Jakob Spener (1635–1705), der selbst mehrfach Luthers Bibel herausgegeben und 1675 die Programmschrift des lutherischen Pietismus unter dem Titel »Pia Desideria« veröffentlicht hatte, worin er durchgreifende Erneuerungen in der lutherischen Kirche und der Gesellschaft forderte. Als ein probates Mittel für diesen Erneuerungsprozess propagierte Spener die Gründung von Konventikeln. Dabei handelte es sich im Kern um Zusammenkünfte frommer Christen in der Absicht, miteinander über das Wort Gottes ins Gespräch zu kommen. Das Konventikelwesen, das zu einem Charakteristikum des Pietismus wurde, wurzelte in Luthers theologischem Gedanken vom allgemeinen Priestertum aller Getauften.[2] Danach setzt die Erlangung des Heils nicht mehr die Vermittlung durch einen ordinierten Theologen voraus. Vielmehr ist nach Luther jeder gläubige Christ selbst in der Lage, sich seinen Weg zu Gott zu erschließen, indem er sich aktiv mit dem Wort Gottes auseinandersetzt.

Das führte im Pietismus zu einer veränderten Rolle des Pfarrers im Verhältnis zu den Gemeindelaien, die sich am deutlichsten im

Konventikelwesen äußerte. Zwar war die Anwesenheit von Theologen in diesen Runden erwünscht, aber sie nahmen nun mehr die Rolle eines Diskussionsleiters ein, eines Primus inter Pares, der das Gespräch über Bibelinhalte und Glaubensfragen unter Gleichgesinnten eher moderiert als bestimmt. Keinem anderen Wesenszug des Pietismus wohnte so viel politischer und gesellschaftlicher Sprengstoff inne wie dem Konventikelwesen. Was vordergründig als harmlose Idee von Hauskreisen erscheint, stellte gleich mehrere grundlegende Gesellschaftsnormen der Zeit infrage. So war nicht mehr der institutionalisierte und obrigkeitlich reglementierte Kirchenraum der selbstverständliche Austragungsort für die Religionsausübung, sondern dieser verlagerte sich mit den Konventikeln in die Privatsphäre, in die Stuben der Bürger, auf die die Obrigkeit, anders als in der Kirche, keinen unmittelbaren Zugriff besaß.

Darüber hinaus orientierte sich die Zusammensetzung der Konventikel nicht in erster Linie an den gesellschaftlichen Abgrenzungen und Direktiven der Zeit. Vielmehr saßen hier Handwerker, Universitätsangehörige und nicht selten adlige Standespersonen beieinander, sangen und beteten gemeinsam und tauschten sich bestenfalls auf Augenhöhe in religiösen Diskursen aus. Auch Frauen nahmen an den Versammlungen teil. Dem Ansatz nach stellte das Konventikelwesen die persönliche Frömmigkeit des Einzelnen über die soziale Herkunft und gesellschaftliche Zugehörigkeit. So ist es kaum verwunderlich, dass nichts größeren Argwohn unter den Gegnern des Pietismus erregte und von der Obrigkeit strenger geahndet wurde als das Konventikelwesen, das den reformatorischen Keim von individueller Mündigkeit und Emanzipation offenbarte. In den zahllosen Edikten, die bis weit in das 18. Jahrhundert an vielen Orten innerhalb und außerhalb Deutschlands zur Bekämpfung des Pietismus erlassen wurden, rangierte stets das Konventikelverbot an oberster Stelle. Hierin witterten weltliche und kirchliche Obrigkeit Subversion und gesellschaftlichen Umsturz.

Umso wichtiger war es für Francke, sich von seinen Gegnern nicht in die Ecke des religiösen Abweichlers, Sektierers oder Separatisten drängen zu lassen, sondern seine Luthertreue deutlich zu machen. »Und wünsche ich von Hertzen / daß sonderlich zu dieser Zeit viel Lehrer auff das Exempel Lutheri sehen / und Gott umb den Glauben / Muth und Freudigkeit Lutheri / demüthiglich bitten möchten / sich gegen das auch unter denen / die sich mit dem Namen Lutheri schmücken / in den geistlichen so wohl als in andern

Ständen überhand nehmende epicurische und heuchlerische Wesen eben so getrost und mit solcher Verleugnung ihrer selbst zu setzen / als Lutherus zu seiner Zeit keinen Scheu getragen hat / seine Stirn gantz unerschrocken dem Pabst und seinen Cardinälen / und der gantzen Clerisey / und allem was derselben anhängig zu bieten / und die göttliche Wahrheit mehr / als aller Menschen Authorität geehret hat. Darinnen ehre ich die göttliche Krafft / so Luthero beygewohnet hat für viel tausend andern«.[3]

Der Hallesche Pietismus wurde noch weit bis in das 18. Jahrhundert von seinen Gegnern als sektiererische Bewegung verunglimpft, der man vorwarf, sich in gefährlichem Maße von dem landeskirchlichen Luthertum, dessen Theologie, Bekenntnissen und Traditionen zu entfernen. Deswegen war man in den Glauchaschen Anstalten, so der zeitgenössische Name, immer darum bemüht, die Treue zu Luther zu demonstrieren, ja geradezu zur Schau zu stellen. Das wird in der Kunst- und Naturalienkammer des Waisenhauses besonders deutlich.

Zu deren wertvollsten Gegenständen gehörte ein Lutherporträt aus der Cranachwerkstatt, das Francke 1707 zusammen mit einer Doppeldukate erhalten hatte, die folgende Inschrift trug: »Der Luther bringt nach seiner Sitt', den Waysen eine Gabe mit; Und wünschet / daß der Pfennig werd' Auf tausendfache Art vermehrt.«[4] Außerdem befand sich dort ein eigenhändiger Brief Martin Luthers aus dem Jahr 1545. In einem der Sammlungsschränke ist zudem heute noch ein Reliefporträt Martin Luthers zu sehen. Anhand dieser Objekte wurde den Zöglingen ebenso wie den auswärtigen Besuchern eindrücklich die Treue des Halleschen Pietismus zu dem Reformator vorgeführt.

Schule und Bildung

Bereits die Gründungsgeschichte der Anstalten lässt einen zentralen Gedanken der Reformation erkennen, der gleichermaßen bahnbrechend wie zeitlos und ohne Abstriche bis heute gültig ist. Francke setzte bei seinen Reformen ganz auf Bildung. Darin sah er das zentrale Mittel zur Behebung der gesellschaftlichen Defizite. Schon Luther hatte die Einführung von flächendeckender Schulbildung gefordert und starken Einfluss auf das Schul- und Bildungswesen seiner Zeit genommen. Francke verwendete die ersten Taler der oben

VÜE DE L'INTERIEUR COUR DE LA MAISON DES ORPHELINS À HALLE EN SAXE.

beschriebenen Gründungsspende für den Ankauf von Büchern, ließ
bedürftige Kinder von der Straße holen und gab ihnen durch einen
seiner Studenten Unterricht.

Die leibliche Versorgung von Bedürftigen dehnte er auch auf
Erwachsene aus, verlieh ihr Regelmäßigkeit und Struktur, womit der
Keim für die evangelische Anstaltsdiakonie gelegt wurde, die heute
im sozialen Sektor eine tragende Säule unserer Gesellschaft ist und
sich von ihrem Selbstverständnis her oft noch auf das Werk August
Hermann Franckes bezieht. Die Versorgung der Bedürftigen
umfasste bei Francke neben Nahrung und Kleidung ebenso medizi-
nische Hilfe und war immer an religiöse Unterweisungen gekoppelt.
Ausgehend von der Waisenanstalt, die er vom ersten Tag an mit einem
Bildungsauftrag verknüpfte, gründete er innerhalb von wenigen Jahren ein mehrgliedriges Schulwesen für alle sozialen Schichten. Die
breite Basis bildeten die sogenannten »Teutschen Schulen« mit einer
soliden Volksschulausbildung. Für die Vorbereitung auf den Univer-
sitätsbesuch und auf akademische Berufe entstand 1697 eine Lateinschule. Und schließlich gründete Francke eine Schule für die Kinder
aus vornehmen Familien, die schon bald als Königliches Pädagogium

firmierte. Ähnlich wie Luther zwei Jahrhunderte zuvor war auch Francke nicht bestrebt, die Gesellschaftsordnung seiner Zeit aus den Angeln zu heben. Deswegen orientierte sich die Gliederung seines Schulwesens durchaus an der ständischen Ordnung seiner Zeit. So war die Schule für die Kinder aus adligen und anderen begüterten Familien separat untergebracht. Sie verfügte über eigene Gebäude, eigenes Lehrpersonal und besonders gute Lehrsammlungen. Auch die Unterbringung und die materielle Versorgung der Zöglinge mussten ihrer standesgemäßen Herkunft entsprechen. Das war die Voraussetzung dafür, dass vornehme Familien überhaupt ihre Kinder in die Anstalten Franckes schickten. Denn dort blieben sie in der Regel mehrere Jahre und erhielten ihre Schulbildung und Erziehung nach den Konzepten Franckes. Anders als bei den übrigen Schulen wurde für den Besuch des Königlichen Pädagogiums Schulgeld erhoben. Damit konnte nicht nur eine komfortablere Unterbringung finanziert werden, vor allem ermöglichte dieses Geld den Aufbau besonders guter Unterrichtsmöglichkeiten; und hier lag ein besonderes Augenmerk auf den Lehrsammlungen.

Dennoch wohnte dem Schulwesen Franckes auf den zweiten Blick ein umwälzendes Moment inne. Denn die Schulen, die äußerlich voneinander getrennt waren, waren innerlich durchlässig organisiert. Auf diese Weise konnten z.B. alle Schulen von den besonders guten Lehrsammlungen des Königlichen Pädagogiums profitieren. Auch im Hinblick auf die Lehrer und vor allem die Schülerschaft waren die Anstaltsschulen Franckes durchlässig organisiert. Wir kennen nicht wenige Beispiele von Zöglingen, die als Waisenkinder Aufnahme fanden, dann aufgrund ihrer Begabungen die Anstaltsschulen wechseln konnten und so bis zum Universitätsstudium gebracht wurden.

Auf diese Weise gelang es, die hohen sozialen Schranken, die zu Franckes Lebzeiten herrschten, zu überwinden. Maßgebend hierfür war die Überzeugung Franckes, dass jeder eine Schulbildung erhalten sollte, die seinen individuellen Fähigkeiten entsprach. Deswegen schuf er die Voraussetzungen dafür, dass jeder Zögling eine passgenaue Ausbildung erhalten konnte. Dabei half das Fachklassensystem. Die Zusammensetzung der Klassenverbände in den Schulen der Glauchaschen Anstalten richtete sich nicht in erster Linie nach dem Alter der Schüler, sondern nach ihrem jeweiligen Kenntnisstand.

Die pädagogische Wertschätzung des Individuums besaß ihre Wurzeln in den Bildungsideen Luthers, erfuhr bei Francke aber eine konsequente Weiterentwicklung. Ihm gelang es, die Bildungschancen des Einzelnen von seiner sozialen Herkunft abzukoppeln, ein Erfolg, der bis heute beispielhaft wirkt. Auf diese Weise wollte er die Gesellschaft von innen heraus reformieren, indem jeder Einzelne die bestmöglichen Bildungsbedingungen erhalten sollte. Ähnliches gilt für die Mädchenbildung, die bereits bei Luthers Bemühungen um eine gesamtgesellschaftliche Reform eine wichtige Rolle gespielt hatte. Aus dem gleichen Motiv gründete Francke neben einer Waisenanstalt für Jungen und Mädchen auch Schulen für beide Geschlechter.

Die Lehrpläne der Anstaltsschulen umfassten eine Vielzahl an Disziplinen und waren in vieler Hinsicht neuartig. Im Mittelpunkt standen der Religionsunterricht, die Beschäftigung mit der Bibel sowie die regelmäßige Erbauung durch Gebet und Gesang zur Formung der Seele.[5] Daneben wurden die Lehrpläne aber über den üblichen Fächerkanon hinaus auf Naturwissenschaften, lebende Sprachen, Musik und allgemeinbildenden Unterricht ausgedehnt. Darüber hinaus wurde erstmals einer ganzen Generation von Zöglingen systematisch jener Tugendkanon vermittelt, der heute als preußisch-deutsch gilt und bisweilen kontrovers diskutiert wird. Diese Tugenden haben starke Wurzeln in der christlichen Ethik. So sahen die Pietisten etwa die Zeit als ein kostbares Geschenk Gottes an, mit dem man sorgsam umzugehen hat und es nicht vergeuden darf. Die christliche Durchdringung der Bildungs- und Erziehungskonzepte bei Francke besaß ihre Entsprechung bei Martin Luther, für den Bildung immer auf einer christlichen Grundlage basierte und nicht zum Selbstzweck erfolgte, sondern letztlich die religiöse Besserung zum Ziel hatte.

Die Realien und der Umgang mit dem Wort

Ein besonderer Schwerpunkt in den Schulen Franckes lag auf den Realien. Franckes Realienunterricht meinte einerseits die pädagogische Vermittlung mittels Anschauung, andererseits die Vorbereitung auf eine spätere Berufspraxis. Auch hier wird ein Bezug zu den Bildungsideen Luthers erkennbar, nach dessen Vorstellung die schulische Ausbildung darauf gerichtet sein sollte, Menschen für ihre unterschiedlichen Berufe zu qualifizieren, in denen sie sich dann als gute Christen um die Gesellschaft verdient machen konnten.[6] Des-

wegen plädierten sowohl Luther als auch später Francke für die Einführung neuer Unterrichtsfächer, die geeignet waren, zu einer besseren Allgemeinbildung beizutragen und die gleichzeitig auf die Lebenspraxis hin orientiert waren. Daraus entwickelte sich das Realschulwesen in Deutschland. Die Kunst- und Naturalienkammer, die bis heute vorhanden ist, bietet einen wichtigen Referenzort für diese Entwicklung. Die Kammer, die bei ihrer Gründung 1698 offiziell dem Königlichen Pädagogium zugeordnet wurde, war im Waisenhaus untergebracht und wurde dort von allen Schulen für den Realienunterricht genutzt.[7] Johann Julius Hecker (1707–1768), ein Schüler Franckes, gründete eine Generation später in Berlin das erste Realgymnasium. Hecker erarbeitete auch das bedeutende preußische Generallandschulreglement von 1763, das als Meilenstein für die Entwicklung des allgemeinen Schulwesens in Deutschland Geltung erlangt hat. Nicht zuletzt dadurch fanden die pädagogischen Ideen August Hermann Franckes und seine schulischen Konzepte weitere Verbreitung.

Zu den Realien im weiteren Sinne kann auch der Sprachunterricht gezählt werden, auf den der Hallesche Pietismus besonderen Wert legte. Bei Luther war es noch die Vermittlung der alten Spra-

Umgebaute und verkleinerte Kunst- und Naturalienkammer der Franckeschen Stiftungen zu Beginn des 20. Jahrhunderts. Häusermodelle und Armillarsphären im Vordergrund

chen, die er zum besseren Verständnis der Bibel für wichtig erachtete. Francke erweiterte das Curriculum in seinen höheren Schulen dann um lebende Fremdsprachen. Luther und Francke gleichermaßen war die Schulung im Umgang mit dem Wort wichtig. Luther, selbst ein wortgewaltiger Redner, legte Wert auf gut geschulte Prediger, standen doch Wortverkündigung und Predigt durch die Reformation plötzlich im Mittelpunkt des Gottesdienstes. Der Hallesche Pietismus trat in diese Tradition ein und wurde durch Kultivierung eines eigenen Sprachgebrauchs zum Wegbereiter einer ganzen Generation von Dichtern und Literaten um Klopstock (1724–1803), Lessing (1729–1781), Herder (1744–1803) und Goethe (1749–1832). Zudem prägte der Hallesche Pietismus den Brief und das Tagebuch als literarische Gattungen eines besonders subjektiven Umgangs mit dem Wort, nicht zuletzt als Mittel zur religiösen Selbstfindung. Dahinter stand das Ziel der persönlichen Frömmigkeitsbildung, so wie sie Luther bereits gefordert hatte.

Die Bedeutung der Musik

Johann Anastasius
Freylinghausen (1670-1739).
Ölgemälde, ca. 1735

Ebenfalls zum Zwecke der individuellen Erbauung machte Luther die Musik im kirchlichen Leben stark. Die Einführung des Gemeindegesangs als festen und ausgedehnten Bestandteil des lutherischen Gottesdienstes war eine weitreichende Neuerung. Denn auf diese Weise war plötzlich die gesamte Gemeinde in das liturgische Geschehen einbezogen und konnte den Gottesdienst erstmals aktiv mitgestalten. Zentrale christliche Botschaften wurden von nun an durch Kirchenlieder transportiert, die auch das einfache Gemeindeglied mitsingen konnte. So entstand ein neues Gemeindeverständnis, das von dem starken Zusammenhörigkeitsgefühl flankiert wurde, welches das sinnliche Erlebnis des gemeinsamen Singens erzeugte und dem man sich nur schwer entziehen konnte. Luther dichtete selbst zahlreiche Kirchenlieder und sprach sich auch für den Musikunterricht in Schulen aus. Im 17. und 18. Jahrhundert traten vor allem im evangelisch-lutherischen Bereich bedeutende Kirchenlieder-dichter und Komponisten geistlicher Musik hervor.

Im Halleschen Pietismus entstand eine ganz eigene musikalische Ausprägung, die bewusst die lutherische Musiktradition aufnahm und ihr eine besonders beschwingte Note hinzufügte.[8]

Johann Anastasius Freylinghausen (1670–1739), Stellvertreter, Schwiegersohn und Nachfolger August Hermann Franckes, kompilierte 1704 in erster Auflage ein eigenes umfangreiches Kirchengesangbuch, das in seiner Zeit die höchsten Auflagen erzielte und weite Verbreitung fand. Bis heute sind Lieder aus diesem Gesangbuch im evangelischen Gottesdienst in Gebrauch.

Die Professionalisierung des Lehrerberufs

Die Reformation löste Veränderungen in nahezu allen gesellschaftlichen Bereichen aus. Allen voran erlangte der Pfarrer einen neuen Stand in der Gesellschaft. Da er nun heiraten und eine Familie gründen konnte, rückte er näher an die Gesellschaft heran und wurde in fast allen Lebenssphären zu einem Teil seiner Gemeinde. Durch die Bildungsoffensive der Reformation wuchs ihm außerdem sehr viel stärker als zuvor die Rolle des Lehrers zu. Bis in Franckes Zeit hinein stellten die Bibel und Luthers kleiner Katechismus oft die wichtigsten Schulbücher dar. Für den Schulunterricht standen gerade auf dem Lande allein die Pfarrer zur Verfügung. Lehrer als eigenen Berufsstand gab es noch nicht. Das änderte sich erst durch die Initiative August Hermann Franckes. Für den rasch anwachsenden Schulbetrieb seiner Anstalten benötigte er immer mehr Lehrpersonal.

Durch seine Professur an der Friedrichs-Universität in Halle konnte er Studenten als Lehrer in seinen Schulen einsetzen. Dadurch erzielte er einen mehrfachen Vorteil. Die Studenten, zumeist angehende Theologen, konnten so erste Praxiserfahrungen für ihr zukünftiges Tätigkeitsfeld erlangen, das üblicherweise auch Unterrichtstätigkeit in ihren Kirchengemeinden umfasste. Diese Möglichkeit wurde zu einem besonderen Kennzeichen der Theologenausbildung in Halle. Für Francke besaß diese Koppelung den Vorteil, dass er nicht eine wachsende Zahl von hauptamtlichen Lehrkräften bezahlen musste. Stattdessen erhielten die studentischen Lehrkräfte, die als Informatoren bezeichnet wurden, freie Kost und bisweilen kostenlose Unterkunft.

Diese Regelung wiederum ermöglichte vielen Studenten aus ärmeren Verhältnissen erst ihren Studienaufenthalt in Halle. Gleichzeitig konnte Francke die Studenten im Rahmen ihrer Mitarbeit in den Anstalten abseits des regulären Vorlesungsbetriebs in seinem Sinne schulen und prägen. Das baute er noch aus, indem er 1696 das »Seminarium Praeceptorum« anlegte. Dort wurden die studentischen Kräfte zu Lehrern geschult. Auf diese Weise gründete August Hermann Francke das erste Lehrerbildungsseminar in Deutschland und trug maßgeblich zu der Professionalisierung des Lehrerberufs bei, der sich von dort aus zu einem eigenen Berufstand entwickelte. Bis heute sind sowohl die theologische Fakultät als auch die universitäre Lehrerausbildung Sachsen-Anhalts auf dem Gelände der Franckeschen Stiftungen angesiedelt.

Die Rolle der Bibliotheken

Die Bemühungen um eine breite Verbesserung der Bildung führten in der Reformationszeit zu einer Welle von Bibliotheksgründungen. Im Zusammenhang mit der Erneuerung des Schulwesens hatte Luther explizit hierzu aufgerufen.[9] In der Regel entstanden sie im

Umfeld von Kirchengemeinden, die sich der neuen Lehre angeschlossen hatten und sollten allgemein und kostenfrei zugänglich sein. Ein musterhaftes Beispiel für eine solche Bibliotheksgründung der Reformationszeit ist die Marienbibliothek in Halle. Dieses Kleinod der mitteldeutschen Bibliothekslandschaft ist bis heute der halleschen Marktkirchengemeinde angegliedert und verfügt über reiche Bücherschätze, die bis in die Anfänge des Buchdrucks zurückreichen.

Auch in dieser Hinsicht nahm Francke das reformatorische Erbe auf. Die Gründung seines neuartigen Schulwesens ging von Beginn an mit dem Aufbau von Büchersammlungen einher. Darauf verweist bereits die eingangs geschilderte Gründungsgeschichte, in der Francke berichtete, dass er von den ersten Spendentalern 1695 Bücher für den Schulunterricht anschaffen ließ. Sie bildeten den Grundstock der Schulbibliotheken, von denen im Laufe der Zeit mehrere entstanden und zum unverzichtbaren Bestandteil des Lehrbetriebs wurden. 1698 gründete Francke dann die Bibliothek des Waisenhauses, die zur Hauptbibliothek der Franckeschen Stiftungen wurde. Auch hier machten einige wenige Bücher den Anfang, die Francke geschenkt bekommen hatte. Aber dank seiner weit gespannten Beziehungen gelangten nach kurzer Zeit zahlreiche weitere Bücher als Spende oder im Tausch in die Bibliothek. Bald schon waren es ganze Privatbibliotheken, die ihm überlassen wurden und den Weg in die Anstalten fanden. Dagegen wurden die Bücher aus der eigenen Produktion des Waisenhausverlags nicht gezielt gesammelt. Auch gab es keinen regulären Erwerbungsetat, der den systematischen Ankauf von Büchern ermöglicht hätte. Dennoch war die Bibliothek des Waisenhauses deutlich größer als die der Universität. Als Francke 1727 starb, umfasste sie etwa 18.000 Bände.

Das Themenspektrum der Bibliothek war breit angelegt. Den Kern bildete die Theologie. Darunter befand sich natürlich vor allem die wichtigste protestantische Literatur der Zeit, aber auch Publikationen aus anderen Disziplinen wie Philosophie, Geschichte, Jura und Naturwissenschaften. Ganz in der reformatorischen Tradition war die Bibliothek des Waisenhauses der Öffentlichkeit zugänglich. Zunächst zwei, später sechs Stunden täglich war sie geöffnet und konnte kostenlos genutzt werden. Das war für die Zeit ungewöhnlich, denn in der Regel waren größere Bibliotheken ausschließlich ihren Besitzern oder Gelehrten vorbehalten.[10]

Die Verbreitung der Bibel

1719 erhielt die Bibliothek des Waisenhauses mit über 11.000 Titeln den umfangreichsten Zuwachs. Dabei handelte es sich um die Privatbibliothek Carl Hildebrandt von Cansteins (1667–1719), wohl eine der größten privaten Büchersammlungen des frühen 18. Jahrhunderts, die er bei seinem Tode den Anstalten hinterließ. Canstein war einer der engsten Vertrauten Franckes, war sein Freund, Berater, Fürsprecher bei Hofe und Mäzen. Mit seinem privaten Kapital widmete er sich zusammen mit August Hermann Francke der Vollendung einer weiteren ganz zentralen Idee der Reformation.

Martin Luther hatte die Beschäftigung mit der Bibel in den Mittelpunkt seiner Theologie gerückt. Er machte die Bibel zur alleinigen Vermittlerin der Heilsbotschaft. Luthers Bibelübersetzung ins Deutsche wurde zu einer Kraft, die das Verhältnis von Religion und Gesellschaft veränderte und damit grundlegend auf die Alltagswelt Einfluss nahm. Damit verband sich die Forderung, jedermann den Zugang zur Bibel zu ermöglichen, um sich selbst und in direkter Weise mit dem Wort Gottes zu befassen.

Aber erst zweihundert Jahre später gelang die Einlösung dieser reformatorischen Grundidee. Dafür wurde 1710 auf dem Gelände der Glauchaschen Anstalten die erste Bibelanstalt der Welt gegründet. Canstein finanzierte in großem Umfang die Anschaffung von Bleilettern, so dass die gesamte Bibel sowie das Neue Testament einmal vollständig mit Bleilettern gesetzt werden konnte. Ab 1712 erschien jährlich eine neue Auflage des Neuen Testaments und schon ein Jahr später die Vollbibel in der Cansteinschen Bibelanstalt.[11] Die Druckstöcke wurden aufbewahrt und mussten nur bei redaktionellen Überarbeitungen verändert werden. Die hohen Anfangsinvestitionen lohnten sich, je mehr Auflagen gedruckt wurden. Zudem kam relativ billiges Papier zum Einsatz und es wurde ein handliches Format gewählt. Die Canstein-Bibeln wurden in hohen Auflagen gedruckt und zu besonders günstigen Preisen abgegeben. Auf diese Weise kamen Bibelausgaben auf den Markt, die sich jeder leisten konnte und die

Carl Hildebrand von Canstein (1667–1719). Ölgemälde, ca. 1715 sich aufgrund ihrer taschenbuchartigen Abmaße für den täglichen Gebrauch eigneten. Bis in das 20. Jahrhundert verließen über zehn Millionen Bibelexemplare die Cansteinsche Bibelanstalt.

Der Hallesche Pietismus als Transmissionsriemen für die weltweite Verbreitung des Luthertums

Die Erfindung des Buchdrucks durch Johannes Gutenberg (1400–1468) wird als eines der Kennzeichen für die Wende vom Mittelalter zur Neuzeit angesehen. Ein weiteres einschneidendes Ereignis, das diese Wende markiert, war die Entdeckung Amerikas sowie des Seewegs nach Indien, womit sich aus europäischer Sicht schlagartig die globalen Maßstäbe verschoben und die Perspektiven des Handels und des Austauschs mit großen Teilen der Welt erweiterten, was zu einer ungeahnten europäischen Expansion führte. Als drittes Merkmal für den Beginn der Neuzeit gilt die Reformation. Die neuen Möglichkeiten, die der Buchdruck im Hinblick auf die Informationsverbreitung eröffnete, haben den Verlauf der Reformation nachhaltig beeinflusst. Allerdings dauerte es noch lange, bis die Lehren Luthers auch über die Grenzen Europas hinaus Verbreitung fanden.

Auch in dieser Hinsicht spielte der Hallesche Pietismus eine entscheidende Rolle. August Hermann Francke nahm für seine Reformvorhaben die ganze Welt in den Blick. Er legte es darauf an, seine Anstalten zu einem Zentrum weltweiter Aktivitäten zu machen. In seiner Programmschrift von 1704, die in der Forschung als »Großer Aufsatz« bezeichnet wird, schreibt er fast wie ein Resümee, Gott solle das begonnene Werk weiter unter seine besondere Fürsorge stellen, »damit zu einer allgemeinen Verbeßerung in allen Ständen nicht allein in Teutschland und in Europa, sondern auch in den übrigen Theilen der Welt alle zugehörige Zubereitung gemacht werde«.[12] Zu diesem Zeitpunkt hatte er längst damit begonnen, ein Netzwerk aufzubauen, das weit über die eigenen Landesgrenzen hinausreichte. Seine diesbezüglichen Aktivitäten waren einerseits von einem starken Interesse an anderen Kulturen, Sprachen und Religionen gekennzeichnet. Andererseits war ihm daran gelegen, seine eigenen Ideen und Reformkonzepte zu verbreiten, um damit die von ihm angestrebte *Weltveränderung* zu erreichen. Dafür gab er zahlreiche eigene sowie Schriften anderer Autoren, die ihm wichtig waren, im Verlag des Waisenhauses heraus. Rasch wurden seine Schriften auch in andere Sprachen übersetzt. Immer weiter konnte er sein Netzwerk ausdehnen. Dabei kamen ihm schon nach kurzer Zeit diejenigen zu Hilfe, die zuvor bei ihm studiert und gearbeitet hatten und nach ihrer Rückkehr in die Heimat den Wunsch hatten, Kontakt mit Halle zu halten und die Reformen Franckes bei sich vor Ort voranzubringen.

Innerhalb Europas erstreckte sich das hallesche Netzwerk über nahezu alle protestantischen Länder Deutschlands, auf Teile Skandinaviens und des Baltikums sowie auf Schlesien und bestimmte Regionen im südöstlichen Mitteleuropa, vor allem in Siebenbürgen. Im Westen lag ein besonderes Augenmerk auf den Niederlanden, die im Hinblick auf die öffentliche Wohlfahrt als besonders fortschrittlich galten. Interessanterweise unternahm Francke 1705 dorthin die einzige Auslandsreise seines Lebens. Die Beziehungen nach England waren von besonderer Bedeutung und wurden zum Taktgeber für die Verbreitung des Luthertums hallescher Prägung über den Atlantik hinweg. Zunächst knüpfte Francke jedoch engere Beziehungen nach Russland. Franckes Interesse daran wurde einerseits durch den Universalgelehrten Gottfried Wilhelm Leibniz (1646–1716) geweckt, mit dem er über die Idee einer protestantischen Mission in China korrespondierte, andererseits durch Heinrich Wilhelm Ludolf (1655–1712), der als Diplomat in dänischen und englischen Diensten ganz Europa bereiste.

Obwohl sich Franckes Interesse zunächst stark gen Osten richtete, zog er dennoch gleichzeitig systematische Erkundigungen über den nordamerikanischen Kontinent ein. Im Jahr 1700 legte er dem pietistisch geprägten Amerikafahrer Daniel Falckner (1666–1741) einen umfassenden Fragenkatalog über die Verhältnisse in der englischen Eigentümerkolonie Pennsylvania vor. Darin erkundigte er sich nach den geographischen Gegebenheiten, dem Klima, nach Flora und Fauna, ebenso nach den gesellschaftlichen und religiösen Bedingungen, nach der indigenen Bevölkerung und nach den wirtschaftlichen Verhältnissen und Entfaltungsmöglichkeiten.[13]

Diese außergewöhnliche Quelle belegt Franckes Interesse an dieser Weltregion, in der sich durch eine steigende Zahl von Einwanderern, die oft aus religiösen Gründen Europa verließen, eine bemerkenswerte Dynamik abzeichnete. 1699 war August Hermann Francke bereits zum korrespondierenden Mitglied der weltweit ausgerichteten Society for Promoting Christian Knowledge (SPCK) ernannt worden. Mit Sitz in London gehörte diese anglikanische Gesellschaft zu den einflussreichsten Kräften im Hinblick auf kirchliche Angelegenheiten im britischen Weltreich. Zu dieser Zeit stand Francke auch schon im Austausch mit dem angesehenen puritanischen Geistlichen und Gelehrten Cotton Mather (1663–1728) in Neuengland. Mit seinen Kontakten nach England und Nordamerika übersprang er die Grenzen des lutherischen Kirchenregiments und trat in einen fruchtbaren ökumenischen Dialog unter Protestanten ein. Gleichzeitig öffnete sich dadurch die Tür zur Verbreitung des Luthertums außerhalb Europas. In dieser Hinsicht nimmt der Hallesche Pietismus seine vielleicht wichtigste Rolle im Hinblick auf Rezeption und Weiterführung der reformatorischen Ideen und Traditionen ein. Anfang des 18. Jahrhunderts sorgte August Hermann Francke für die Etablierung der ersten dauerhaft angelegten evangelisch-lutherischen Missionsunternehmung. Obwohl der biblische Missionsbefehl aus dem Matthäus-Evangelium auch bei Luther seine Geltung besaß, blieb die Missionierung von Nichtchristen auch zweihundert Jahre nach der Reformation der katholischen Kirche überlassen.

Das änderte sich erst, als die weltumspannenden Reformpläne des Halleschen Pietismus auf die Absicht des dänischen Königs Friedrich IV. trafen, in der kleinen, zu Dänemark gehörigen Handelskolonie Tranquebar an der südindischen Küste den evangelisch-lutheri-

Der Königl. Dänischen Missionarien aus Ost-Indien eingesandter Ausführlichen Berichte. 6. Theil. – 1754. Titelblatt und Frontispiz mit einem Ganzkörperporträt von Aaron (1698–1745), dem ersten ordinierten tamilischen Landprediger der Dänisch-Halleschen Mission in Indien

schen Glauben zu verbreiten. Hierfür suchte man von Kopenhagen aus Anfang des 18. Jahrhunderts geeignete Pastoren, die nicht nur eine solide theologische Ausbildung vorweisen konnten, sondern auch genügend lebenspraktische Erfahrung besaßen, um eine Missionsunternehmung in weiter Ferne und in vollkommen fremder Umgebung von Grund auf zu organisieren. Da es sich bereits herumgesprochen hatte, dass die Theologenausbildung in Halle in vielerlei Hinsicht besonders praxisnah erfolgte, fiel die Wahl auf zwei Studenten August Hermann Franckes, allerdings ohne dessen direktes Zutun, sondern auf Empfehlung des Theologieprofessors Joachim Lange (1670–1744), der ebenfalls ein strenger Pietist war und eng mit Francke zusammenarbeitete. Die lutherischen Theologen Bartholomäus Ziegenbalg (1682–1719) und Heinrich Plütschau (1676–1752) wurden 1705 von Kopenhagen aus nach Südindien entsandt, wo sie am 9. Juli 1706 nach Tranquebar gelangten. Das war der Beginn der Dänisch-Halleschen Mission, die bis in das 19. Jahrhundert hinein bestand und von Halle aus organisiert und betreut wurde.

Der Lutheraner Ziegenbalg wird bis heute weltweit als Vater der protestantischen Mission hoch verehrt. Nach dem Vorbild der Glauchaschen Anstalten begann er damit, Waisenanstalten sowie erstmals in Indien überhaupt Schulen für beide Geschlechter zu gründen. Ziegenbalg war mit einem besonderen Sprachtalent gesegnet. Er erlernte die Landessprache Tamil und befasste sich mit der Übersetzung der Bibel. Diese erfolgte nicht auf Papier, sondern in der gängigen Literaturform Südindiens auf Palmblättern. Gleichzeitig betätigten sich die halleschen Missionare auch als Wissenschaftler. Sie beobachteten und dokumentierten ihre neue Lebenswelt sehr genau. Ihre ausführlichen Berichte übersandten sie nach Halle, wo man für deren Druck extra die erste evangelisch-lutherische Missionszeitschrift ins Leben gerufen hatte. Deren Ausgaben fanden weite Verbreitung, prägten im

ganzen 18. Jahrhundert die europäische Wahrnehmung des indischen Subkontinents und sind bis in die Bibliothek Goethes nachweisbar.

1712 entschloss man sich in Halle dazu, eine ganze Druckerei mit entsprechendem Fachpersonal nach Tranquebar zu schicken. Von dort ausgehend wurde die Druckerkunst in ganz Indien bekannt gemacht. So ging mit der Verbreitung des Luthertums durch diese erste protestantische Mission auch die Etablierung bestimmter kultureller, sozialer und gesellschaftlicher Errungenschaften einher, die für die Reformation kennzeichnend sind. Aus der Dänisch-Halleschen Mission entstand eine eigenständige evangelisch-lutherische Kirche (Tamil Evangelical Lutheran Church), die bis heute aktiv ist, nach halleschem Vorbild Schulen und Kinderheime betreibt und neben engen Verbindungen mit lutherischen Kirchen in Deutschland auch mit den Franckeschen Stiftungen einen regen Kultur- und Wissenschaftsaustausch unterhält.

Die religiöse Selbstbestimmung und die Trennung von Staat und Kirche

Die Reformation gab einen wichtigen Anstoß zur Glaubens- und Gewissensfreiheit. Diese Freiheit in Anspruch zu nehmen, setzt jedoch Wahlmöglichkeiten voraus. Erst die Reformation setzte den Grundsatz durch, zwischen mehreren christlichen Konfessionen wählen zu können. Das war vielleicht der tiefgreifendste Wandel, den das christliche Europa der Reformation zu verdanken hat. Denn die Infragestellung der alleinigen christlichen Kirche und der von ihr vertretenen Lehre veränderte die herrschenden Denkmuster, sie forderte die Menschen dazu auf, sich mit Alternativen auseinanderzusetzen und beflügelte das Prinzip der Dialektik.

Es dauerte mehrere Jahrhunderte, bis die Wahlmöglichkeit in Glaubensfragen zu einem verfassungsmäßig verankerten Grundrecht für jeden Einzelnen wurde. Der Weg dorthin war ein beschwerlicher und schmerzvoller Prozess, der lange von dem juristischen Grundsatz begleitet wurde: *Cuius regio, eius religio*. Demnach bestimmten die Landesherren über die religiöse Zugehörigkeit ihrer Untertanen. Folgte dieser Grundsatz noch der Vorstellung von einer religiös homogenen Gesellschaft, die im Umkehrschluss alle Andersgläubigen ausschloss, so ließ er doch Raum für Lockerungen, indem der Landesherr bestimmen konnte, mehrere Konfessionen in seiner Herrschaft zu dulden, ohne gegen den juristischen Grundsatz zu verstoßen. Brandenburg-Preußen spielte in dieser Hinsicht eine Vorreiterrolle und gewährte bereits ab dem frühen 17. Jahrhundert seinen Untertanen die Wahlmöglichkeit zwischen der reformierten und der lutherischen Konfession. Das war jedoch nur ein Zwischenschritt auf dem Weg der Trennung von Staat und Kirche, die als logische Konsequenz am Ende einer Entwicklung stehen musste, bei der, von der Reformation angestoßen, die religiöse Selbstbestimmung zum verbrieften Grundrecht erhoben wurde. Auch in dieser Hinsicht hat der Hallesche Pietismus das Erbe der Reformation vollendet.

August Hermann Francke interessierte sich auch deswegen besonders für die Verhältnisse in Pennsylvania, weil der Kolonieeigentümer William Penn (1644–1718) dort ein »Heiliges Experiment« ausgerufen hatte. Penn gehörte als Quäker einer Glaubensgruppe abseits der anglikanischen Staatskirche an. In seiner 1681 gegründeten Kolonie an der amerikanischen Ostküste wollte er einen Regierungsrahmen einführen, der allen (protestantischen) Glaubensgruppen ein friedliches und gleichberechtigtes Nebeneinander ermöglichen sollte. Dieser Intention folgend enthielt die pennsylvanische Verfassung erstmals den Grundsatz der Trennung von Kirche und Staat. Was vordergründig egalitär wirkt, erwies sich in der Praxis jedoch vor allem für Sekten und all jene Glaubensgruppen als vorteilhaft, die sich auch zuvor schon ohne staatliche Unterstützung organisiert hatten, denn es verlangte ihnen keine wesentliche

Umstellung ab. Für die großen Konfessionen jedoch, vor allem für die Lutheraner, bedeutete die pennsylvanische Verfassung einen Nachteil. Denn die Reformation war bereits mit Unterstützung der weltlichen Obrigkeit durchgesetzt worden, und die lutherischen Kirchen Europas waren seitdem alle auf das engste mit der landesherrlichen Obrigkeit verschränkt. Aus diesem Grunde war die Organisation eines lutherischen Kirchenwesens unter pennsylvanischen Bedingungen besonders schwierig, denn sie erforderte die Abkehr von den überkommenen kirchlichen Strukturen Europas.

Im zweiten Drittel des 18. Jahrhunderts stieg die Zahl der deutschen Auswanderer in die mittelatlantischen Kolonien Großbritanniens sprunghaft an. Die meisten Menschen verließen ihre Heimat aus wirtschaftlichen Gründen, viele zudem, weil sie sich religiös unterdrückt fühlten. Besonders ihnen erschien Pennsylvania als das Gelobte Land. Angehörige der unterschiedlichsten religiösen Gruppen ließen sich dort nieder. Dennoch gehörte die überwiegende Mehrzahl der deutschen Einwanderer der lutherischen oder der reformierten Konfession an. Die Siedler organisierten sich in Gemeinden, aber es fehlte ihnen an ausgebildeten und ordinierten Pfarrern. Drei lutherische Gemeinden in und um Philadelphia schlossen sich Anfang der 1730er Jahre zusammen und baten in Halle um die Entsendung eines Pfarrers. Die Anstaltsdirektion zögerte jedoch viele Jahre. Denn sie verlangte eine schriftliche Vorabverpflichtung der Gemeinden, die Entlohnung des Pfarrers zu gewährleisten. Dazu war man auf amerikanischer Seite allerdings nicht bereit, solange man den Kandidaten nicht selbst gesehen und beurteilt hatte. Man wolle sich nicht auf diese Weise, so das Argument der Siedler, wieder dem Diktat der etablierten lutherischen Kirche ausliefern, dem man durch die Auswanderung gerade mühsam entronnen sei.

Erst 1741 entschloss man sich in Halle, den jungen Theologen Heinrich Melchior Mühlenberg (1711–1787) für drei Jahre und auf Kosten der Anstalten zu den drei Gemeinden zu entsenden. Mühlenberg, ganz

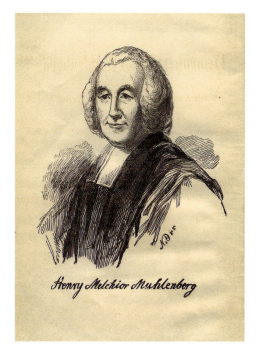

Heinrich Melchior Mühlenberg (1711-1787). In: W. Germann: Heinrich Melchior Mühlenberg, Patriarch der Lutherischen Kirche Nordamerika's. Halle a. S.: Waisenhausbuchhandlung, 1881

Henry Melchior Muhlenberg

vom Halleschen Pietismus geprägt, gelangte im November 1742 nach Philadelphia, nahm umgehend seinen Dienst auf und dehnte seinen Aktionsradius nach und nach auf immer mehr Gemeinden und Siedlungen aus. Mit Halle, das er zeitlebens als seine geistliche Heimat ansah, hielt er dauerhaft engen Kontakt. Von dort erhielt er umfassenden Ratschlag sowie vielfältige materielle und personelle Unterstützung. Vor allem seine pietistische Prägung half ihm dabei, in Nordamerika das erste lutherische Kirchenwesen aufzubauen, das unabhängig vom Staat organisiert war. Mühlenbergs Kirchenordnung für die lutherische Gemeinde in Philadelphia von 1762 folgte demokratischen Prinzipien und nahm jedes einzelne Gemeindeglied in die Verantwortung. Seine Söhne schickte er um diese Zeit nach Halle auf die Schulen des Waisenhauses. Sie wurden später zu den Mitbegründern der amerikanischen Demokratie, in deren Verfassung der Grundsatz einer strikten Trennung von Staat und Kirche als Voraussetzung für die religiöse Selbstbestimmung fest verankert ist. Auf diese Weise verpflanzten Hallesche Pietisten und ihre Nachkommen das Luthertum in andere Weltregionen, passten es den dortigen Gegebenheiten an und sorgten für den Vollzug der Trennung von Kirche und Staat, dessen Keim Martin Luthers reformatorische Forderungen mehr als zweihundert Jahre zuvor gelegt hatten.

Die Frankeschen Stiftungen heute

Die Reformation bahnte den Weg für grundlegende Veränderungen, die weit über den kirchlichen Bereich hinaus die gesamtgesellschaftlichen Verhältnisse betrafen. Die mutigen Forderungen Luthers wälzten bereits zu seinen Lebzeiten Kirche, Staat und Gesellschaft um. Aber viele Entwicklungen, die er in Gang setzte, bedurften in den darauf folgenden Jahrhunderten der Fortsetzung, wurden von neuen Bewegungen und Einzelpersonen aufgenommen, in zeitgemäßer Form vorangebracht und haben erst auf diese Weise ihre nachhaltige Wirkung bis in die Gegenwart hinein entfaltet. Der Pietismus gehört zu den wichtigsten Geistesströmungen in der europäischen Kulturgeschichte zwischen Reformation und Aufklärung.

So haben wir heute im selben Bundesland mit Eisleben und Wittenberg die Ursprungsstätten der Reformation und in unmittelbarer Nachbarschaft dazu mit den Franckeschen Stiftungen in Halle ein eindrucksvolles Zeugnis für die Fortsetzung der durch Luther begon-

nenen Reformprozesse, die den Weg in die Moderne wiesen. In der Kontinuität der Ansätze August Hermann Franckes sind die Franckeschen Stiftungen in der Gegenwart wieder zu einem modernen Bildungskosmos von europäischem Rang geworden, der sich explizit auf seine kulturgeschichtlichen Wurzeln bezieht und sich zu seinen evangelisch-lutherischen Traditionen bekennt. In ihrer Arbeit nehmen die Franckeschen Stiftungen zahlreiche reformatorische Impulse auf, setzen diese in zeitgemäßer Weise um und unterstreichen damit die Lebendigkeit der mutigen Ideen Martin Luthers auch 500 Jahre nach dem Thesenanschlag in Wittenberg.

1   August Hermann Francke, *Segens-volle Fußstapfen des noch lebenden und waltenden liebreichen und getreuen Gottes, Zur Beschämung des Unglaubens und Stärckung des Glaubens entdecket durch eine wahrhafte und umständliche Nachricht von dem Wäysen-Hause und übrigen Anstalten zu Glaucha vor Halle, Welche Im Jahr 1701. zum Druck befördert, ietzo aber zum dritten mal ediret, und bis auf gegenwärtiges Jahr fortgesetzet.* Halle, in Verlegung des Wäysen-Hauses, 1709, Cap. 1: Ursprung und Veranlassung, S. 5 ff.

2   »Dem nach szo werden wir allesampt durch die tauff zu priestern geweyhet [...]« [1. Petr. 2,9; Offb. 5,10]. *D. Martin Luthers Werke.* Kritische Gesamtausgabe, Abteilung Schriften/Werke, Bd. 6: Schriften 1519/20, Weimar 1888, S. 407.

3   August Hermann Francke zitiert nach Heinrich L. Nickel [u. a.] (Hg.), *Martin Luther und Halle.* Kabinettausstellung der Marienbibliothek und der Franckeschen Stiftungen zu Halle im Luthergedenkjahr 1996, Halle 1996, S. 40.

4   Zitiert nach Thomas Müller-Bahlke, *Die Wunderkammer der Franckeschen Stiftungen,* 2., überarb. und erg. Aufl., Halle 2012, S. 26.

5   Juliane Jacobi, *Bildung – eine zeitlose Kategorie? Kommentar zu Raimund Hoenen. Die »Schrift« in den Kopf und den Kopf in das Hertz bringen. Bildungsanliegen bei Martin Luther und August Hermann Francke.* In: Christian Soboth/Thomas Müller-Bahlke (Hg.), *Reformation und Generalreformation – Luther und der Pietismus,* Halle 2012, S. 35–40, hier S. 37.

6   »So were doch alleyn diese ursach genugsam, die aller besten schulen beyde fur knaben und meydlin an allen ortten auff zu richten, das die wellt, auch yhren welltlichen stand eusserlich zu halten, doch bedarff feiner geschickter menner und frawen, Das die menner wol regirn künden land und leutt, Die frawen wol zihen und hall ten künden haus, kinder und gesinde. Nu soliche menner müssen aus knaben werden, und soliche frawen müssen aus meydlin werden. Darumb ists zu thun, das man knebli und meydlin dazu recht lere und auff zihe.« *D. Martin Luthers Werke.* Kritische Gesamtausgabe, Abteilung Schriften/Werke, Bd. 15: Predigten und Schriften 1524, Weimar 1899, S. 44.

7   Zur Geschichte der Kunst- und Naturalienkammer der Franckeschen Stiftungen siehe Müller-Bahlke, *Wunderkammer* (wie Anm. 4), S. 15–35.

8   Die Linien protestantischer Musikkultur werden sehr anschaulich nachgezeichnet in dem Begleitkatalog zur Jahresausstellung der Franckeschen Stiftungen 2012 anlässlich des Themenjahres »Reformation und Musik« im Rahmen der Lutherdekade. Cordula Timm-Hartmann (Hg.), *»Weil sie die Seelen fröhlich macht«. Protestantische Musikkultur seit Martin Luther,* Halle 2013.

9   »Am letzten ist auch das wol zu bedencken allen den yenigen, so lieb und lust haben, das solche schulen und sprachen ynn Deutschen landen auffgericht und erhallten werden, das man fleys und koste nicht spare, gutte librareyen odder bücher heuser sonderlich ynn den grossen stedten, die solichs wol vermügen, zu verschaffen.« *D. Martin Luthers Werke,* Bd. 15 (wie Anm. 6), S. 49.

10 Ausführlich zur Geschichte der Bibliothek siehe Brigitte Klosterberg, *Die Bibliothek der Franckeschen Stiftungen*, Halle 2007.

11 Die ersten Auflagen wurden noch im konventionellen Satzverfahren gedruckt. Das Neue Testament wurde dann ab der 4. Auflage 1713 im stehenden Satz gedruckt, das Alte Testament ab der 6. Auflage von 1717. Siehe dazu Peter Schicketanz, *Carl Hildebrand Freiherr von Canstein. Leben und Denken in Quellendarstellungen*, Tübingen 2002, S. 170, 172.

12 August Hermann Francke, *Der Große Aufsatz*. Zitiert nach Otto Podczeck (Hg.), *August Hermann Franckes Schrift über eine Reform des Erziehungs- und Bildungswesens als Ausgangspunkt einer geistlichen und sozialen Neuordnung der evangelischen Kirche des 18. Jahrhunderts: der Große Aufsatz*, Berlin 1962, S. 154.

13 Halle, Archiv der Franckeschen Stiftungen: AFSt/H D 85, 469–597, *Curiose Nachrichten von Pennsylvenien, 73 Fragen und Antworten über das Verhalten bei einer Reise nach Amerika und über die dortigen Verhältnisse von Daniel Falckner*. In gedruckter Form: Daniel Falckner, *Curieuse Nachricht Von Pennsylvania in Norden-America: Welche, Auf Begehren guter Freunde, Uber vorgelegte 103. Fragen, bey seiner Abreiß aus Teutschland nach obigem Lande Anno 1700. ertheilet, und nun Anno 1702 in den Druck gegeben worden*, Frankfurt 1702. In englischer Sprache wurde es erstmal übersetzt, mit einer Einleitung versehen und herausgegeben von: Julius Friedrich Sachse (Hg.), *Falckner's Curieuse Nachricht von Pensylvania. The book that stimulated the great German emigration to Pennsylvania in the early years of the XVIII century. A reprint of the edition of 1702, amplified with the text of the original manuscript in the Halle archives. Together with an introduction and English translation of the complete work by Julius Friedrich Sachse*, Philadelphia 1905 (ND University Park/Pa. 2011).

Dieser Beitrag ist zuvor ungekürzt erschienen in: Lutherland Sachsen-Anhalt. Hg. von der Investitions- und Marketinggesellschaft Sachsen-Anhalt in Zusammenarbeit mit der Martin-Luther-Universität Halle-Wittenberg und der Otto-von-Guericke-Universität Magdeburg. Halle: mdv, 2015, S. 249–275. ISBN 978-3-95462-475-1

Wir danken dem mdv Mitteldeutscher Verlag GmbH, Halle (Saale), für die Erlaubnis, den Beitrag in gekürzter Form noch einmal abzudrucken.

Ich hoff, (...) es sollten yhr
viel rechte Christen werden.

Luthers Haltung gegenüber den Juden und ihre Folgen

Thomas Kaufmann

Einleitung

Während des späten Mittelalters und der frühen Neuzeit bestand in der lateineuropäischen Christenheit weithin ein Konsens darüber, dass ein politisches Gemeinwesen in seinem Bestand gefährdet sei, wenn es mehr als eine Religion dulde. Die altrömische Vorstellung, die Religion sei ein notwendiges Band, das die Gesellschaft zusammenhalte, ließ Uneindeutigkeit nicht zu. Die reformationszeitlichen Beispiele für die Anerkenntnis von Mehrkonfessionalität etwa in Ungarn, Böhmen, Polen oder Frankreich waren je spezifischen, zumeist instabilen Kräfteverhältnissen zwischen den Akteuren unterschiedlicher konfessioneller Couleur geschuldet und stellten im Ganzen ephemere Gebilde dar. Die Konstruktion des Augsburger Religionsfriedens (1555), die den Inhabern der jeweiligen territorialen oder städtischen Regierungsgewalt im Reich die Option zwischen dem ›alten‹ Glauben und der Religion der *Confessio Augustana* (1530) zugestand (»Cuius regio, ejus religio«), realisierte die Mehrkonfessionalität im Reich auf der Basis der jeweiligen monokonfessionellen Prägung eines einzelnen Territoriums bzw. einer Stadt. Mit Ausnahme der paritätischen Reichsstädte, der spezifischen religiösen Pluralitätskultur, die sich unterhalb der Ebene der reformierten Öffentlichkeitskirche in den Niederlanden zu etablieren vermochte und der osmanisch eroberten Teile Südosteuropas, in denen auch Christen unterschiedlicher Konfession gegen entsprechende Sondersteuern eine gewisse Duldung zuteil wurde, waren monoreligiöse Verhältnisse bis weit ins 17. Jahrhundert hinein die europäische Normalität. Außer einigen Vertretern des sogenannten ›linken Flügels‹ der Reformation stellte niemand dies in Frage.[1]

Neben der christlichen war im Lateineuropa des Mittelalters allein die jüdische Religion geduldet. Während des späten Mittelalters aber hatte sich die Lage der Juden vor allem in West- und Mitteleuropa dramatisch zu verschlechtern begonnen; auch in der bildenden Kunst verstärkte sich die Tendenz, die Juden als ›fremd‹, d.h. nicht dem eigenen Kulturkreis zugehörig wahrzunehmen. Um 1290

Meister der Brügger Ursula-Legende, Ecclesia und Synagoge, Ursula-Altar (Außentafel), um 1485, Brügge, Groeningemuseum Die beiden allegorischen Figuren symbolisieren das Christentum und das Judentum.

waren die Juden aus England ausgetrieben; seit 1394 herrschte in Frankreich ein Aufenthaltsverbot, ab 1492 galt ein solches auch für die vereinigten Königreiche von Aragon und Kastilien, seit 1496 griff dies auf Portugal über. Auch aus den Städten und Territorien des Reichs wurden Juden zusehends vertrieben – 1492 aus Mecklenburg, 1493 aus Magdeburg, 1496 aus der Steiermark, Kärnten und Krain, um 1500 auch aus Nürnberg, Reutlingen, Ulm, Nördlingen und Colmar. 1510 und 1519 fanden aufsehenerregende Austreibungen und Prozesse gegen Juden in Brandenburg und Regensburg statt. Die für Juden gefährlichsten Anklagen – die wegen Ritualmords und Hostienfrevels – hatten um 1500 Hochkonjunktur und bildeten den Anlass für Progrome und Vertreibungen.

Luthers Haltung gegenüber den Juden

Luthers Judenfeindschaft ist seit geraumer Zeit intensiv erforscht worden.[2] Auch wenn insbesondere die feindseligen Äußerungen des Reformators gegen die Juden nicht für sich stehen, da er sich in ähnlich negativer Weise auch über andere ›religiöse‹ Gegner wie die ›Papisten‹, die ›Schwärmer‹, die ›Sakramentierer‹, die Türken oder über ›nationale‹ Großgruppen wie Franzosen, Böhmen, ›Welsche‹, Italiener, Spanier, Sorben oder Zigeuner aussprechen konnte[3], ist Luthers Verhältnis zu den Juden vielschichtiger und widersprüchlicher. Seit seiner Frühzeit sah er die Juden als Gegenbild eines aus dem Glauben an Christus lebenden Frömmigkeitsmodells, als idealtypische Repräsentanten einer sich ›aus eigenen Werken‹ vor Gott rechtfertigenden, ›gesetzlichen‹, die schenkende Gnade Gottes verleugnenden Religion. Sprach Luther von ›Juden‹, meinte er weniger die konkreten Zeitgenossen jüdischen Glaubens, zu denen er kaum Kontakte unterhielt und die ohnehin in den Orten, an denen er lebte, nicht geduldet waren; vielmehr bezeichnete er mit den ›Juden‹ einen bestimmten Typus der Glaubensverweigerung. Sich selbst verstand Luther als kongenialen Interpreten paulinischer Theologie; er erhob den Anspruch, ihre Wahrheit gegen eine ›judaisierende‹, d.h. auf Werkgerechtigkeit basierende römisch-katholische Frömmigkeit und der diese legitimierenden scholastischen Theologie zur Sprache zu bringen. In allen Phasen seiner theologischen Entwicklung war für Luther selbstverständlich, dass die religiöse Existenz der Juden darauf basiere, sich durch Werke des Gesetzes vor Gott rechtfertigen

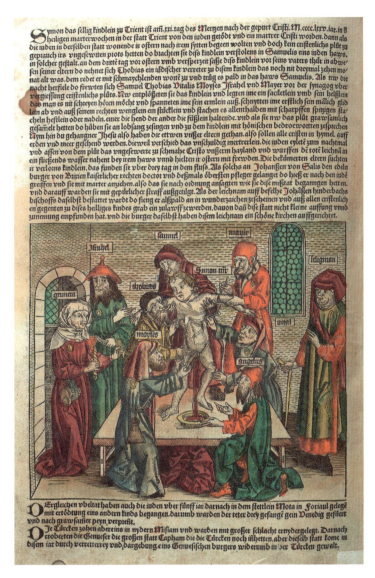

zu wollen. Deshalb stand der Jude für ihn in einem unvermittelbaren Widerspruch zu dem in Christus eröffneten Heilsweg der göttlichen Gnade, dem *Evangelium*. Für sein Verständnis des Alten Testaments war mit der älteren Tradition der Kirche zentral, dass es auf Jesus als den Christus verweise. Dass die Juden dies nicht einsahen, sei eine Folge ihrer Verstockung. In Bezug auf zentrale, rechtfertigungstheologische und bibelhermeneutische Grundeinsichten seiner Theolo-

Schweizer Chronik
des Johann Stumpf,
Holzschnitt 1553
Hinrichtung eines Juden
in Weißenstein/Schwaben.
Die gemeinsam mit ihm an
den Füßen aufgehängten
Hunde beißen ihn zu Tode.

gie blieb sich Luther zwischen 1513, dem Beginn seiner ersten Psalmenvorlesung, und seinem Ende treu.

Was sich in durchaus dramatischer Weise änderte, waren Luthers Empfehlungen zum konkreten Umgang mit den Juden. In den frühen 1520er Jahren, der Phase des reformatorischen Aufbruchs, brach er mit der traditionellen Politik der konditionierten und an Schutzgeldzahlungen gebundenen befristeten Judenduldung. Er kritisierte das Verhalten der Papstkirche gegenüber den Juden und machte diese für die mangelnden Bekehrungserfolge verantwortlich; sie habe »mit den Juden gehandelt als weren es hunde und nicht menschen«.[4] Die Juden seien gescholten und enteignet worden; sofern man sie taufte, habe man ihnen »keyn Christlich lere noch leben [...] beweyset«, sondern sie »der Bepsterey unnd muncherey untherworffen«,[5] also sie äußerlich der Papstkirche integriert, aber geistlich und religiös vernachlässigt. Durch einen »frumen getaufften Juden« – wahrscheinlich Jakob Gipher, der im Einflussbereich Wittenbergs zum Christusglauben gefunden und den Taufnamen Bernhard angenommen hatte[6] – hatte Luther gehört, dass die Juden, »wenn sie nicht bey unser tzeyt das Euangelion gehort hetten, sie weren yhr leben lang Juden unter dem Christen mantel«, also Marranen, spirituelle Hybride, »blieben«.[7]

Im Unterschied zu dem religiös und theologisch inadäquaten Umgang mit den Juden, den die ›Papisten‹ praktiziert hätten, zielte sein eigenes Vorgehen darauf ab, »freundlich«[8] mit ihnen zu verfahren und sie »seuberlich«[9] aus der Heiligen Schrift zu unterweisen. Dies tat er mit seiner Schrift Dass Jesus Christus ein geborener Jude sei (1523), der verbreitetsten ›Judenschrift‹ des 16. Jahrhunderts, die auch in zwei lateinischen Übersetzungen erschien. Sie bot eine Auslegung einzelner Verse des Alten Testaments (Gen 3,15; Gen 22,18; 2 Sam 7,12; Jes 7,14; Gen 49,10; Dan 9, 24-27), die nach Luthers Überzeugung messianisch verstanden werden müssten. Eigentümlicherweise sprach Luther in dieser Schrift aber jüdische Adressaten nicht direkt an; er setzte wohl voraus, dass reformatorische Akteure seine Anregungen aufnähmen und Juden mittels des aus dem Alten Testament geführten Schriftbeweises zu bekehren versuchten. In einigen Flugschriften, die nach dieser Schrift Luthers erschienen sind, spiegeln sich entsprechende Vorgänge.[10]

Die Bekehrung zu Christus bedeutete nach Luther, die Juden »tzu yhrer vetter, der Propheten unnd Patriarchen glauben«[11] zurückzuführen. Die nachbiblische Überlieferung der Judenheit, insbesondere der Talmud, dessen Erhalt wenige Jahre zuvor der große Hebraist Johannes Reuchlin propagiert hatte[12], sah Luther als problematisch an. Er legte die Judenheit allein auf das Alte Testament fest, durch das er sie zu Christus führen wollte. Während christliche Kabbalisten auch in den außerbiblischen jüdischen Überlieferungen Hinweise auf Christus fanden, waren diese in Luthers Augen einer Bekehrung eher abträglich.

In früheren Schriften über den Wucher hatte Luther nur wenige, verstreute Bemerkungen über ›wucherische Juden‹ fallen lassen[13]; allerdings waren die Schriften dennoch mit eindeutig antijüdischen Titelblättern gedruckt worden. In DASS JESUS CHRISTUS EIN GEBORENER JUDE SEI trat Luther nun dafür ein, »bruderlich«[14] mit den Juden umzugehen. Von den verbreiteten »lugen teydingen«[15], also verleumderischen Geschichten wie dem Ritualmord[16], distanzierte er sich und sprach sich gegen die üblichen Zunft- und Berufsverbote aus; denn diese trieben die Juden in den Wucher: »wie sollt sie das bessern?«[17] Stattdessen solle man die Juden frei in der Gesellschaft der Christen arbeiten und leben lassen und »menschliche gemeynschafft«[18] mit ihnen suchen, also »nicht des Bapsts, sonder Christlicher liebe gesetz an yhn uben und sie freuntlich annehmen«[19]. Überdies schlug Luther vor, die Juden behutsam an das Christentum heranzuführen und ihnen zunächst den Menschen Jesus als den wahren Messias nahezubringen. Erst in einem weiteren Schritt sollte ihnen der Glaube an den wahren Gott Jesus expliziert werden.[20]

Im Horizont der zeitgenössischen Judenpolitik war Luthers Appell einer uneingeschränkten Duldung der Juden inmitten der Lebenswelt der Christen und seine Aufforderung, ihnen Berufs- und Gewerbefreiheit zu gewäh-

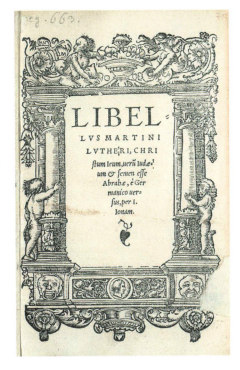

Martin Luther,
Libellus Martini Lutheri,
Christum Ieum,
veru[m] Iudaeum et semen
esse Abrahae
[Augsburg] 1524
Titelblatt der lateinischen
Ausgabe von Luthers
erster ›Judenschrift‹
in der Übersetzung
des Justus Jonas.

ren, ohne Analogie, ja revolutionär. Dass Luther für die Judenheit innerhalb und außerhalb des Reichs zu einem Hoffnungsträger avancierte, verwundert nicht.[21] Seine frühe Haltung gegenüber den Juden stand im Zeichen einer vitalen apokalyptischen Naherwartung: Der »farende platz regen«[22] des Evangeliums, der jetzt, am Ende der Zeiten, einmal niedergehe und nicht wiederkomme, sollte auch den Juden eine letztmalige Gelegenheit eröffnen, zu Christus und damit zum Glauben ihrer Väter zu finden. Allerdings setzte Luther voraus, dass »ettliche hallstarrig«[23] blieben, »ettliche«[24] aber bekehrt würden. Der lateinischen Version der Schrift, die Luthers Kollege Justus Jonas anfertigte, war ein Widmungsschreiben Luthers an den getauften Juden Bernhard[25] beigegeben – vor der internationalen Öffentlichkeit erschien die Reformation als Auftakt einer nennenswerten Judenbekehrung. Einen eindrücklicheren Beweis für die Wahrheit der Lehre Luthers und die Lüge Roms als eine Bekehrung der Juden konnte es nicht geben.

Am Ende seiner Schrift findet sich ein merkwürdiger Hinweis: »Hie will ichs dis mall lassen bleyben, bis ich sehe, was ich gewirckt habe.«[26] Im Lichte seiner späteren, massiv judenfeindlichen Publizistik könnte man dies im Sinne eines ›Probehandelns‹ verstehen: Luther trat demnach zunächst für eine uneingeschränkte Duldung der Juden ein, behielt sich allerdings vor, die Wirkung dieser Maß-

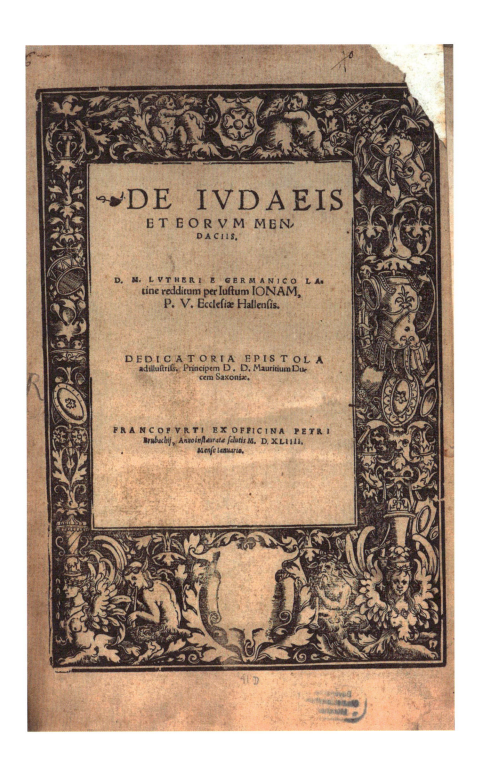

DE IVDAEIS
ET EORVM MEN-
DACIIS.

D. M. LVTHERI E GERMANICO LA-
tine redditum per Iustum IONAM,
P. V. Ecclesiæ Hallensis.

DEDICATORIA EPISTOLA
adilluſtriſſ. Principem D. D. Mauritium Du-
cem Saxoniæ.

FRANCOFVRTI EX OFFICINA PETRI
Brubachij, Annoinſtauratæ ſalutis M. D. XLIIII.
menſe Ianuario.

Sterneberch.

Wä ten bofen ioten volget hyr eyn gheschicht
Dar to vä ten fuluē eyn merklik ghedycht

nahme zu einem späteren, nicht genannten Zeitpunkt zu überprüfen. Aus einem
Brief des Reformators an seinen Kollegen
Justus Jonas, den Patron Bernhards, mut-
maßlichen Anreger von DASS JESUS
CHRISTUS EIN GEBORENER JUDE SEI und
zeitlebens engsten Vertrauten Luthers in
allen die Juden betreffenden Fragen, geht
hervor, dass es eine Art Absprache zwischen ihnen gegeben hatte, nach der
Luther zu den Juden ›schweigen‹ sollte,
solange Jonas »einen anderen Weg«[27],
nämlich den der freundllichen Werbung,
verfolgte. Als Luther diesen Brief an Jonas
abfasste (Dezember 1542), saß er an der
Fertigstellung seiner Hetzschrift VON DEN
JUDEN UND IHREN LÜGEN[28]. Spätestens
mit diesem Text kehrte er sich von der
frühreformatorischen Position gegenüber den Juden ab und redete
einer konsequenten Ausweisungspolitik das Wort.

Für Luthers Haltung gegenüber den Juden in seinen Spätschrif-
ten war das Modell des religiös geschlossenen Gemeinwesens, das er
1523 grundsätzlich in Frage gestellt hatte, leitend. In Anknüpfung an
alttestamentliche Texte (Dtn 13, 13ff; Dtn 4; 12)[29], die Gottes Gericht
über Orte ankündigen, in denen Abgötterei getrieben werde, rückte
er nun die Furcht vor dem göttlichen Zorn bzw. dem Jüngsten
Gericht[30] ins Zentrum. Angesichts der vermeintlichen Frevel, die die
Juden gegen Christus und die Christen verübten – über sie wusste
sich Luther vor allem durch eine 1530 erschienene Schrift des
Konvertiten Antonius Margaritha ›informiert‹[31] – stünden sie unter
Gottes Zorn und gefährdeten auch das Heil der Christen, die sie
duldeten. Hatte Luther im Wissen darum, dass »wyr doch auch nicht
alle gutte Christen sind«[32], zunächst propagiert, dass die Christenheit ihr Christsein gegenüber den in ihrer Mitte geduldeten Juden
werbend plausibel machen sollte, so erschien es ihm im Horizont des
Ideals einer religiös homogenen Gesellschaft – wie sie im Zuge der
Etablierung der Reformation in den Vordergrund rückte – ausgeschlossen, diesen ›Fremden‹ auch nur ein Existenzrecht einzuräu-
men.[33] »Drumb jmer weg mit jnen.«[34] Der Katalog der berühmt-

berüchtigten Maßnahmen gegen die Juden – beginnend mit der Verbrennung der Synagogen, der Vernichtung jüdischen Schrifttums, der Erniedrigung jüdischer Menschen in einem sklavenartigen Stand etc.[35] – war für Luther die, im Vergleich mit der an der »gemeine[n] klugheit der andern Nation, als Franckreich, Hispanien, Behemen etc.«[36] orientierten Vertreibung, ›schlechtere‹ Lösung. Im Motiv der Judensau, das auch an der Wittenberger Stadtkirche zu sehen war, sah er eine ›angemessene Ikone‹ des Judenhasses.[37]

Die Motive, die zu der analogielos dramatisch veränderten ›judenpolitischen‹ Haltung Luthers geführt hatten, sind komplex und nur zum Teil ›rationalisierbar‹. War er zu Beginn der 1520er Jahre von nennenswerten jüdischen Bekehrungen zum reformatorischen Christentum ausgegangen, so hatte sich diese Hoffnung nicht erfüllt. Die römische Kirche konnte man dafür nun nicht mehr verantwortlich machen; also musste es an den Juden selbst liegen. Die kontinuierliche Übersetzungs- und Revisionsarbeit am Alten Testament hatte Luthers christologische Lesart verfestigt. Im ›reformierten‹ Lager Oberdeutschlands und der Schweiz sah er sich zusehends einer christlichen Hebraistik gegenüber, die seinen christologischen Weissagungsbeweisen aus dem Alten Testament skeptisch gegenüberstand. Auch diesen innerreformatorischen Gegnern, insbesondere Sebastian Münster in Basel[38], trat er mit VON DEN JUDEN UND IHREN LÜGEN entgegen. Eine dialektisch-antithetische Behandlung von

Judensau,
Holzschnitt, ca. 1470
Das unreine Schwein
steht symbolisch für
die sündigen Juden.

›Gesetz‹ und ›Evangelium‹ begünstigte – durchaus gegen Luthers theologische Intentionen – die Tendenz, das Alte Testament primär mit dem Gesetz, das Neue Testament vor allem mit dem Evangelium zu identifizieren.

Bei dem späten Luther schlugen nun auch Motive der Feindschaft gegen die Juden durch, die tief in der christlichen Tradition verwurzelt waren. Er machte sie schuldhaft für Christi Kreuzigung verantwortlich.[39] Die Juden seien Gottesfeinde, ihre ›Blindheit‹[40] führte er auf das göttliche Verhängnis ihrer Verstockung zurück. Deswegen zögen sie aus eineinhalbtausend Jahren Leidensgeschichte[41], die ihnen infolge der Kreuzigung Christi widerfuhr, keine Konsequenzen. Die für Luther einzig mögliche Konsequenz aus der Lektüre des Alten Testaments, nämlich die Anerkenntnis der Messianität Jesu, verweigerten sie. Luther war davon überzeugt, dass die Juden den Kreuzestod Jesu im paulinischen Sinne skandalisierten[42], den Gekreuzigten und dessen Anhänger schmähten, die Christen verfluchten, sie der Anbetung dreier Götter wegen verspotteten[43] und sich dem Glauben an den Teufel[44] ergäben. Dieses Motivgeflecht bildete die Basis seines aggressiven Judenhasses.

Zur Wirkungsgeschichte von
Luthers Haltung gegenüber den Juden

Die Wirkungsgeschichte von Luthers Haltung[45] gegenüber den
Juden war komplex. In den evangelischen Kirchentümern außerhalb
Deutschlands war die Resonanz seiner judenfeindlichen Spätschrif-
ten seit dem 16. Jahrhundert aufs Ganze gesehen eher gering. Überhaupt war Luthers Position in der ›Judenfrage‹ vor dem späten
19. Jahrhundert kein zentrales Thema der Lutherbilder, weder im
deutschen noch im internationalen Kontext. Ansonsten spiegelt die
Wirkungsgeschichte die Ambivalenz Luthers wider: In der Zeit der
lutherischen Orthodoxie des späteren 16. und 17. Jahrhunderts dominierte auch in der ›Judenfrage‹ die Orientierung am ›alten‹ Luther.
Auch wenn außerhalb der großen Gesamtausgaben nur sehr wenige
Nachdrucke der einschlägigen Schriften, insbesondere von VON DEN
JUDEN UND IHREN LÜGEN, nachzuweisen sind, wird man davon ausgehen können, dass einzelne judenfeindliche Zitate Luthers seit dem
späteren 16. Jahrhundert in Florilegien[46] verbreitet wurden. Gelegentlich spielte die Berufung auf Luther eine Rolle, wenn man Juden
vertreiben wollte; doch auch das Gegenteil ist bezeugt: eine Argumentation zugunsten der Ansiedlung portugiesischer Juden etwa in
Hamburg aufgrund der Lutherschrift von 1523.[47]

Mit Pietismus und Aufklärung trat dann ein verstärktes Interesse
an dem ›jungen‹ Luther hervor, auch in der ›Judenfrage‹. Die Pietisten entwickelten ein systematisches Interesse an der Mission: Die
Bekehrung der Juden erschien ihnen − im Unterschied zur traditionellen lutherischen Position − als wesentliche Voraussetzung der
Wiederkunft Christi, die für sie deshalb in weite Ferne rückte. Der
pietistische Kirchenhistoriker Gottfried Arnold stellte Luthers früh-
reformatorische Haltung in der ›Judenfrage‹ als vorbildlich dar und
distanzierte sich scharf von dem späten Luther, der sich selbst und
dem Evangelium der Liebe untreu geworden sei. Im Unterschied zu
Aufklärern wie Voltaire, die unter Aufnahme rassistischer Kategorien
abfällig über Juden urteilten, trat der lutherische Theologe Siegmund
Jakob Baumgarten für die Duldung und freie Religionsausübung der
Juden ein. In der jüdischen Literatur dominierte im 18. und vor allem
19. Jahrhundert die Vorstellung, dass Luther ein Anwalt von Toleranz
und ein Propagandist der Judenemanzipation gewesen sei.[48]

Auch wenn das ›Wissen‹ um die Judenfeindschaft des späten
Luther im frühneuzeitlichen deutschen Luthertum niemals völlig

untergangen war, stellte es kein Element dar, das aktiv ›gepflegt‹ und weiterentwickelt wurde. Dies begann sich im frühen 19. Jahrhundert zu ändern, als in ersten Luther-Auswahlausgaben auch Textstücke aus den späten Judenschriften präsentiert und gelegentlich als Argument gegen ein liberales, an den Ideen der Französischen Revolution orientiertes Judentum und gegen die rechtliche Gleichstellung der Juden angeführt wurden. Auch gegen den Anspruch einer edlen Geburt der Juden aus Abraham wurde mit Hilfe von Zitaten aus Lutherschriften polemisiert.

In eine dynamische Phase trat die Rezeption der späten Judenschriften und nun verstärkt auch einzelner Tischreden des Reformators, in denen er von einer ›unreinen‹, gegenüber den biblischen Zeiten ›minderwertigen‹ ›Natur‹ der zeitgenössischen Juden gesprochen hatte, in den 1880er und 1890er Jahren, der Phase einer ersten Inkubationszeit des Antisemitismus im wilheminischen Kaiserreich. Als maßgeblich erwiesen sich dabei antisemitische Lutherflorilegien, die judenfeindliche Zitate häufig in einer handlungsorientierten Zuspitzung zusammenstellten. Das wichtigste Textelement dieser Florilegien wurde der Maßnahmenkatalog aus VON DEN JUDEN UND IHREN LÜGEN. Die einflussreichste Textsammlung dieser Art war der seit 1887 erscheinende »Antisemiten-Katechismus« des Theodor Fritsch, der mehr Luther- als sonstige Zitate enthielt, in den späteren Ausgaben auch den Maßnahmenkatalog enthielt und 49 Auflagen erreichte.

Im Falle eines Synagogenbrandes in Neustettin (14.02.1881), der im Zusammenhang mit dem Wirken des Antisemiten Carl Ernst Julius Henrici gestanden haben soll[49], wurde der Maßnahmenkatalog in der Tagespresse zitiert und diskutiert. Daran, dass der evangelische Theologe Michael Baumgarten im Zusammenhang mit dieser Affäre in der ISRAELITISCHEN WOCHENSCHRIFT FÜR DIE RELIGIÖSEN UND SOCIALEN INTERESSEN DES JUDENTHUMS über Luthers Haltung gegenüber den Juden sachgerecht informierte und dessen späte Judenschriften als eine »schwere Versündigung«[50] bezeichnete, kann man erkennen, dass weitgehende Unkenntnis über Luthers späte Judenfeindschaft auch in jüdischen Kreisen herrschte und die Tradition einer stärkeren Orientierung an der Schrift von 1523 noch fortbestand. Dass der jüdische Gelehrte Gotthard Deutsch zu Beginn des 20. Jahrhunderts feststellte, Luther sei zu einer »von Freunden und Feinden der Juden gleichermaßen zitierten Autorität«[51] geworden, spiegelt die der Ambivalenz seiner Position entsprechende Rezeptionsgeschichte.

Die Inanspruchnahme Luthers durch die Antisemiten hat nur vereinzelt den Widerspruch evangelischer Kirchenvertreter gefunden. Deutlicher erkennbar war die Tendenz, den Antisemiten Luther gegen eine antikirchliche Inanspruchnahme durch völkische Agitatoren zu verteidigen. Theologen wie Georg Buchwald bemühten sich darum, Luthers Judenhass mit den Mitteln zeitgemäßer Rassetheorie zu interpretieren und zugleich an die zentralen Anliegen seiner Theologie zu erinnern. In Kreisen der »Deutschen Christen« hingegen wurden die vermeintlich ›judaisierenden‹ Elemente der Theologie Luthers, insbesondere die jüdische Herkunft Christi und die Bindung an das Alte Testament, umso entschiedener bekämpft.

Eine neue Grundlage erhielt die völkisch-antisemitische Lutherrezeption durch die sich wissenschaftlich gerierende Studie des Publizisten Alfred Falb von 1921, die 1936 ein zweites Mal aufgelegt wurde.[52] Ideologen wie Mathilde Ludendorff, Alfred Rosenberg oder Adolf Hitler entnahmen diesem von der zeitgenössischen Lutherforschung deutlich zurückgewiesenen Buch ihre Kenntnisse über den Antisemiten Martin Luther. Einzelne Zitate manipulierte Falb in der Absicht, den Wittenberger Reformator als frühen Repräsentanten des Rasseantisemitismus zu präsentieren; ansonsten stellte er Luthers konsequenten Weg vom Judenfreund zum Judenhasser dar. Die ›fatale‹ Schrift von 1523 aber habe ihn zur Bezugsfigur aller Philosemiten gemacht. Kirche und Theologie unterdrückten den ›wahren‹, nämlich den Judenfeind Luther. In der Zeit des ›Dritten Reichs‹ taten sich Vertreter der »Deutschen Christen« hervor, um sich durch Luthers Judenhass dem Nationalsozialismus anzuempfehlen. Dabei wurde der Maßnahmenkatalog aus seiner Schrift VON DEN JUDEN UND IHREN LÜGEN in zahllosen Drucken verbreitet. Einen rezeptionshistorischen Zusammenhang zwischen Luthers Appell, Synagogen niederzubrennen und den Vorgängen der sog. Reichskristallnacht wird man nicht ausschließen können.

Die Auseinandersetzung mit Luthers Haltung gegenüber den Juden in den evangelischen Kirchen weltweit, besonders aber in Deutschland, setzte nach 1945 erst allmählich ein, führte dann aber zu zahlreichen synodalen Stellungnahmen unmissverständlicher Distanzierung[53] und erreicht gegenwärtig ihren Höhepunkt.

1 Vgl. zu den Einzelheiten: Thomas Kaufmann, *Erlöste und Verdammte, Eine Geschichte der Reformation*, München 2016; zur religionskulturellen Struktur Lateineuropas im Mittelalter vgl. Michael Borgolte, *Christen, Juden, Muselmanen. Die Erben der Antike und der Aufstieg des Abendlandes 300 bis 1400 n. Chr.*, München 2006, bes. S. 35 ff; zu Toleranzvorstellungen bei den Täufern und ›Dissentern‹ der Reformation vgl. Klaus Schreiner, Art. *Toleranz*. In: *Geschichtliche Grundbegriffe* Bd. 6, 1990, S. 445–605, bes. 483 ff.

2 Die einschlägige Literatur zum Thema ›Luther und die Juden‹ findet sich verzeichnet in: Thomas Kaufmann, *Luthers »Judenschriften«. Ein Beitrag zu ihrer historischen Kontextualisierung*, Tübingen ²2013; ders., *Luthers Juden*, ²2015; zuletzt erschien das methodisch fragwürdige Buch von Dietz Bering, *War Luther Antisemit? Das deutsch-jüdische Verhältnis als Tragödie der Nähe*, Berlin 2014; sowie – hg. von Matthias Morgenstern – eine kommentierte Neuausgabe von Luthers *» Von den Juden und ihren Lügen«*, Berlin 2016.

3 Vgl. Thomas Kaufmann, *Luthers Judenhass im Kontext anderer Feindseligkeiten*. In: Katharina Rauschenberger/Werner Konitzer (Hg.), *Antisemitismus und andere Feindseligkeiten* [Jahrbuch 2015 zur Geschichte und Wirkung des Holocaust], Frankfurt, New York 2015, S. 29–50; der vorliegende Beitrag berührt sich mit dem zweiten Abschnitt dieses Textes.

4 WA 11, S. 315, 3 f. *(Dass Jesus Christus ein geborener Jude sei)*. Ich habe diese hinsichtlich der Zahl der Nachdrucke verbreitetste der sog. ›Judenschriften‹ Luthers aufgenommen und kommentiert in meiner Auswahlausgabe: *Martin Luther, Schriften II: Reformation der Frömmigkeit und Bibelauslegung*, hg. von Thomas Kaufmann, Berlin 2014, S. 124–150; 348–357.

5 WA 11, S. 315, 5 f.

6 Zusammenstellung der wichtigsten Informationen zu ihm in: Kaufmann, *Luthers »Judenschriften«*, (Anm. 2), S. 28 f., 37–41.

7 WA 11, S. 315, 10–12.

8 WA 11, S. 315, 14.

9 WA 11, S. 315, 15; vgl. 336, 22. Das Adjektiv »seuberlich« bedeutet so viel wie ›sanft, behutsam, friedlich‹.

10 Vgl. Kaufmann, *Luthers »Judenschriften«*, (Anm. 2), S. 42 ff.

11 WA 11, S. 315, 16.

12 Vgl. dazu: Arno Herzig/Julius H. Schoeps (Hg.), *Reuchlin und die Juden* [Pforzheimer Reuchlinschriften Bd. 3], Sigmaringen 1993; Wilhelm Kühlmann (Hg.), *Reuchlins Freunde und Gegner. Kommunikative Konstellationen eines frühneuzeitlichen Medienereignisses* [Pforzheimer Reuchlinschriften 12], Sigmaringen 2010; Sönke Lorenz/Dieter Mertens (Hg.), *Johannes Reuchlin und der »Judenbücherstreit«* [Tübinger Bausteine zur Landesgeschichte 22], Sigmaringen 2013.

13 Vgl. WA 6, S. 5,6 f; 6, 6 f; Thomas Kaufmann, *Wirtschafts- und sozialethische Vorstellungen und Praktiken in der Frühzeit der Reformation*. In: Dorothea Wendebourg/Alec Ryrie (Hg.), *Sister Reformation II*, Tübingen 2014, S. 325–355, hier: 331 f, Anm. 20.

14 WA 11, S. 316, 22.

15 WA 11, S. 336, 24 f.

16 Als zu Unrecht erhobenen Vorwurf gegen die Juden referiert er: »[…] geben yhn schuld, sie mussen Christen blutt haben, das sie nicht stincken, und weys nicht wes des narren wercks mehr ist, das man sie gleich fur hunde hellt, Was sollten wyr guttis an yhn schaffen?« WA 11, S. 336, 25–27.

17 WA 11, S. 336, 29.

18 WA 11, S. 336, 28 f.

19 WA 11, S. 336, 30 f.

20 WA 11, S. 336, 14–17.

21 Vgl. Hayim Hillel Ben-Sasson, *The Reformation in Contemporary Jewish Eyes.* In: *Proceedings of the Israel Academy of Sciences and Humanities 4* (1969–1970), S. 239–326; Elisheva Carlebach, *Jewish Responses to Christianity in Reformation Germany.* In: Dean Philipp Bell/ Stephen G. Burnett (Hg.), *Jews, Judaism, and the Reformation in Sixteenth-Century Germany [Studies in Central European Histories 37]*, Leiden, Boston 2006, S. 451–480.

22 WA 15, S. 32, 7 (*An die Ratsherren aller Städte*).

23 WA 11, S. 336, 33 f.

24 WA 11, S. 336, 23; vgl. 315, 23: »ob wyr etlich bekeren mochten […].«

25 Vgl. dazu WA 11, S. 310; ed. in: WABr 3, Nr. 629, S. 101–104.

26 WA 11, S. 336, 35.

27 WABr 10, S. 226, 20 f: »[…] postquam tu [sc. Justus Jonas] quiescendum esse consuluisti, dum aliam viam tentaretis […].« Zur Interpretation: Kaufmann, *Luthers Juden,* (Anm. 2), S. 109.

28 Ediert in: WA 53, S. 412–553; zum Kontext, insbesondere der Herausforderung durch die christliche Hebraistik des Sebastian Münster vgl. Kaufmann, *Luthers »Judenschriften«,* (Anm. 2), S. 90 ff.; eine knappe Einleitung in die Schrift bietet der Art. *Von den Juden und ihren Lügen* (Martin Luther, 1543). In: Wolfgang Benz (Hg.), *Handbuch des Antisemitismus, Bd. 6: Publikationen*, Berlin 2013, S. 746–749.

29 Vgl. WA 53, S. 523, 13 ff.

30 »Wenn nu Gott itzt oder am Jüngsten tage mit uns Christen also wird reden: Hörestu es, du bist ein Christ und hast gewust, das die Juden meinen Son und mich öffentlich gelestert und geflucht haben, Du aber hast jnen raum und platz dazu geben, Sie auch geschützt und geschirmet, damit sie uns ungehindert und ungestrafft thun möchten in deinem Lande, Stad und Haus. Sage mir: Was wollen wie hie antworten?« WA 53, S. 531, 28–33.

31 Vgl. Maria Diemling, *Anthonius Margaritha on the „Whole Jewish Faith“: A Sixteenth-Century Convert from Judaism and his Depiction of the Jewish Religion.* In: Bell/ Burnett, *Jews,* (Anm. 21), S. 303–333.

32 WA 11, S. 336, 34.

33 Es sei lediglich knapp darauf verwiesen, dass Luther bei seinem Versuch, die weltlichen Obrigkeiten auf seinen judenpolitischen Kurs zu zwingen, auch vor der Androhung von Insubordination nicht zurückschreckte (vgl. WA 53, S. 524, 13 ff). In Bezug auf die Frage der Anwendung physischer Gewalt gegen Juden oszillieren Luthers Aussagen zwischen folgenden Polen: »So ist auch unser schuld, das wir das grosse unschuldige Blut, so sie an unserm Herrn und den Christen bey dreyhundert jaren nach zerstörung Jerusalem, und bis daher, an Kindern vergossen (welchs noch aus jren augen und haut scheinet) nicht rechen, sie nicht todschlahen […].« WA 53, S. 522, 8–12. Und: »[…] Rechen dürffen wir uns nicht, Sie haben die Rache am halse […].« WA 53, S. 522, 36 f. Auch der folgenden Formulierung kann man schwerlich entnehmen, dass Luther die Tötung von Juden prinzipiell ausschloss: »Verbrenne jr Synagogen, Verbiete alles, was ich droben erzelet habe, Zwinge sie zur erbeit, Und gehe mit jnen umb nach aller unbarmhertzigkeit, wie Mose thet in der Wüsten und schlug drey tausent tod, das nicht der gantze hauffe verderben muste.« WA 53, S. 541, 30–33.

34 WA 53, S. 526, 16.

35 WA 53, S. 523, 1–527,31; 536,22–537,17.

36 WA 53, S. 526,11 f.

37 WA 53, S. 600,23–35.

38 Vgl. Stephen Burnett, *A Dialogue of the Deaf: Hebrew Pedagogy and Anti-Jewish Polemic in Sebastian Münster's Messiah of the Christians and the Jews (1529/30).* In: *Archiv für Reformationsgeschichte 91*, 2000, S. 168–190; ders., *Reassessing the Basel-Wittenberg Conflict: Dimensions of the Reformation Era Discussion of Hebrew Scholarship.* In: Allison Coudert/Jeffrey Shoulson (Hg.), *Hebraica Veritas? Christian Hebraits, Jews and the Study of Judaism in Early Modern Europe*, Philadelphia 2004, S. 181–201.

39 »Nam deus miserat eum [sc. Jesus] apostolum Iudeis, quamquam pauci erant, qui eum recipiebant, qui et postea crucifixerunt.« WA 11, S. 74, 2–4 (Predigt vom Palmsonntag [29.3.] 1523). Vgl. das sich an die jüdische Kreuzigung anschließende Urteil über das »Schlangen gezicht und Teuffels Kinder« (vgl. Mt 12, 34; Joh 8, 44) WA 53, S. 530, 6ff. Vgl. auch WA 55/1, S. 304; 306 Anm. 4; 526 A. 9 und 12; 555 A. 33,2f; WA 11, S. 74, 3; WA 38, S. 54, 25; WA 45, S. 300, 4.23.25; 558, 38; 559, 34; WA 53, S. 280, 26; WA 54, S. 90, 15.17.21.

40 WA 1, S. 268, 32; 705, 29; WA 3, S. 506, 1.13; WA 4, S. 169, 11; WA 5, S. 600, 29; WA 18, S. 658, 28; WA 31/II, S. 175, 6; 222, 1; WA 40/III, S. 681, 3.5.8; 694, 3; WA 53, S. 410, 27; 419, 11; 449, 27; 548, 31; 645, 36; 646, 8 f.

41 Vgl. WA 50, S. 318, 2 ff.; 313, 8ff; WA 34/II, S. 150, 2 ff; WA 53, S. 336, 3; 418, 7 ff; 456, 25; 472, 15; 535, 9 ff.

42 WA 1, S. 81, 14; 341, 5; WA 2, S. 572, 28; WA 55/II, S. 557, 679ff; 179, 87 f; 191, 21 ff; 282, 43; 378, 646; 557, 679 f; WA 31/II, S. 264, 26; WA 53, S. 542, 5 ff; weitere Belege vgl. WA 62, S. 189f.

43 WA 49, S. 382, 23; weitere Belege WA 62, S. 189 s.v. ›trinitas‹.

44 WA 12, S. 267, 35; WA 10/I,1, S. 121, 11; 240, 4; 465, 4.9; WA 10/III, S. 153, 23; 161, 12; WA 12, S. 285, 4; WA 30/II, S. 186, 16; WA 40/I, S. 607, 9 u.ö.

45 Zur Rezeptionsgeschichte von Luthers Judenfeindschaft vgl. Johannes Brosseder, *Luthers Stellung zu den Juden im Spiegel seiner Interpreten [Beiträge zur Ökumenischen Theologie 8]*, München 1972; Thomas Kaufmann, *Antisemitische Lutherflorilegien.* In: *Zeitschrift für Theologie und Kirche 112*, 2015, S. 192–228; Harry Oelke/Wolfgang Kraus/Gury Schneider-Ludorff/Axel Töllner/Anselm Schubert (Hg.), *Martin Luthers »Judenschriften«. Die Rezeption im 19. und 20. Jahrhundert [Arbeiten zur Kirchlichen Zeitgeschichte Reihe B, Bd. 64]*, Göttingen 2016; Johannes Wallmann, *The Reception of Luther's Writings on the Jews from the Reformation to the End of the 19th Century.* In: *Lutheran Quarterly 1*, 1987, S. 72–97; ders., *Die Evangelische Kirche verleugnet ihre Geschichte. Zum Umgang mit Martin Luthers Judenschriften.* In: *Deutsches Pfarrerblatt 114*, 2014, S. 332–336; 382–387; s. auch Kaufmann, *Luthers Juden*, (Anm. 2), S. 141; 192–194 [Lit.]; *Martin Luther und die Juden. Luthers Judenschriften und ihre Rezeption – Ein Projekt zum Reformationsjubiläum Heft 1 und 2*, epd-Dokumentationen Nr. 10/11, Frankfurt/M. 2016.

46 Vgl. Kaufmann, *Antisemitische Lutherflorilegien*, (Anm. 45), S. 194ff. (mit weiteren Nachweisen).

47 Vgl. die Nachweise in: Thomas Kauf-
mann, *Konfession und Kultur. Der lutherische
Protestantismus in der zweiten Hälfte des
Reformationsjahrhunderts [Spätmittelalter und
Reformation, Neue Reihe 29]*, Tübingen 2006,
S. 114 Anm. 4.

48 Vgl. Dorothea Wendebourg, *Jüdisches
Luthergedenken im 19. Jahrhundert.* In: Markus
Witte/Tanja Pilger (Hg.), *Mazel Tov. Interdis-
ziplinäre Beiträge zum Verhältnis von Christentum und Judentum*, Leipzig 2012, S. 195–213;
Christian Wiese, *»Auch uns sei sein Andenken
heilig!« Idealisierung, Symbolisierung und Kritik
in der jüdischen Lutherdeutung von der Aufklärung
bis zur Shoa.* In: Hans Medick/Peer Schmidt
(Hg.), *Luther zwischen den Kulturen*, Göttingen
2004, S. 215–259.

49 Nachweise in: Kaufmann, *Antisemitische Lutherflorilegien*, (Anm. 45), S. 214–216,
Anm. 76.

50 Ebd., S. 215.

51 Zit. nach Kaufmann, *Luthers »Judenschriften«*, (Anm. 2), S. 142; zum Kontext vgl.
Christian Wiese, *Gegenläufige Wirkungsgeschichte: Jüdische und antisemitische Lutherlektüren
im Deutschen Kaiserreich und in der Weimarer
Republik.* In: *epd-Dokumentation*, Nr. 10,
(Anm. 45), S. 33–52.

52 Näheres in: Kaufmann, *Antisemitische
Lutherflorilegien*, (Anm. 45), S. 192 f; 210 f; 221 ff.

53 Näheres bei Ernst Michael Dörrfuß, *»Die
wüsten antijüdischen Schriften des Reformators … weder billigen noch entschul-
digen« (LWB 1984). Kirchliche Erklärungen
zum Thema ›Martin Luther und die Juden‹.* In:
epd-Dokumentation, Nr. 10, (Anm. 45), S. 21–32.

Künstlerische Aneignung

Johannes Hus hat von mir geweissagt, …
Sie werden itzt eine gans braten (denn Hus
heisst eine gans) Aber vber hundert iaren,
werden sie einen schwanen singen horen, …

Privileg und Monopol –
Die Lutherporträts der Cranach-Werkstatt und deren Nachwirken

Günter Schuchardt

Die Evangelische Kirche in Deutschland hatte im Rahmen ihrer Lutherdekade das Jahr 2015 zum Themenjahr »Reformation – Bild und Bibel« bestimmt. Den konkreten Anlass bot der 500. Geburtstag Lucas Cranachs d.J. am 15. Oktober. Die Stiftung Luthergedenkstätten in Sachsen-Anhalt wartete mit der Landesausstellung »Lucas Cranach d.J. – Die Entdeckung eines Meisters« auf. In Thüringen waren drei Cranach-Ausstellungen in Gotha, Weimar und auf der Wartburg zu sehen, die sich unter dem gemeinsamen Titel »Bild und Botschaft« mit dem reformatorischen Bildprogramm befassten und zusammen rund 216.000 Besucher zählten.[1] Zu diesem Programm gehören nicht nur die bekannten Lehrbilder der Allegorie auf Gesetz und Gnade, die Darstellungen Christi mit der Ehebrecherin, mit der Samariterin am Brunnen oder inmitten einer Schar von Müttern mit ihren Neugeborenen, sondern auch die Bildnistypen Martin Luthers, die eine jeweils ganz bestimmte Botschaft im Sinne der Entwicklung der Reformation übermitteln.

Über die Lutherporträts wurde anfangs in großen zeitlichen Abständen geforscht und publiziert. Hervorzuheben sind Christian Schuchardt und dessen zweibändige Monografie von 1851, Eduard Flechsigs CRANACHSTUDIEN aus dem Jahr 1900 und Curt Glasers Cranach-Biografie von 1923. Nach dem Zweiten Weltkrieg hat erst die große Baseler Ausstellung 1974 von Dieter Koepplin und Tilman Falk die Cranach-Forschung wieder in Schwung gebracht. Im selben Jahr gab Werner Schade seine Monografie der Malerfamilie Cranach heraus. Zehn Jahre später, 1984, erschien Martin Warnkes wichtige Schrift CRANACHS LUTHER. ENTWÜRFE FÜR EIN IMAGE. In jüngerer Zeit mehren sich Dissertationen zur Rolle der Lutherbildnisse in der reformatorischen Propaganda.

In ihrer Gesamtheit und in ihrem Nachwirken sind diese Porträts, sieht man von Teilabhandlungen ab, jedoch nur ein einziges Mal vor

nach Lucas Cranach d.J.,
Altersporträt Martin Luthers
1546, Öl auf Holz

80 Jahren Thema einer Ausstellung gewesen. Den damit verbundenen ersten Versuch einer Typisierung der Lutherbildnisse aus der Cranach-Werkstatt unternahm der Hallenser Kirchenhistoriker Johannes Ficker. Dies geschah in Vorbereitung der »Lutherbildnisausstellung« in Halle 1931/32 und dann noch einmal bei deren Erweiterung 1933/34 im heutigen Landesmuseum für Vor- und Frühgeschichte. Anlass bot der 450. Geburtstag des Reformators und die damit verbundene Verleihung von Luthers Namen an die Universität in der Saalestadt. Der Auflistung dieser Porträts, die Ficker in sieben zwischen 1520 und 1546 einzuordnende Typen schied, wird in der wissenschaftlichen Diskussion heute im Wesentlichen noch gefolgt. So griffen auch die Ausstellung auf der Wartburg 2015 und ihr Katalogband diese Einteilung unter Berücksichtigung weiterer, seitdem aufgefundener Porträts auf und versuchten sie zu aktualisieren, zu ergänzen und deren Nachwirken bis in die heutige Zeit aufzuzeigen.

Vermutlich gab es von keinem anderen Menschen in der ersten Hälfte des 16. Jahrhunderts mehr Bildnisse als von Martin Luther. Alle gehen sie auf eine einzige Quelle zurück, auf die Wittenberger Werkstatt von Vater und Söhnen Cranach, die sich in unmittelbarer Nähe zum Schmelztiegel der Reformation befand. Obwohl Lucas Cranach d. Ä. bis zu seinem Lebensende Hofmaler der sächsischen Kurfürsten blieb, verstand er sich spätestens seit seiner Heirat mit der Gothaer Ratsherrentochter Barbara Brengbier und dem Erwerb des Hauses Markt 4 als freier Bürger der Elbestadt. In der jungen Universität, die sich rasch zu einem Zentrum der Humanismus-Forschung entwickelte, kamen wegweisende Philosophen, Juristen und Theologen zusammen. Friedrich III., der Weise, von Sachsen hatte die »Leucorea« genannte Hohe Schule 1502 gegründet und ihr seine Schlosskirche auch als deren Gotteshaus zugebilligt. Der Kurfürst nutzte die Aufbruchstimmung im Reich und im nicht viel mehr als 2.000 Menschen zählenden Wittenberg, um seine Territorialmacht gegen kaiserliche Zentralgewalt und Papsttum auszubauen. Gerade so ist seine Aufgeschlossenheit gegenüber den gesellschaftlichen Umbrüchen der folgenden Jahre zu verstehen, die ihren Anfang an der Theologischen Fakultät nahmen, an der Martin Luther 1508 studierte und seit 1512 die Bibelauslegung lehrte. Wann genau Cranach d. Ä. in diesem Spannungsfeld eine aktive Position einnahm, ist nicht bekannt.

Eindeutiger Beleg für die Partnerschaft der beiden Männer, die zur engen Freundschaft wurde, ist nicht erst das reformatorische Bildprogramm, das sie gemeinsam ab Ende der 1520er Jahre entwickelten. Spätestens mit dem ersten Lutherbildnis, das kaum auf Wunsch des zu Porträtierenden, sondern auf Veranlassung des Kurfürsten entstand, setzte Cranach Luther in Szene, musste er wissen, welche Botschaften aus welchem Grund mit diesen Bildern zu verknüpfen waren. Bis zum Tod des Reformators besaßen nur er und seine Söhne dieses Privileg, Luthers biografischen Werdegang im Porträt festzuhalten und zu verbreiten.

Diese Bildnisse beginnen in der Druckgrafik mit dem mitunter sogenannten »kleinen Luther« und dem »großen Luther«, so bezeichnet in Anlehnung an die beiden Dürer-Blätter Kardinal Albrechts von Brandenburg.[2] Albrecht Dürer kannte frühe Schriften Luthers, auch die Ablass-Thesen, die er spätestens 1520 von Georg Spalatin, Friedrichs des Weisen Geheimsekretär, erhalten hatte. Im Antwortbrief äußerte er den Wunsch, den Verfasser zu porträtieren. Es gab noch kein authentisches Porträt Luthers, Dürer hatte ihn bis dahin nicht getroffen, und sie sind sich später auch nie begegnet. Der Nürnberger hatte dem Brief drei Abzüge seines jüngsten Kupferstichs beigelegt, den »kleinen Kardinal« von 1519, von dem zumindest ein Blatt umgehend in Cranachs Werkstatt gelangte. Diese Druckgrafik war nach Albrechts Ernennung auf ebendiesem Reichstag in Augsburg in hoher Auflage entstanden. Die Anregung wurde aufgenommen, Cranach d. Ä. erhielt den Auftrag, Albrechts Gegenspieler nun ebenso zu porträtieren.

Die ersten Porträts Martin Luthers – die Kupferstiche des Augustinermönchs aus dem Jahr 1520

Im Vorfeld des entscheidenden Wormser Reichstages 1521, der nach dem Kirchenbann für Luther auch noch die Reichsacht Kaiser Karls V. bringen sollte, kannte man zwar seine Schriften, nicht aber sein Antlitz. Der Auftraggeber der Bekanntmachung des Oppositionellen hat sich zwar nie offenbart, doch muss es Friedrich der Weise gewesen sein, der das erste Lutherporträt in Auftrag gab, von dessen Ergebnis er allerdings eine noch weitere Zuspitzung der Fronten befürchtet haben dürfte. Luther erschien darauf zu bedingungslos, zu hart, beinahe unbeug-

AETHERNA IPSE SVAE MENTIS SIMVLACHRA LVTHERVS
EXPRIMIT·AT VVLTVS CERA LVCAE OCCIDVOS
M·D·XX·

sam und starrsinnig. Diese früheste, dennoch heute bekannteste Fassung, der »kleine Luther«, erfuhr wegen der Überdeutlichkeit im Porträt keine eigentliche Auflage, wenige Probeexemplare entstanden, die kaum einer von seinen Zeitgenossen je gesehen haben dürfte. Drei Zustände der Druckplatte sind bekannt. Der kleine Kopf eines Bärtigen wurde in der linken oberen Ecke hinzugefügt, ebenso eine zweite Linie über dem vermutlich von Spalatin verfassten Epigramm. In der dritten Fassung schließlich, von der es etwa 30 Exemplare geben soll, erfuhr der Zusatz bis auf wenige Reste wieder eine Tilgung. Allerdings wurden das Weimarer Unikat des zweiten nach Untersuchung des Wasserzeichens nicht vor 1540 und die Blätter im dritten Zustand nicht vor 1570 gedruckt.[3]

Ausgeliefert wurde die Grafik nicht, sondern erst ein Blatt, das Luther beinahe im Hüftbild, einem Heiligen gleich, vor einer Nische zeigt (vgl. Beitrag Daniel Hess/Oliver Mack, S. 174 ff.). In der einen, nicht sichtbaren Hand hält er ein Buch, die andere ist gestisch erhoben. Dieses Porträt fand angeblich eine hohe Auflage. So sollte Luther offiziell verbreitet werden, das war das ›Pass-Bildnis‹ des Augustinermönchs mit guten, vertrauenerweckenden Zügen, so konnte doch kein Ketzer aussehen. Schon dieses erste verbreitete Lutherbildnis ist das früheste Beispiel einer Luther-Inszenierung, noch bevor man ihn wirklich kannte.

Dass Luther im »Nischenbild« wie auf allen anderen grafischen Porträts der Cranach-Werkstatt seitenverkehrt präsentiert wird, lässt sich gerade an diesem Blatt exemplarisch nachweisen. Er war Rechtshänder, deshalb hält er das Buch normalerweise in der Linken, während er seine Worte mit der Rechten im Redegestus unterstützt. Auf dem Kupferstich ist es jedoch umgekehrt. Diese Darstellung Luthers soll sehr rasche Verbreitung gefunden haben. Einige Zeitgenossen Cranachs, wie Erhard Schön, Hans Baldung Grien oder Hieronymus Hopfer nutzten das Blatt zur glorifizierenden Überhöhung. Sie schufen zwar Gegensinnkopien, doch da sie ebenfalls direkt in Holz und Kupfer schnitten bzw. stachen, ergab sich eine sicher unbewusst erneut seitenverkehrte, im Endeffekt aber wieder seitenrichtige

Abbildung auf den Abzügen. Nuntius Aleander soll während des Reichstags in Worms geklagt haben: »So hat man ihn denn auch neuerdings mit dem Sinnbild des Heiligen Geistes über dem Haupte und mit dem Kreuz oder auf einem anderen Blatt mit der Strahlenkrone dargestellt: und das kaufen sie, küssen es und tragen es selbst in die kaiserliche Pfalz«.[4]

Das Porträt Luthers mit Doktorhut – der Kupferstich des Jahres 1521

Der zweite Bildnis-Typus, der »große Luther«, ist das Porträt, das neun Jahre nach der Promotion zum Doktor der Theologie entstand und immer wieder, gerade postum, vor allem in Druckschriften Luthers Verwendung fand. Auch dieses dritte Bildnis war noch vor dem Wormser Reichstag fertiggestellt worden und hätte seinen Zweck insbesondere am Ort des Ereignisses erfüllen können. Denn gerade dieses Blatt vermittelte die Botschaft von Luthers wissenschaftlich-theologischer Kompetenz und beschwor die Seriosität seiner Lehre und Schriften.

Hier sind zwei Varianten zu verzeichnen, zunächst das Profil mit hellem, später dicht schraffiertem dunklen Hintergrund. Im selben Jahr sollte nun Cranachs »großer Luther« Vorbild für Albrecht Dürer werden, für den »großen Kardinal«, das zweite grafische Porträt Albrechts von Brandenburg aus dem Jahr 1523. Und wie beim »kleinen Luther« setzen unmittelbar nach dessen Verbreitung glorifizierende Überhöhungen ein. Am bekanntesten ist das auf 1523 datierte Blatt von Daniel Hopfer, wieder als Gegensinnkopie den Porträtierten richtigstellend und mit einem Strahlenkranz um Luthers Profil ergänzt.

Daraus lässt sich bei den druckgrafischen Bildnissen eine einfache Faustregel ableiten: Blickt Luther vom Betrachter aus gesehen nach links, entstand das Blatt in der Cranach-Werkstatt, blickt er nach rechts, dann stammt die Grafik von anderen Künstlern. Cranach d. Ä. gab jedoch das Druckgeschäft, das er im Haus Markt

Lucas Cranach d. Ä., Martin Luther mit Doktorhut 1521, Kupferstich, 2. Zustand

4 betrieb, im Jahr 1525 auf und konzentrierte sich fortan auf die Malerei. Jetzt kehrt sich diese Regel um: Die danach außerhalb der Wittenberger Werkstatt entstehenden grafischen Lutherporträts nach Vorlagen der Cranach-Gemälde drehen den Kopf, der Blick weist nun ebenfalls nach links. Offensichtlich hat kein Künstler zu dieser Zeit vor der Übertragung von Vorlagen umgezeichnet und durchscheinendes Papier benutzt. Nur noch ein einziger grafischer Porträttypus des Reformators verlässt zu dessen Lebzeiten die Stadt an der Elbe, das Bildnis des »Junkers Jörg«, das den Übergang des Lutherbildnisses von der Grafik zur Malerei markiert.

Luther erscheint weltlich – druckgrafische und gemalte Bildnisse nach 1521

In enger und ausschließlicher Verbindung mit der Wartburg steht der Typus des »Junkers Jörg«, der in der Grafik weit verbreitet wurde und in der Malerei in vor allem zwei immer wieder publizierten Exemplaren aus dem ersten Viertel des 16. Jahrhunderts bekannt ist. Nach dem Scheinüberfall bei Altenstein war Luther, an Leib und Leben bedroht, durch Friedrich den Weisen auf der Wartburg in Sicherheit gebracht worden. Das Amt Wartburg bildete zu Worms den nächstgelegenen Posten des Kurfürstentums Sachsen. Doch selbst hier schien diese Sicherheit allein durch geschlossene Tore und gefängnisähnliche Aufenthaltsbedingungen nicht ausreichend gewährleistet. Die Kutte musste abgelegt und durch ritterliche – junkerliche – Kleidung ersetzt werden, das Haupthaar sollte wieder wachsen, und auch die Barttracht schien geeignet, dem Geächteten eine andere Gestalt zu geben.

Als er die Wartburg im Dezember 1521 wegen angeblicher Wittenbergischen Unruhen verließ und in die Elbestadt geeilt war, muss eine Porträtskizze als Basis für Tafelbilder und Grafik des Folgejahres entstanden sein. Und diesmal war es wohl nicht der Kurfürst, sondern waren es Auftraggeber, die sich mit demjenigen bewusst identifizieren wollten, der nicht nur die Kirche, sondern auch das ganze Gemeinwesen zu reformieren imstande schien – seine unmittelbaren »Nachbarn« und wohl auch Cranach d. Ä. selbst. Es waren Auftraggeber, die sich im Porträt des weltlichen Luther wiedererkennen wollten. Und die Cranach-Werkstatt hatte sich offensichtlich zum Ziel gesetzt, Luthers Leben im Porträt weitgehend lückenlos zu dokumentieren.[5]

Lucas Cranach d. Ä., Luther als Junker Jörg 1522 (?), Holzschnitt

IMAGO MARTINI LVTHERI EO HABITV EX‑
PRESSA, QVO REVERSVS EST EX PATHMO
WITENBERGAM. ANNO DOMINI. 1 5 2 2.

Quæsitus toties, toties tibi Roma petitus,
En ego per Christum usuo Lutherus adhuc.
Vna mihi spes est, quo non fraudabor, Iesus,
Hunc mihi dum teneam, perfida Roma uale.

ANNVS CONFESSIONIS, VVOR‑
MACIÆ, 1522.

Cesaris ante pedes, procere stau ante potentes,
ACCola q Ve Real Vangia 1.1821, 4Dii.

ANNVS PATHMI.
1 5 2 1.

A Reno properans, CapieVr, bene ConfCia PatbMI
TeCia, Pape sVgiens roeia strVCia, petit.

ANNVS REDITVS EX PATH‑
MO. 1522.

CarLstaDII ob sVvias aD SaXona teCia reCVveit,
MVCIbVs eX seVIS r VrsVs oVosqVe rapit.

Die gemalten Holztafeln des »Junkers Jörg« basieren auf derselben zeichnerischen Vorlage wie die Druckgrafik. Meist werden die Porträts auf um 1521 datiert, was bezüglich des abgebildeten Habitus korrekt sein mag, nicht aber für die Fertigstellung der Bildtafeln, denn die Weihnachtszeit stand unmittelbar bevor. Zumindest für das Bild in Weimar mag jedoch das Folgejahr als das richtige zutreffen. Dieses Porträt ist das erste gemalte Lutherbildnis!

Noch einmal, im Jahr der Schmalkaldischen Artikel 1537, entstanden in der Cranach-Werkstatt Porträts Martin Luthers als »Junker Jörg«, die mit Katharina-Porträts der letzten Variante der Ehebildnisse zu Diptychen zusammengestellt wurden. Eins dieser Paare befindet sich im Besitz der Evangelisch-Lutherischen Kirche »Unser Lieben Frauen Auf Dem Berge« Penig und ist als Dauerleihgabe auf der Wartburg zu sehen, ein weiteres und bis auf den Hintergrund sehr ähnliches zeigt das Kunstmuseum Muskegon in Michigan. Ein ebensolches drittes Paar in der Kilianskirche Heilbronn weicht deutlich davon ab.

Nach den gemalten Bildnissen des »Junkers Jörg« 1522 und noch vor Ablegung des Ordensgewandes 1524, somit in einem recht konkreten zeitlichen Abschnitt sollen weitere gemalte Lutherporträts entstanden sein, die aufgrund ihrer geringen oder ganz ausgebliebenen Vervielfältigung keinen wirklichen Typus darstellen können. Womöglich wären sie aber doch im Kontext mit anderen, noch nicht so lange bekannten Bildnissen als eigene Gruppe anzusehen. In der Sammlung Kisters in Kreuzlingen am Bodensee wird ein Porträt bewahrt, das Luther als Augustinermönch mit Doktorhut darstellt und in gewisser Weise die Kenntnis des druckgrafischen »großen Luther« voraussetzt.[6] Ein weiteres Gemälde, das auf dieselbe Vorlage zurückgeht, befindet sich in Gotha, ein drittes, kleines Exemplar in Wittenberg. Nachträglich ist das Kreuzlinger Gemälde links oben mit der Jahreszahl 1517 und dem Schlangenzeichen versehen worden, eine spätere Zutat, die sich am Jahr der Veröffentlichung der Thesen als Beginn der Reformation orientiert.[7]

Singulär hingegen ist ein weiteres, den Typen scheinbar nicht zuzuordnendes Gemälde, ein Porträt des Augustinermönchs in

Nürnberg, das, wie zu vermuten ist, eine Brücke zwischen dem gemalten »Junker Jörg« und den drei Bildern des Mönchs mit Doktorhut zu schlagen vermag. Dieses Bild war Ausstellungsplakat und Titelbild des Kataloges aus dem Germanischen Nationalmuseum zur Lutherehrung 1983.[8] Mittlerweile wurde die frühe Datierung aufgegeben und das Gemälde als postumes Werk interpretiert, das wie viele andere erst nach Luthers Tod 1546 entstand. Schließlich finden sich Hand, Gürtelschnalle und Buch auf dem linken Flügel des Luther-Triptychons in der Weimarer Stadtkirche St. Peter und Paul wieder, das Veit Thiem um 1572 geschaffen hatte. Hier wurde die Tonsur zur Wahrung der historischen Gegebenheiten wieder eingeführt.

So scheint das Nürnberger Bildnis mit dem gemalten »Junker-Jörg«-Porträt in Weimar und den Bildnissen des Augustinermönchs aus der Sammlung Kisters in Kreuzlingen, im Lutherhaus Wittenberg und in Gotha in eine Gruppe zu gehören, auch wenn sich gleichsam Kutte und Schaube, Vollbart und Rasur vermischen.

Hochzeits- und Ehebildnisse Luthers – die Jahre 1525 bis 1529

Als Luther 1525 Katharina von Bora heiratete, war sie 26 und er noch nicht ganz 42. Auch hier bestand ein propagandistischer Zweck für die häufigere Verbreitung eines Bildnisses: Der Mönch war aus dem Kloster ausgetreten, hatte die Kutte abgelegt und geehelicht. Es ging um die Priesterehe als wichtigen Bestandteil der protestantischen Lehre, obwohl Luther nie Pfarrer war. Es war womöglich ein Bild, das anderen Predigern Mut machen sollte, ihm und Katharina zu folgen. Dabei vollzog sich ein weiterer entscheidender Bruch mit der alten Kirche durch die entschiedene Ablehnung von Zölibat und Konkubinat.

Was in der Druckgrafik eigentlicher Zweck ist, wird jetzt auch auf die Malerei übertragen: Das Lutherporträt wird zur Serie, die Werkstatt muss entsprechende technische Voraussetzungen und ausreichendes Personal besessen haben. Zwischen 1525 und 1529 wurden vier solcher Reihen dieser sogenannten »Hochzeitsbildnisse« produziert. Allerdings hätten nur die kleinen Kapselbildnisse und die Diptychen des Jahres 1526, die als unmittelbare Reaktion auf die Trauung entstanden, diese Bezeichnung verdient. Zumindest die beiden letz-

ten Varianten sind regelrechte Ehebildnisse, die suggerieren, das man im Alltagsleben als Eltern zweier Kinder und mit einigem Wohlstand gut angekommen war.[9] Der zeremoniellen Tradition folgend, steht der Getraute – wie bei den spätmittelalterlichen Allianzbildern, die den Ehestand repräsentieren, üblich – rechts von der Braut, auf der »heraldisch guten« Seite, so dass Luther auf der linken Bildtafel erscheint.

Auf den frühen Tondi wirkt das Paar am jugendlichsten. Die Rundbilder besaßen sicher einen typischen Verwendungszweck. Einer kurzen Modeerscheinung gleich beschränken sich die Medaillons der Cranach-Werkstatt womöglich ausschließlich auf das Jahr 1525.[10] Sind sie als ein erster Versuch massenhafter und effektiver Gemäldeproduktion zu bewerten? In noch gleichem Aussehen – Luther barhäuptig, Katharina jedoch in größerem Ausschnitt mit Haarnetz und Ringen an den Fingern der linken Hand – sind sehr verschieden große hochrechteckige Bildnispaare bekannt. Zu den größten zählen Bildnisse in Münster, zu den kleinsten gehören die Porträts auf der Wartburg.[11]

In einer späteren Serie, die auf 1528 datiert ist, trägt Luther ein schwarzes Barett, Katharina eine weiße Haube. Schließlich folgt eine Gruppe, bei der zwar Luther der vorigen gleicht, nicht aber Katharina: so beim Gothaer Diptychon von 1529, auf einem ähnlichen Exemplar in Berlin und einem weiteren in Bern. Katharina wirkt fast einen halben Kopf kleiner, trägt nunmehr aber einen Pelzkragen, nur am Haarnetz fehlt das schmückende Band vorhergehender Serien. Diese Porträts wirken nicht mehr unmittelbar aufeinander bezogen. Vermutlich saß hier nur noch Katharina Modell und scheint in dieser kurzen Zeit deutlich gealtert zu sein.[12]

Hans Cranach? –
»Freundschaftsbilder« Luthers und Melanchthons ab 1532

Luthers Porträts begegnen uns zunächst als Einzelbilder in sowohl relativ großen Dimensionen, als auch in kleinen Abmessungen, die womöglich auf eine Zeichnung aus dem Jahr 1532 zurückzuführen sind.[13] Letztere erreicht durchaus die Kraft früherer grafischer Bildnisse und dürfte der Hand Cranachs d. Ä. zuzurechnen sein. Ob sie tatsächlich die Bildnisvorlage für eine ganze Reihe Lutherporträts aus den Jahren 1532 und 1533 war oder den Malprozess als reine Kopfstudie begleitete, lässt sich nicht feststellen.

   Bildnisse der Zeit sind dann häufig Doppelporträts mit Philipp Melanchthon, die nach dem Reichstag in Augsburg 1530, als sich Luther auf der Coburg befand, zur Propagierung der neuen Theologie entstanden. Womöglich darf Johannes (Hans) Cranach als Autor

Hans Cranach (?),
Martin Luther und
Philipp Melanchthon
1532 (Kopien des frühen
19. Jh.), Öl auf Holz

dieser Bildnisse gelten; Cranachs d. Ä. Erstgeborener war bereits in der Werkstatt tätig. Wenn jener, wie der Poet Johann Stigel im Trauergedicht auf den frühen Tod des jungen Mannes 1537 in Bologna behauptet, eintausend Lutherbildnisse gemalt haben soll, kann es sich nur um diesen Porträttyp Luthers (und Melanchthons) handeln. Das vermutete schon Wilhelm Schäfer 1860.[14] Eduard Flechsig und dann wieder Curt Glaser haben ebenfalls darauf hingewiesen, die neuere Cranach-Forschung beginnt gerade jetzt, sich intensiv mit dem Schaffen Hans Cranachs zu befassen.[15]

Mit der Schwerpunktverlagerung von der Grafik zur Malerei seit 1525 hatte sich Luthers Blickrichtung im Porträt geändert. Nun ist er immer vom Betrachter aus nach rechts blickend zu finden; bei den Doppelporträts ›steht‹ er stets auf der heraldisch ›guten‹ Seite. Eine zweite Faustregel wird jedoch nicht benötigt, denn gemalte Lutherbildnisse bis 1545/46 stammen ohne Ausnahme immer aus der Cranach-Werkstatt.[16]

Lucas Cranach d. J. –
Der gealterte Luther, Bildnisse ab 1539

1539 kam es zur einzigen Überschneidung der Porträttypen aus der Cranach-Werkstatt, denn seitdem ist auch der letzte Typus des lebenden Luther bekannt: barhäuptig, häufig mit Pelz, darunter eine rote, hochgeschlossene Weste und ein weißer Kragen mit schwarzem, zur Schleife gebundenem Band (vgl. Abb. S. 154), hin und wieder auch mit dem ebenfalls barhäuptigen Philipp Melanchthon paarweise auftretend. Katharina ist zumindest in der Malerei gänzlich verschwunden, in der Grafik erscheint sie schließlich als trauernde Witwe wieder. Der Prediger oder Reformator Luther mit Barett wird um den »Professor« Luther ohne Kopfbedeckung, aber mit Pelz ergänzt. Der vorhergehende Typ wird erst- und einzigmalig noch nicht konsequent abgelöst und läuft frühestens kurz vor Luthers Tod aus.

An diesen beiden letzten Typen zu Luthers Lebzeiten zeichnet sich auch der Generationenwechsel in der Cranach-Werkstatt ab; der barhäuptige Professor muss vor allem Cranach d. J. zuzuordnen sein. Er legt auch das grafische Porträt Luthers wieder auf. Wie verhält es sich dabei mit der Spiegelung der Druckgrafik in der Cranach-Werkstatt gegenüber dem vorausgehenden gemalten Porträt? Die Faustregel gilt noch, Luthers gemalte Bildnisse weisen vom Betrachter aus nach rechts, Grafik aus der Cranach-Werkstatt immer nach links, zumindest bis dahin.

Die Totenbildnisse – Porträts des 1546 Verstorbenen

Am 18. Februar 1546, um 2:45 Uhr in der Nacht, war Luther auf einem Ruhebett in der Stube in Frieden eingeschlafen – ohne priesterliche Vermittlung, ohne Sakramente, letzte Ölung, Beichte oder Kommunion. Gegen Mittag wurde sein Leichnam in einen weißen schwäbischen Kittel gekleidet und auf das Bett in der Schlafkammer niedergelegt. Zuvor hatte man einen namentlich nicht bekannten Eisleber Maler herbeigerufen und ebenso einen Boten zu Lucas Furtenagel, der sich in Halle aufhielt, gesandt, um den Gestorbenen zu zeichnen. Am folgenden Tag wurde der Tote in die Andreaskirche überführt, wo ein Trauergottesdienst stattfinden sollte.[17] Währenddessen wurde ein Zinksarg gefertigt, in dem der Leichnam am 20. Februar zuerst nach Halle und später nach Wittenberg gebracht wurde. Vor den Überführungen wurde der Sarg zugelötet, so dass ausgeschlossen werden kann, dass die in der Krypta der Hallenser Marktkirche aufbewahrten Hände und die Totenmaske tatsächliche Abgüsse von Luthers sterblicher Hülle sind. In keinem der zahlreichen zeitgenössischen Berichte über seinen Tod wurde eine Abformung erwähnt.[18]

Lucas Cranach d. J.,
Totenbildnis Martin Luthers
im Sterbehemd,
1574 (?), Öl auf Holz

Eine erste Skizze des Porträts des toten Luther war somit noch am Sterbetag entstanden. Furtenagel kam umgehend nach Eisleben und zeichnete das Antlitz des Toten am späten Nachmittag. Einen Tag später – am Vormittag des 19. Februar – »als er schon eine Nacht im Sarg gelegen«, soll er auf Geheiß der Grafen von Mansfeld einen weiteren malerischen Entwurf ausgeführt haben, denn die Trauerfeierlichkeiten wurden seinetwegen um drei Stunden verschoben.[19] So kann davon ausgegangen werden, dass es einmal mindestens zwei unabhängige Porträtskizzen und ein wie immer auch ausgeführtes Bildnis gab, von denen ein Exemplar bald in die Wittenberger Cranach-Werkstatt gelangte.

Dass eines davon das Blatt sein könnte, das im Berliner Kupferstichkabinett erst 1917 wiederentdeckt wurde, ist zu bezweifeln, weil
hier der Oberkörper fehlt, der auf allen Gemälden ähnlich wiedergegeben ist. 1927 hat der Berliner Kunsthistoriker Georg Stuhlfauth die
Totenbildnisse, die in das 16. Jahrhundert zu datieren sind, analysiert
und auf der Basis des Berichts von Justus Jonas über Luthers Tod
zuzuordnen versucht.[20] Auch er vermutete zwei aufeinanderfol-
gende Entwürfe Furtenagels. Die gemalten Porträts teilte er in Para-
debettbilder mit Kissen und in ein Sargbild ohne Kissen ein.[21] Nach
genauer Betrachtung des kleinformatigen Leipziger Exemplars, das
Stuhlfauth als Sargbild interpretierte, stellte sich heraus, dass es sich
ursprünglich auch um ein Paradebettbild gehandelt haben muss –
durch die spätere dunkle Übermalung schimmern hellblaue Stellen
hindurch.

Welche Tafelbilder auf welche verschollenen zeichnerischen Vorlagen zurückgehen, lässt sich vielleicht aus der Veränderung der Physiognomie in den ersten Stunden nach dem Tod erklären und aus den
Bildgrößen selbst ableiten. Ersteres wird womöglich durch das Phä-
nomen der Totenstarre belegt. Sie setzt nach wenigen Stunden ein
und löst sich nach mehr als einem Tag wieder. Dieser Kontraktion
genannte Vorgang bewirkt mit dem Zusammenziehen der Muskula-
tur durch den Verbrauch letzter eigener Energien eine Verkleinerung
von Gewebe. Nach der ersten verschollenen Skizze Furtenagels
könnte das Bildnis vor heute dunklem Hintergrund geschaffen worden sein. Nach der verschollenen Skizze des Eisleber Malers, eher
aber nach dem zweiten Entwurf von Furtenagel entstanden die Bilder mit dem Schlangenzeichen Cranachs d.J. und die übrigen sechs
oder mehr Porträts, diese womöglich jedoch erst viel später. Dabei
könnte die erhaltene Handzeichnung der nicht existierenden Totenmaske als Kopfstudie bei den letzteren höchstens als zusätzliche
›Information‹ gedient haben.

Noch 1545 hatte Luther auf eine römische Hetzschrift, die seinen
angeblichen Tod schilderte, auf das heftigste reagiert. Darin hieß es,
dass aus seinem Grab Geräusche gedrungen sein sollen. Als man es
öffnete, sei es leer und voller Schwefelgestank gewesen.[22] Justus Jonas
und Michael Coelius hatten diese Ungeheuerlichkeit sicher nicht
vergessen. Selbst der verstorbene Luther verlangte eine Inszenierung,
denn auch dieser Bildtypus hatte propagandistischen Zwecken zu
dienen. Das galt gerade für die Totenbildnisse im Dienste der Reformation.

Das Lutherporträt nach Cranach

Mit dem Tod Lucas Cranachs d.J. 1586 und der baldigen Auflösung der 80 Jahre lang tätigen Wirkungsstätte durch seinen Sohn Augustin tritt das gemalte Lutherbildnis in den Hintergrund. Druckgrafische Porträts aber schmücken weiterhin vor allem Frontispize reformatorischer Schriften. Dabei werden die verschiedenen Vorbilder des authentischen Antlitzes nach und nach verwässert. Gedenkblätter erhalten allegorischen Charakter, Attribute, wie eine brennende

Kerze und der auf ein vermeintliches Zitat von Jan Hus anspielende Schwan[23] treten hinzu, oder Luther zeigt sich harmonisch ganz in Familie. Vor allem der letzte Porträttypus des alten, barhäuptigen Mannes findet Aufnahme in die Bildnisse und in die Genrebilder der folgenden Zeit.

Erst das 19. Jahrhundert entdeckt die Typen nach den Wittenberger Vorbildern wieder, wohl in privaten und in öffentlichen Sammlungen. Anlass für nun wieder vermehrt geschaffene Porträts bieten gerade zwei Jubiläen, die das Jahrhundert rahmen, die 300. Wiederkehr des Beginns der Reformation 1817 und der 400. Geburtstag Luthers 1883. Ein herausragendes Beispiel für diese Cranach-Rezeption ist die von vier Historienmalern der Großherzoglich-Sächsischen Kunstschule Weimar nach 1872 geschaffene Bilderbiografie Luthers in den einstigen Reformationszimmern der Wartburg.

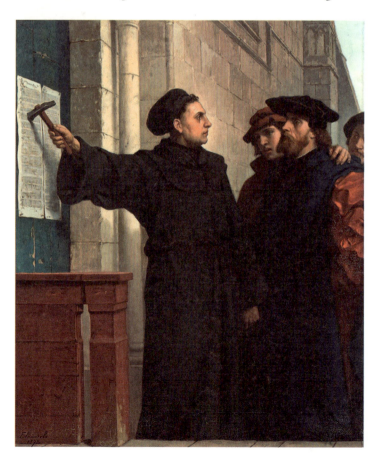

Ferdinand Pauwels,
Luthers Thesenanschlag
1872, Öl auf Leinwand

Wenn auch nicht mehr in so großer Anzahl wie noch vor Jahrhunderten: Das Interesse am Bildnis des Reformators bricht bis heute nicht ab. Gerade Jubiläen von Luthers Geburts- und Sterbejahren, des Thesenanschlags oder der Augsburger Konfession bieten Anlass für Biografien, Ausstellungen und neue Lutherbildnisse.

Jede Zeit hat sich ihr eigenes Lutherbild geschaffen, jedes Lutherporträt ist intendiert und inszeniert. Ob als Erneuerer von Kirche und Gesellschaft, als Nationalheld, Fürstenknecht, frühbürgerlicher Revolutionär oder Objekt rein kommerziellen Interesses: Martin Luther lebt nicht nur in seinen Schriften weiter, sondern auch in seinen Bildnissen.

Karl Bauer, Martin Luther 1903, Farbdruck, Titelblatt der Zeitschrift »Jugend«

1 *Cranach im Dienst von Hof und Reformation*, Stiftung Schloss Friedenstein Gotha, 52.000 Besucher; *Cranach in Weimar*, Klassik Stiftung Weimar, 46.000 Besucher; *Cranach, Luther und die Bildnisse*, Wartburg-Stiftung Eisenach, 118.000 Besucher.

2 Curt Glaser, *Lucas Cranach*, Leipzig 1923, S. 151-152.

3 Dieter Koepplin und Tilman Falk, *Lukas Cranach. Gemälde, Zeichnungen, Druckgrafik*, Basel/Stuttgart 1974, Bd. 1, S. 91.

4 Paul Kalkoff, *Die Depeschen des Nuntius Alexander vom Wormser Reichstage 1521*, Halle ²1897, S. 58.

5 Heinz Schilling bezweifelt gegenüber Martin Warnke (*Cranachs Luther. Entwürfe für ein Image*, Frankfurt am Main 1984) zurecht, dass der kursächsische Hof Auftraggeber für sämtliche Porträttypen Luthers war. Vgl. Heinz Schilling, *Martin Luther. Rebell in einer Zeit des Umbruchs*, München ²2013, S. 242.

6 Erstmals wurde es im Baseler Ausstellungskatalog 1974 publiziert, dann wieder bei Werner Schade, *Lucas Cranach. Glaube, Mythologie und Moderne*, Ostfildern 2003. Schade glaubt zu wissen, dass dieses Bildnis das erste gemalte Lutherporträt der Cranach-Werkstatt sei und datiert es auf um 1520. Dieser Datierung folgt auch der Katalog der ständigen Ausstellung im Lutherhaus in Wittenberg, wo sich ein kleines Bildnis, und das sicher jüngste in der kleinen Reihe, als Dauerleihgabe befindet, das einen Ausschnitt aus diesem Porträt darstellt.

7 Koepplin/Falk, (Anm. 3), S. 100.

8 Vgl. den Aufsatz von Daniel Hess und Oliver Mack *Luther am Scheideweg oder der Fehler eines Kopisten? Ein Cranach-Gemälde auf dem Prüfstand* in diesem Band (S. 174–191).

9 Vgl. Martin Treu, *Luther-Bilder*. In: Harald Meller (Hg.), *Fundsache Luther. Archäologen auf den Spuren des Reformators*, Stuttgart 2008, S. 94-99.

10 Koepplin/Falk, (Anm. 3), S. 274-280. Beispiele für diese Tondi sind: Porträts Friedrichs des Weisen und Johanns des Beständigen in Karlsruhe; *Ruhende Quellnymphe in Coburg*; *Venus und Amor* in New York; *Bildnis einer jungen Frau in Stuttgart* – alle 1525 datiert.

11 Die Bildnispaare im Westfälischen Landesmuseum Münster und im Nationalmuseum Stockholm sind 37 bzw. 39 cm hoch und 24,4 sowie 26 cm breit. Die Porträts auf der Wartburg messen lediglich 19,2 x 12,5 cm und sind damit nur ein Viertel so groß.

12 Vgl. Werner Schade, *Cranachs Bildnisse der Frau Katharina*. In: Martin Treu (Hg.), *Katharina von Bora. Die Lutherin*, Wittenberg 1999, S. 52-56.

13 Abgebildet bei Werner Schade, *Die Malerfamilie Cranach*, Dresden 1974, Nr. 167 und zuletzt als Titel von Heinz Schillings Lutherbiografie 2013; in britischem Privatbesitz (Thornhill, Drumlanrig Castle).

14 Wilhelm Schäfer, *Die Königliche Gemälde-Gallerie im Neuen Museum zu Dresden.* 3 Bde, Dresden 1860, S. 988f.

15 Glaser, (Anm. 2), S. 130. Vgl. Eduard Flechsig, *Cranachstudien*, Leipzig 1900, S. 236-250.

16 Somit hat Luther immer nur seine rechte Seite abbilden lassen. War es die Menièresche Krankheit (Morbus Menière) seines linken Ohres, die ihm spätestens seit 1527 zu schaffen machte, war es ein bloßer Zufall? Vgl. Harald Feldmann, *Martin Luthers Krankheiten*. In: Jutta Krauß und Günter Schuchardt (Red.), *Aller Knecht und Christi Untertan. Der Mensch Luther und sein Umfeld*, Eisenach 1996, S. 93-98.

17 So heißt es in Jonas' Bericht: »Zu Eisleben / ehe diese Kirchen Ceremonien alle gebraucht / haben zwen Maler also das todte angesicht / abconterfeit / einer von Eisleben / dieweil er noch im stüblin auff dem bett gelegen / Der ander / Meister Lucas Fortennagel von Hall / da er schon eine nacht im Sarck gelegen.« In: D. Martin Luthers Werke. Kritische Gesamtausgabe, Weimar ab 1883, WA 54, S. 494.

18 Zusammenstellung bei Christof Schubart, *Die Berichte über Luthers Tod und Begräbnis*. Texte und Untersuchungen, Weimar 1917. Vgl. Jochen Birkenmeier, *Luthers Totenmaske? Zum musealen Umgang mit einem zweifelhaften Exponat*. In: Lutherjahrbuch 2011, Göttingen 2011, S. 187-203.

19 So berichtet der Eisleber Apotheker Landau im Gegensatz zu Jonas, Coelius und Aurifaber. Alfred Dieck schließt sich dem an, Furtenagel sei bereits am Nachmittag des 18.2.1546 nach Eisleben gekommen. Vgl. Alfred Dieck, *Cranachs Gemälde des toten Luther in Hannover und das Problem der Luther-Totenbilder*. In: Niederdeutsche Beiträge zur Kunstgeschichte. Bd. 2, München/Berlin 1962, S. 195.

20 Georg Stuhlfauth, *Die Bildnisse D. Martin Luthers im Tode*, Weimar 1927.

21 Dieck hat insgesamt 14 Gemälde zusammengetragen und aufgelistet. Er nahm an, dass alle Gemälde von der verschollenen Vorlage des Eisleber Malers stammten und begründete dies mit der zum Zeitpunkt der Ankunft Furtenagels bereits bestehenden Totenstarre.

22 Martin Luther, *Eine Wellische Luegenschrift von Doctoris Martini Luthers todt zu Rom ausgangen*, Wittenberg 1545.

23 »Johannes Hus hat von mir geweissagt, da er aus dem gefengnis ynn behmerland schreib, Sie werden itzt eine gans braten (denn Hus heisst eine gans) Aber vber hundert iaren, werden sie einen schwanen singen horen, Den sollen sie leiden.« In: D. Martin Luthers Werke. Kritische Gesamtausgabe, Weimar ab 1883, WA 30,3, S. 387.

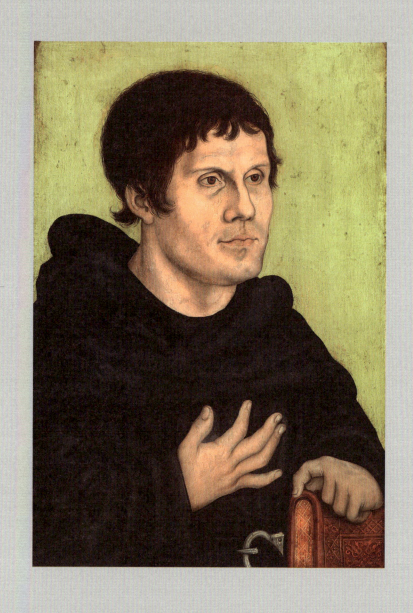

... da ich selbst mich schon längst nicht mehr kenne.

Luther am Scheideweg oder der Fehler eines Kopisten?
Ein Cranach-Gemälde auf dem Prüfstand

Daniel Hess und Oliver Mack

In der großen Bildnissammlung des Zürcher Gelehrten Johann Caspar Lavater findet sich auch ein Bildnis Luthers. Lavater notierte 1796 dazu: »Der Mönch nach Lucas Cranach: keine große Form, kein genialischer Schädel, nur kalter Verstand und rasch prüfende Klugheit. Weisheit liegt in dem Auge, kein Weltumwälzer im Ganzen.«[1] Dieser Charakterisierung liegt eines der populärsten Lutherbildnisse zugrunde: der 1520 von Lukas Cranach angefertigte Kupferstich (Abbildung Seite 177), der als frühestes authentisches Porträt des Reformators gilt. Der Stich war drei Jahre nach der Veröffentlichung von Luthers Thesen entstanden und sollte das Bild des weithin bekannt gewordenen Reformators verbreiten. Dazu trugen neben dem Original auch die vielen Kopien und Varianten bei, die in kurzer Zeit erschienen.

1787 hatte sich Lavater schon einmal mit Luther beschäftigt: Im dritten Band seiner PHYSIOGNOMISCHEN FRAGMENTE behandelt er unter dem Beispiel Nr. 141 das wohlbekannte, nach der Confessio Augustana 1530 zur Ikone des Reformators gewordene Bildnis Luthers in protestantischer Amtstracht mit Schaube und Barett.[2] Lavaters Kommentar dazu lautet: »Welch eine viel gemeinere, niedrigere Gesichtsform des dennoch großen, einzigen, unvergleichbaren Luthers, der aller seiner, wenn Ihr wollt, ungeheuern Fehler ungeachtet, eine Ehre seines Jahrhunderts, der Deutschen und des Menschengeschlechts ist. Die Gesichtsform, sag' ich, ist nichts weniger als schön – Aber den großen, festen, unerschütterlichen Mann sieht jedes halbe Kenneraug im Ganzen – Geist und Onktion im Aug und Augenknochen – Im Munde Fleiß und Dehmuth – Wer war bey solchen Anlagen und solchem Reize zum Stolze – dehmütiger als Er? – Von der Unbiegsamkeit, von der Kraft des Kinns, des Nackens dürfen wir nichts sagen«. Lavaters Bildauslegungen machen beispielhaft deutlich, wie unterschiedlich Luther-Bildnisse noch Jahrhunderte nach ihrer Entstehung in einem völlig veränderten kulturge-

Cranach-Werkstatt, postumes Bildnis M. Luthers als Augustinermönch, Malerei auf Pergament, Nürnberg, Germanisches Nationalmuseum (Leihgabe der Paul Wolfgang Merkel'schen Familienstiftung), nach 1546

schichtlichen Kontext wirkten und wirken. Auf unterschiedliche Wirkung waren sie bereits zum Zeitpunkt ihrer Entstehung ausgelegt. Mit verschiedenen Bildnistypen sollte ein jeweils spezifisches Image des Reformators verbreitet werden. Diese reichten vom Bild des sanften und gesprächsbereiten Mönchs im Jahr 1520, als Luther gebannt wurde, über den Typus des auf der Wartburg in Sicherheit gebrachten Junkers Jörg bis zum Gelehrten und etablierten Reformator.

Im Unterschied zu den meisten dieser propagandistischen Bildnistypen galt das seit 1960 als Leihgabe der Paul Wolfgang Merkelschen Familienstiftung im Germanischen Nationalmuseum befindliche Porträt als stärker biographisch motiviert und noch frei von der protes-

Lucas Cranach d. Ä., Martin Luther im 50. Lebensjahr, Malerei auf Buchenholz, Nürnberg, Germanisches Nationalmuseum (Leihgabe der Bayerischen Staatsgemäldesammlungen), 1533

tantischen Ikonenhaftigkeit späterer Bildnisse (s. S. 174). Das auf Pergament ausgeführte und auf Buchenholz aufgezogene Gemälde,[3] zeige den Luther des reformatorischen Aufbruchs, Luther am Übergang vom Mönch zum Reformator, Luther an einem entscheidenden Wendepunkt seines Lebens.[4] Mit dieser Deutung und ihrer spezifischen Verknüpfung von Werk und biographischem Moment hat die Forschung einen Mythos geschaffen und dem Merkelschen Luther-Bildnis zu großer Popularität verholfen.

Die wachsende Bekanntheit Luthers in den Jahren 1519 und 1520 hatte zur Entwicklung und massenhaften Verbreitung seines Bildnisses geführt.[5] Der eingangs erwähnte Cranach-Stich von 1520 ist nur in drei Probedrucken erhalten und dürfte daher nicht ausgeliefert worden sein. Es wird vermutet, dass dieses ganz auf die Physiognomie konzentrierte Bildnis des mit dem Bann bedrohten und als Ketzer verfolgten Rebellen in seiner radikalen Nüchternheit der Zensur zum Opfer gefallen war.[6]

Im selben Jahr erschien deshalb eine zweite Variante, die als erstes offizielles Bildnis größte Popularität erlangte. Cranach reicherte es mit vertrauten Bildformeln an, die den Reformator nicht als Visionär, sondern in seiner historischen Rolle und damit konventioneller defi-

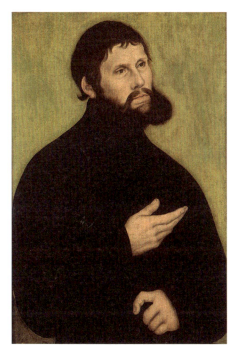

AETHERNA IPSE SVAE MENTIS SIMVLACHRA LVTHERVS
EXPRIMIT·AT VVLTVS CERA LVCAE OCCIDVOS
·M·D·X·X·

nieren: Das von einer Nische hinterfangene Bildnis zeigt Luther mit Bibel sowie Demuts- bzw. Redegestus, folglich einen argumentierenden, abwägenden, vielleicht auch zweifelnden Luther: Der gewählte Bildtypus passte damit zur Rolle, in der man Luther vor dem Wormser Reichstag präsentiert sehen wollte.

Diesem Stich sind Mönchskutte, Bibel und Handhaltung im Merkelschen Bildnis verpflichtet; der auf der Vorlage nur ansatzweise gezeigte Gürtel rückt nun ganz ins Bild. Die Übernahmen sind bis in den Faltenwurf der Kutte und die Stellung der Finger so präzise, dass diese Elemente letztlich auf den Stich zurückgehen müssen. Für die in der Graphik fehlenden Motive des vollen Haupthaares und der Haltung der linken Hand diente ein gemaltes Lutherbildnis Cranachs als Vorbild: Es handelt sich um das Weimarer Porträt Luthers als Junker Jörg aus den Jahren 1521 oder 1522, als der Verfolgte unter dem Schutz Friedrichs des Weisen zurückgezogen auf der Wartburg lebte und eine rege literarische Tätigkeit entfaltete. Am 4. Mai 1521 war Luther nach einem fingierten Überfall auf die Wartburg gebracht worden und hatte sich dort vom Mönch zum adeligen Junker verwandelt, um in dieser Verkleidung inkognito zu bleiben und sich der Verfolgung zu entziehen.

Lucas Cranach d. Ä., Bildnis M. Luthers als Junker Jörg, Malerei auf Buchenholz, Weimar, Kunstsammlungen, 1520/21

Lucas Cranach d. Ä., Bildnis Martin Luthers als Augustinermönch, Kupferstich, München, Staatliche Graphische Sammlung, 1520

Das Weimarer Porträt gilt als bislang einziges authentisches Gemälde aus der Wartburg-Zeit Luthers.[7] Es bildete die Grundlage für einige weitere Fassungen der Cranach-Werkstatt, die teilweise deutlich später entstanden sind.[8] Das Gemälde dürfte im Dezember 1521 im Rahmen eines kurzen, heimlichen Aufenthalts Martin Luthers in Wittenberg angefertigt worden sein. Trotz der beriebenen

Oberflächen, insbesondere im Hintergrund, wird an einer eigenhändigen Ausführung nicht gezweifelt. Überdies gilt das Gemälde als eine der ersten auf Buchenholz gemalten Tafeln Cranachs, dem fortan von ihm bevorzugten Material für Tafelgemälde. Die Rückseite des Bildes weist eingeschnittene Blüten und Verzierungen auf, die für die zweite Verwendung des Brettes partiell verwischt worden sind: Die Formen untermauern die Datierung in das frühe 16. Jahrhundert.

Als weiteres authentisches Luther-Bildnis von Lucas Cranach bietet sich der Holzschnitt an, der unmittelbar bei der Rückkehr des Reformators nach Wittenberg im März 1522 entstanden ist: Die Titelinschrift besagt, dass Luther so ausgesehen habe, als er von seinem Exil auf der Wartburg nach Wittenberg zurückgekehrt sei.

Über seine weltliche Verkleidung teilte Luther im Brief vom 14. Mai 1521 an Spalatin mit: »So sind mir hier meine Kleider ausgezogen und Reiterskleider angezogen worden; das Haar und den Bart lasse ich wachsen, so dass Du mich schwerlich erkennen würdest, da ich selbst mich schon längst nicht mehr kenne.«[9]

Auch wenn auf dem Holzschnitt im Unterschied zum Weimarer Gemälde das Schwert des Ritters fehlt, zeigt er den streitbaren Luther, der durch seinen kurzen Aufenthalt in Wittenberg seine Entschiedenheit zur Beendigung des durch Andreas Karlstadt angezettelten Bildersturms und Aufruhrs zum Ausdruck brachte. Wie die beiden Kupferstiche von 1520 macht damit auch der Holzschnitt die enge Bindung der Luther-Bildnisse Cranachs an wichtige Lebensstationen des Reformators deutlich. Neben dem Bildnis als Mönch war ein zweites, quasi tagesaktuelles, propagandistisches Luther-Image geprägt und über den Holzschnitt publikumswirksam verbreitet worden.

Auch dieses Bildnis hat in unserem Tafelgemälde seine Spuren hinterlassen: Deutlich wird dies durch das seitenverkehrte Auflegen einer auf Transparenzfolie übertragenen Umzeichnung der Konturen des Gemäldes auf den Holzschnitt. Die Größenverhältnisse, der Grad der Kopfdrehung, die Position von Augen, Nase, Mund und Ohr sind identisch, die Organisation der in die Stirn ragenden Locken sowie der Verlauf der Wangenkontur sind verblüffend ähnlich. Noch frappierender äußert sich die Abhängigkeit beim Vergleich des Holzschnittes mit der Vorstufe des Gemäldes.

Die Infrarotreflektographie macht eine Unterzeichnung sichtbar, die in erster Anlage mit dünnem Strich in flüssigem Medium ausgeführt ist und die für die Ausführung wesentlichen Informationen summarisch festhält.[10] Beim verdeutlichenden Nachziehen dieser ersten Linien mit breiterem Pinsel ergaben sich bereits minimale Abweichungen. Für das Verständnis der Bildgenese entscheidend ist der Umstand, dass die Unterzeichnung dem Holzschnitt präziser folgt als die da und dort geringfügig abweichende malerische Ausführung. Die Unterzeichnung lässt erkennen, dass sie nicht im Zuge der Entwicklung der einzelnen Formen frei ausgeführt, sondern mechanisch von einer Vorlage übertragen wurde. Dies machen der geradlinige, immer wieder neu ansetzende Pinselduktus und die geradezu stereotyp eingesetzten, floskelhaften Angaben der Augen deutlich. Die Begrenzungslinien der Haare oder auch der Lippen umgeben dabei Flächen als Hinweis für den späteren Farbauftrag. Besondere Bedeutung in der Frage nach dem angewandten Übertragungsverfahren kommt dem als Bildträger dienenden Pergament zu, das nicht nur als rationeller Grundierungsersatz dienen konnte,[11] sondern sich darüber hinaus auch für die einfache Übertragung der Zeichnung anbot. Nicht-grundiertes Pergament, wie es für das Merkel-Bildnis benutzt wurde, erlaubte ein direktes Pausen gegen das Licht. Dabei konnte die Transparenz durch eine Behandlung mit Öl noch erhöht werden, wie dies schon Cennini beschrieben hatte.[12] Ob der Holzschnitt bei diesem Verfahren selbst als Vorlage diente, oder ob

Folie mit Gemäldekonturen, seitenverkehrt auf den Holzschnitt gelegt

Cranach ein Musterblatt geschaffen hatte, an dem sich beide Darstellungen orientierten, sei dahingestellt. Soweit es sich im Vorfeld zu diesem Beitrag überprüfen ließ, folgten der dem Merkel-Bildnis zugrunde liegenden Vorlage auch das Weimarer Bild wie die weiteren, zwischen 1519 und 1525 entstandenen, in ihrer Zuschreibung und Datierung zum Teil jedoch umstrittenen Luther-Bildnisse in Leipzig, in schweizerischem Privatbesitz und in Bristol.[13] Alle vier Gemälde lassen sich auf dasselbe Muster zurückführen und sind wohl ebenfalls mittels eines graphischen Übertragungsverfahrens realisiert worden.

Keines dieser Bildnisse dürfte folglich im Rahmen einer direkten Porträtsitzung entstanden sein, wie für einzelne unlängst noch vermutet wurde.[14] Vielmehr machen sie zusammen mit zahlreichen anderen Beispielen die für die Cranach-Werkstatt charakteristische Wiederholung einmal gefundener Bildnistypen[15] und damit die tiefe Kluft zu unserem modernen Porträtverständnis deutlich. Den zum Teil in großer Serie gemalten Bildnissen lag offenbar eine vor dem Modell angefertigte Zeichnung zugrunde, welche die für die Wiedererkennbarkeit einer bestimmten Persönlichkeit wichtigen physiognomischen Merkmale festhielt. Diese Zeichnung war das Grundmuster für eine freihändige oder mechanisch reproduzierte serielle Fertigung bestimmter, mitunter auch über Jahrzehnte wirksamer Bildnistypen.[16] Einzelne Bildnisköpfe dienten darüber hinaus auch als Modelle für die Darstellung von Heiligenfiguren in Altargemälden.[17]

In der personalstarken Cranach-Werkstatt, in der verschiedene Mitarbeiter zum Datieren und Signieren der Werke mit dem Warenzeichen der geflügelten Schlange autorisiert waren,[18] garantierte offenbar ein vielfach reproduziertes und mechanisch übertragbares

Musterblatt, dass jedes, von welchem Werkstatt-Mitarbeiter auch immer gemalte Luther-Bildnis die erforderliche Ähnlichkeit aufwies, egal ob Mönch, Junker Jörg oder Reformator. Die der Memoria oder Propaganda dienenden Bildnisse der Frühen Neuzeit hatten die Aufgabe, mit dem Aussehen die Bekanntheit und Präsenz der führenden Persönlichkeiten in einmal gefundenen, charakteristischen und eindeutigen Darstellungstypen über einen möglichst langen Zeitraum zu sichern. Dies galt neben Luther etwa auch für Kurfürst Friedrich III. von Sachsen. So konnte Gerhard Weilandt vor wenigen Jahren plausibel machen, dass es sich bei dem lange unter Kopie-Verdacht stehenden Bildnis im Germanischen Nationalmuseum nicht um eine Kopie aus der zweiten Hälfte des 16. Jahrhunderts, sondern um das Cranachsche Original von 1507/08 handelt, das Kurfürst Friedrich bei seinem frisch bestallten Hofmaler für die Dominikanerkirche in Nürnberg in Auftrag gegeben hatte.[19] Das Fürstenbildnis war dort Bestandteil einer religiös fundierten Fürstenpropaganda.

Dass die Praxis der mechanischen Übertragung von Bildnissen nicht nur von Mitarbeitern und Kopisten, sondern auch von führenden Meistern in hochkarätigen Einzelaufträgen angewendet wurde, macht etwa der gut dokumentierte Entwurfs- und Herstellungsprozess von Dürers Bildnis Kaiser Maximilians I. aus den Jahren 1518/1519 deutlich.[20]

Kehren wir zu unserem Luther-Bildnis zurück, das sich als Synthese zweier von Lucas Cranach entwickelter grundlegender Luther-Bildnistypen erwies: dem Stich von 1520 mit dem Mönch und dem Gemälde bzw. Holzschnitt mit Junker Jörg von 1521/22. Irritierenderweise zeigt das Merkel-Bildnis Luther in Mönchskutte, aber mit bereits zugewachsener Tonsur und damit quasi im Übergangsstadium zwischen Kloster und Welt, an einem entscheidenden Einschnitt in seinem Leben. Wenn man versucht, das Gemälde inhaltlich biographisch zu datieren, kann es im Hinblick auf die Kutte nur kurz vor der Wartburg-Zeit 1521 oder nach der Wartburg-Zeit von März 1522 bis September 1524 entstanden sein, als Luther die Kutte endgültig ablegte.[21] Luther

Lucas Cranach d. Ä., Bildnis des Kurfürsten Friedrich III. des Weisen von Sachsen, Nürnberg, Germanisches Nationalmuseum (Leihgabe der Stadt Nürnberg), 1507/08

hatte sich in den genannten Jahren nach den radikalen Forderungen Karlstadts um gemäßigte Reformen bemüht. Weder sollten die Bilder beseitigt noch die römische Messordnung aufgegeben werden. Luther predigte in Wittenberg und vielen Städten der näheren wie weiteren Umgebung; er sah in diesen Predigten gewissermaßen das Gegenstück zu bischöflichen Visitationen.[22] In den Jahren bis 1524 kümmerte er sich um die Umsetzung maßvoller Reformen und um Fragen und Probleme mit Blick auf Kirchenordnungen, Besetzung von Pfarrstellen, Laienkelch, Priesterehe, Eheverbote und Grenzen von Gehorsam und Gewalt. Am 23. Februar 1523 nahm er auch seine Vorlesungstätigkeit wieder auf und arbeitete daneben weiter an der Übersetzung des Alten Testaments. Am 16. September 1524 kam es zu dem für unser Bildnis entscheidenden Schritt: In der Vormittagspredigt hatte Luther noch die Kutte getragen, bevor er am Nachmittag in der weltlichen Schaube predigte, die in der Folgezeit zur Reformationsschaube und protestantischen Amtstracht wurde.[23] Auf Luthers Schritt in den weltlichen Stand reagierte die Cranachsche Bildnisproduktion rasch mit neuen Ikonen des Reformators. Das erste Bildnis, das Luther nicht mehr als Mönch, sondern im profanen schwarzen Rock zeigt, entstand 1525 anlässlich seiner Eheschließung mit Katharina von Bora. Die frühesten Versionen dieses wiederum tagesaktuellen Bildnistypus sind die kleinformatigen Medaillonbildnisse des Paares im Kunstmuseum Basel aus dem Jahr 1525.[24] Luther erscheint in Halbfigur im schwarzen Rock und ohne Kopfbedeckung; die Darstellung bereitet das neue weltliche Bildnis des Reformators vor. Ebenfalls im Jahr der skandalösen Hochzeit Luthers entstand das Tafelgemälde in Bristol, zu dem, seiner kompositorischen Anlage nach zu schließen, ursprünglich ein heute verlorenes Gegenstück mit Luthers Ehefrau gehört haben dürfte.[25] Es geht den vielen Ehebildnissen voraus, die ab 1525 in hoher Zahl mit Hilfe mechanischer Übertragungsverfahren hergestellt und verbreitet wurden, zur bildlichen Dokumentation und Propaganda für die Rechtmäßigkeit dieser ehelichen Verbindung. Die serienmäßig hergestellten und dennoch qualitativ hochstehenden Produkte zeigen bei aller Versiertheit der Ausführung eine routinierte Glätte und formelhafte Erstarrung (s. auch S. 164).[26]

Im dritten und vierten Jahrzehnt des 16. Jahrhunderts entstanden in der Cranach-Werkstatt schließlich auch jene Bildnistypen, die die Vorstellung vom Reformator am nachhaltigsten prägten: »Martin Luther mit Schaube, sitzend als Halbfigur oder stehend, mit oder ohne Barett, die Bibel geschlossen oder offen in Händen haltend. Wie alle früheren Darstellungen im historisch-politischen Umfeld verankert, entsprachen die statuarische Sitzhaltung und die monumentale Ganzfigur, die evangelische Amtstracht mit Schaube und Barett der Verfestigung der reformatorischen Bewegung zur evangelischen Konfession, die 1530 mit der Übergabe der Confessio Augustana auf dem Augsburger Reichstag eingeleitet worden war.«[27]

Bei allen erwähnten Bildnissen, die von 1520 bis 1525 zum Teil unter Beratung von Georg Spalatin, Luthers engstem Briefpartner sowie Sekretär, Beichtvater und Universitätsbeauftragten des Kurfürsten Friedrich von Sachsen, entstanden sind, handelt es sich um programmatische Bilder, die Luther in seinen unterschiedlichen Rollen und Bedeutungen repräsentieren: den skeptisch argumentierenden Mönch vor dem Wormser Reichstag, den Junker Jörg der Wartburg-Zeit, den gelehrten Mönch in Wittenberg und den verheirateten Reformator. Jedes Bildnis formulierte einen neuen Typus, der über das Individuelle und Momenthafte hinauswies und programmatische Vorbildhaftigkeit beanspruchte. Keines dieser Bilder dokumentiert die Nähe und Unmittelbarkeit, die Luthers und Cranachs freundschaftlicher Verbindung zugrunde lag. Luther gehörte zu den Taufzeugen von Cranachs ältester Tochter und gab dem Künstler 1521 wenige Tage, nachdem er Worms verlassen hatte, Rechenschaft über die dortigen Vorgänge.[28] Bei Luthers Vermählung 1525 waren Cranach und seine Frau Zeugen bei der Brautwerbung und Teilnehmer am Hochzeitsmahl, außerdem wurde Cranach Taufpate von Luthers Sohn Hans.

Von 1525 bis zu Luthers Tod spielten nur mehr die Bildnisse des Reformators in evangelischer Amtstracht mit Reformatorenschaube und Barett sowie das Doppelbildnis mit Katharina von Bora eine Rolle. Die früheren Typen hatten ausgedient; bildwürdig wurden sie erst wieder mit der nach Luthers Tod einsetzenden Verklärung seiner Person. Memorabilien und Reliquien vom Ehering über Trinkgläser und Tintenfässer bis hin zu einem kleinen Stück eines schwarzen Wollstoffes, das wie ein Reliquienpartikel in einer mit der Inschrift »Ein Stück von Dr. Luthers Rock« versehenen Papierhülle aufbewahrt wurde, hielten die Erinnerung an den Reformator wach und beförderten den postumen Luther-Kult, der mit dem Nachweis von Wundern und weinenden wie unbrennbaren Luther-Porträts Züge der Heiligenverehrung annahm.[29] Neben dem offiziellen, in großem Stil verbreiteten Sterbebild Luthers, das auf den authentischen, wenige Stunden nach Luthers Tod am 18. Februar 1546 angefertigten Zeichnungen beruhte, wurden auch die historischen Luther-Bildnistypen wieder reaktiviert.[30] Unter den zahllosen wiederaufgelegten Luther-Bildnissen verdient das um 1572 entstandene Triptychon in der Stadtkirche St. Peter und Paul in Weimar von Veit Thiem, der als Hofmaler des Herzogs Johann Wilhelm von Sachsen in Weimar tätig war, besondere Beachtung.[31]

Das Weimarer Triptychon vereinigt drei Bildnistypen Luthers: links den tonsurierten Augustinermönch, nach dem Stich von 1520, aber mit einer Bibel- und Handhaltung wie auf dem Merkel-Bildnis, in der Mitte den respektgebietenden Reformator und rechts den mit Schwert bewehrten Junker Jörg. Das Mönchsbildnis steht der Nürnberger Fassung verblüffend nahe und zeigt bis in die Verzierung des Buchschnittes identisches Formengut.[32]

Veit Thiem,
Luther-Triptychon,
Weimar, Stadtkirche
St. Peter und Paul,
um 1572

Angesichts des Triptychons erklärt sich das aus verschiedenen Vorlagen und Grundmustern zusammengesetzte Nürnberger Gemälde wie von selbst. Besonders geschickt hat sich der Kompilator allerdings nicht angestellt, wie die auf das Buch gestützte Linke deutlich macht. Im Weimarer Junker-Jörg-Bildnis findet sich das Vorbild für

die etwas unmotiviert wirkende Fingerstellung: Die dort den Schwertgriff umklammernde Linke wurde ohne große Veränderungen in das Merkel-Bildnis übernommen. Auch diese Handhaltung ist eine in der Cranach-Werkstatt fest etablierte Formel, die immer dann Anwendung fand, wenn die Hand einen Gegenstand umklammert oder sich am Gewandsaum festhält, wie viele Gemälde der Cranach-Werkstatt verdeutlichen.[33] Der mit den Bildformeln der Cranach-Werkstatt eng vertraute Maler des Merkelschen Bildnisses stellte sich im Aufgreifen dieser Formel besonders ungeschickt an, indem er den vom Schwertgriff verdeckten Daumen unter Missachtung anatomischer Richtigkeit zwischen Zeige- und Mittelfinger dazu malte.

Bei der Beurteilung des Nürnberger Gemäldes fallen zwei weitere Beobachtungen ins Gewicht: Zum einen ist die Verwendung von Pergament als Bildträger bei Cranach selten.[34] Zum anderen fehlen dem Nürnberger Bildnis, wie bereits Kurt Löcher zu Recht zu bedenken gab und was auch die Auswertung der Unterzeichnung bekräftigt, die Merkmale eines originären, eigenhändigen Werks.[35] Die Ausführung des Gemäldes ist flach; dem Gesicht mangelt es an Tektonik und detaillierter Ausarbeitung; Gewand und Hände sind teigig gemalt und erinnern an die Sterbebilder Luthers.[36] Die Ausführung des Porträts weist damit sowohl maltechnisch als auch motivisch und stilistisch in das spätere 16. Jahrhundert, als die Cranach-Werkstatt noch tätig war, und druckgraphische Blätter der Reformationszeit in großer Zahl als Vorlagen evangelischer Bekenntnisgemälde auf Altartafeln und Epitaphien dienten.[37]

Im Zuge der unmittelbar nach Luthers Tod angeheizten Produktion und massenhaften Verbreitung von unterschiedlichsten Bildnissen des Reformators erlebten die zu den entscheidenden Etappen in seinem Leben publizistisch wirksam etablierten Bildnistypen eine Renaissance. Im Kontext dieser Reanimation muss auch das Nürnberger Bildnis entstanden sein. Bei der Kombination zweier älterer Bildnistypen unterlief dem Maler der simple Fehler, den als Augustinermönch gekleideten Luther mit vollem Haupthaar des Junkers Jörg zu zeigen.[38] Aus dem Abstand mehrerer Jahrzehnte und wohl in Folge der durch die Reformation bewirkten Veränderungen war es dem ausführenden Maler vielleicht nicht mehr bewusst, dass die Darstellung Luthers als Mönch nicht nur dessen Bekleidung mit einer Kutte, sondern auch die Tonsur als Zeichen des Mönchsstandes voraussetzte. In den zwanziger Jahren des 16. Jahrhunderts hätte man das

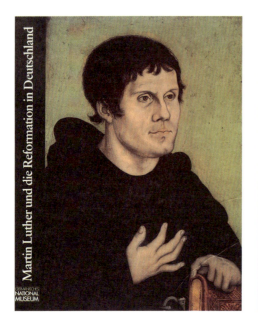

Martin Luther und die Reformation in Deutschland

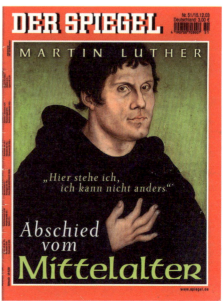

zwitterhafte Bildnis nicht verstanden, da es der alten, katholisch geprägten Zeichen- und Symbolkultur völlig zuwider läuft.

Das 1960 als Leihgabe an das Germanische Nationalmuseum gegebene Merkel-Bildnis spielte in der Forschung bis zur großen Nürnberger Reformationsausstellung zum 500. Geburtstag Martin Luthers nur eine marginale Rolle. Es fehlt in allen einschlägigen Verzeichnissen und Abhandlungen zu Cranach oder Luther. Die Ausstellung von 1983 führte mit der Verwendung des Bildnisses als Plakatmotiv und Katalogtitel zum medialen Durchbruch und zu einer Flut von Anfragen und Abbildungen. In programmatischer Weise schien das Bildnis Luther am Übergang vom Mönch zum Reformator und damit an einem entscheidenden Wendepunkt seines Lebens zu zeigen. Dieser Luther des reformatorischen Aufbruchs schaffte es 2003 auch auf die Titelseite des SPIEGEL, als der Film des Kanadiers Eric Till über Luther in deutschen Kinos angelaufen war. Das Merkel-Bildnis verkörperte dabei nicht nur den jugendlichen, vom geistlichen in den weltlichen Stand überwechselnden Luther, sondern – wie das Titelbild des SPIEGEL nahelegt – sogar den »Abschied vom Mittelalter«. Um den Dialog des Reformators mit dem heutigen Betrachter zu intensivieren, manipulierte der SPIEGEL-Graphiker das Original und ließ nicht nur die verunglückte linke Hand mit der Bibel weg, sondern richtete den Blick Luthers nun direkt zum

Betrachter. Dem SPIEGEL-Leser soll er damit direkt und persönlich bekennen, was auf dem Titelbild vor dem dunklen Hintergrund der Kutte geschrieben steht: »Hier stehe ich, ich kann nicht anders«.

Das Merkelsche Luther-Bildnis wurde für das Verständnis des 20. Jahrhunderts zum Dokument eines persönlichen Lebenseinschnitts. Diese Interpretation als Momentaufnahme, quasi als Schnappschuss, ist dem 16. Jahrhundert jedoch fremd. Die zwei Monate vor dem Tod als Trost- und Gedenkblatt geschaffene Kohlezeichnung von Albrecht Dürers Mutter ist eine der wenigen Ausnahmen, die diese Regel bestätigen.[39] Der erschütternde Realismus ist ebenso einzigartig wie Dürers persönlicher Bericht über den Tod des Vaters und der Mutter in seinem Gedenkbuch. Solche intimen Äußerungen sind unter den Schrift- wie Bildzeugnissen des frühen 16. Jahrhunderts ausgesprochen selten.

Jede Epoche prägt ihr eigenes, vom jeweiligen historischen Verständnis und kulturgeschichtlichen Instrumentalisierungen bedingtes Luther-Bild. Das aus verschiedenen Vorlagen mit Hilfe mechanischer Reproduktionsverfahren zusammengesetzte Merkelsche Luther-Porträt und seine Wirkungsgeschichte sind ein eindrucksvolles Zeugnis für den tiefen Graben zwischen dem frühneuzeitlichen und modernen Verständnis von Bildnissen. Der für einen Betrachter des 20. und 21. Jahrhunderts zu weitreichenden Deutungen verführende Umstand, dass Luther zwar noch die Mönchskutte, jedoch keine Tonsur mehr trägt, erweist sich als simpler Kopistenfehler der Luther-Renaissance und damit als Zeugnis auch der mitunter trivialen Rahmenbedingungen historischer Überlieferung.

Für Recherchen und die Beschaffung der Bildvorlagen danken wir Sebastian Gulden, Nürnberg, sowie für die kritische Durchsicht des Textes Dagmar Hirschfelder, Nürnberg, sehr herzlich.

1 Gerda Mraz und Uwe Schögl, *Das Kunstkabinett des Johann Caspar Lavater*, Wien 1999, S. 113.

2 *Johann Caspar Lavaters Physiognomische Fragmente zur Beförderung der Menschenkenntnis und Menschenliebe*, Winterthur 1787, Bd. 3, S. 310.

3 Das Pergament wurde laut Restaurierungsbericht vom 29.08.1956 von einer alten »Buchenholzplatte« abgenommen und auf die heutige Buchensperrholzplatte aufgebracht. Der Zustand von Pergament und Malerei lässt annehmen, dass sich das Gemälde immer auf einem starren Bildträger befand.

4 Vgl. *Martin Luther und die Reformation in Deutschland*. Ausst.-Kat. des Germanischen Nationalmuseums Nürnberg 1983, Frankfurt. a. M. 1983, Nr. 363; Kurt Löcher, *Die Gemälde des 16. Jahrhunderts,* Germanisches Nationalmuseum Nürnberg, Stuttgart 1997, S. 135–136; Ilonka van Gülpen, *Der deutsche Humanismus und die frühe Reformations-Propaganda 1520–1526, Das Lutherporträt im Dienst der Bildpublizistik,* Hildesheim/Zürich/New York 2002, S. 160–161, Abb. 22; Günther Schuchardt, *Luther seitenrichtig – Luther seitenverkehrt? Die Bildnisse im Leben und im Tod, Werkstattprinzip und Werkstattprivileg Cranachs und seiner Mitarbeiter.* In: Wartburg-Jahrbuch 2003, S. 19–20; *Faszination Meisterwerk, Dürer, Rembrandt, Riemenschneider,* Ausst.-Kat. des Germanischen Nationalmuseums Nürnberg, Nürnberg 2004, S. 46–47; Jutta Zander-Seidel, *Lutherbilder: Vom Augustinermönch zum Reformator.* In: Daniel Hess und Dagmar Hirschfelder (Hg.), *Renaissance. Barock. Aufklärung. Kunst und Kultur vom 16. bis zum 18. Jahrhundert* (Die Schausammlungen des Germanischen Nationalmuseums, Bd. 3), Nürnberg 2010, S. 53, 108–109, 428, Abb. 77.

5 Zu den Lutherbildnissen Cranachs grundlegend: Martin Warnke, *Cranachs Luther, Entwürfe für ein Image,* Frankfurt am Main 1984; zusammenfassend zuletzt Susanne Wegmann, *Lucas Cranach d. Ä. und das Lob der Schnelligkeit – Aspekte der Produktivität von Humanismus und Reformation.* In: Corinna Laude und Gilbert Hess (Hg.), *Konzepte von Produktivität im Wandel vom Mittelalter in die Frühe Neuzeit,* Berlin 2008, S. 207–228; Martin Treu, *Luther-Bilder.* In: Harald Meller (Hg.), *Fundsache Luther, Archäologen auf den Spuren des Reformators,* Ausst.-Kat. Landesmuseum für Vorgeschichte, Halle/Stuttgart 2008, S. 94–99.

6 Vgl. Ausst.-Kat. Nürnberg 1983 (Anm. 4), Nr. 214, Warnke (Anm. 5), S. 24–27, Schuchardt (Anm. 4), S. 13.

7 Vgl. Werner Schade, *Die Malerfamilie Cranach,* Dresden 1974, S. 52; James Snyder, *Northern Renaissance Art,* New York 1985, S. 376–377; Helga Hoffmann, *Die deutschen Gemälde des XVI. Jahrhunderts,* Kunstsammlungen zu Weimar, Weimar o. J. (1992), S. 25–27, Nr. 7, beurteilte die Tafel als ohne Zweifel eigenhändig. Gunnar Heydenreich, *Lucas Cranach the Elder, Painting materials, techniques and workshop practice,* Amsterdam 2007, S. 50, vermutet, dass der zu den ersten Buchentafeln Cranachs zählende Bildträger zuerst für einen anderen Gebrauch vorbereitet worden war.

8 Vgl. Bodo Brinckmann (Hg.), *Cranach der Ältere,* Ausst.-Kat. Städel Museum, Frankfurt am Main/Royal Academy of Arts, London, Ostfildern 2008, Nr. 39.

9 Martin Luther, *Werke, Kritische Gesamtausgabe,* Briefwechsel Bd. 2, Weimar 1931, S. 336–338; die deutsche Übersetzung des lateinischen Briefes zitiert nach: *Köpfe der Lutherzeit,* Ausst.-Kat. Hamburger Kunsthalle,

Hamburg, hg. von Werner Hofmann, München 1983, S. 116, Nr. 43.

10 *Opus Instruments Osiris,* Linos Rodagon 150 mm, Blende 8, InGaAs-Sensor 900–1700 nm, 4096 x 4096 Pixel; 2 Hedler Primalux 1000 W.

11 Vgl. auch Bruno Heimberg, *Zur Maltechnik Albrecht Dürers.* In: Gisela Goldberg, Bruno Heimberg und Martin Schawe (Hg.), *Albrecht Dürer, Die Gemälde der Alten Pinakothek,* München, 1998, S. 49.

12 *Das Buch von der Kunst oder Traktat der Malerei des Cennino Cennini da Colle di Valdelsa,* übersetzt, mit Einleitung, Noten und Register versehen von Albert Ilg (Quellenschriften für Kunstgeschichte und Kunsttechnik des Mittelalters und der Renaissance, 1), Wien 1871, Kap. 24; vgl. auch Kathrin Kirsch, *Übertragungsverfahren und technische Hilfsmittel.* In: Ingo Sandner (Hg.), *Die Unterzeichnung auf dem Malgrund, Graphische Mittel und Übertragungsverfahren im 15.–17. Jahrhundert* (Kölner Beiträge zur Restaurierung und Konservierung von Kunst- und Kulturgut, 11), München 2004, S. 217–218.

13 Vgl. zuletzt Brinckmann (Anm. 8), Nr. 38–40.

14 Vgl. etwa ebd., Nr. 38. Das Bildnis in schweizerischem Privatbesitz kombiniert vielmehr die Mönchskutte des Cranach-Kupferstichs von 1520 mit dem Kupferstichbildnis von Luther mit Doktorhut aus dem Jahr 1521 und dürfte folglich nicht vor dem 23. Februar 1523 gemalt worden sein, als Luther seine Vorlesungstätigkeit wieder aufgenommen hatte. Beim Leipziger Junker-Jörg-Bildnis handelt es sich wohl um eine Werkstattwiederholung der Weimarer Version, was die Verwendung einer Vorlage plausibel macht.

15 Vgl. weiter Gülpen (Anm. 4), S. 160–162; Heydenreich (Anm. 7), S. 300–303; Mechthild Most und Anja Wolf u. a., *Zur Maltechnik der beiden Cranach und ihrer Werkstatt – Ergebnisse der technologischen Untersuchung der Bildtafeln der Stiftung Preußische Schlösser und Gärten.* In: Ausst.-Kat. *Cranach und die Kunst der Renaissance unter den Hohenzollern, Kirche, Hof und Stadtkultur,* Berlin, Schloss Charlottenburg, Berlin/München 2009, bes. S. 91–92.

16 Vgl. Dieter Koepplin und Tilman Falk, *Lukas Cranach. Gemälde, Zeichnungen, Druckgraphik,* Ausst.-Kat. Kunstmuseum Basel, Basel/Stuttgart 1974, S. 278; Ingo Sandner (Hg.), *Unsichtbare Meisterzeichnungen auf dem Malgrund, Cranach und seine Zeitgenossen,* Ausst.Kat. Wartburg, Eisenach, Regensburg 1998, bes. S. 132–139; Kirsch (Anm. 12), bes. S. 241–262; Heydenreich (Anm. 7), S. 301–303. Von Hans Cranach etwa wird berichtet, dass er gegen 1000 Luther-Bildnisse zu Geschenkzwecken gemalt habe; 1533 wird Cranach für 60 Täfelchen mit Kurfürsten-Bildnissen bezahlt.

17 Heydenreich (Anm. 7), S. 310–311.

18 Ebd., S. 289–293.

19 Gerhard Weilandt, *Der Fürst beim Gebet, Das erste Porträt Friedrichs des Weisen von Lucas Cranach im sakralen und politischen Kontext.* In: *Lucas Cranach 1553–2003. Wittenberger Tagungsbeiträge anlässlich des 450. Todestages Lucas Cranachs des Älteren,* hg. von Andreas Tacke, Leipzig 2007, S. 43–74. Vgl. weiter Dieter Koepplin, *Friedrich der Weise mit der nicht millionenschweren Kaiserkrone.* In: ebd., S. 309, sowie Hess/Hirschfelder (Anm. 4), S. 414–415, Abb. 437.

20 Vgl. Fedja Anzelewsky, *Albrecht Dürer. Das malerische Werk,* Berlin 1991, Nr. 145–146; Katherine Crawford Luber, *Albrecht Dürer's*

Maximilian Portraits: An Investigation of Versions. In: *Master Drawings 29,* 1991, S. 30–47; Löcher (Anm. 4), S. 213–216; *Albrecht Dürer, Ausstellung in der Albertina,* Wien, Wien/Ostfildern-Ruit 2003, Nr. 162–165; *Faszination Meisterwerk, Dürer, Rembrandt, Riemenschneider,* Ausst.-Kat. des Germanischen Nationalmuseums Nürnberg, Nürnberg 2004, S. 181–182.

21 Hans Jochen Gehnte, *Martin Luther, Sein Leben und Denken,* Göttingen 1996, S. 196; Koepplin/Falk (Anm. 16), Nr. 43, geben dagegen Dezember 1524 an.

22 Ebd. S. 180.

23 Paul Drews, *Der evangelische Geistliche in der deutschen Vergangenheit* (Monographien zur deutschen Kunstgeschichte, 129), Jena 1905, S. 38; Martha Bringemeier, *Priester- und Gelehrtenkleidung, Ein Beitrag zur geistesgeschichtlichen Kostümforschung,* Münster 1974 (Rheinisch-westfälische Zeitschrift für Volkskunde, Beiheft 1), S. 44.

24 Koepplin/Falk (Anm. 16), S. 276–278 und 295, Nr. 177–178, Farbtaf. 9; Max J. Friedländer und Jakob Rosenberg, *Die Gemälde von Lucas Cranach,* Basel/Boston/Stuttgart 1979, Nr. 187–188.

25 Brinckmann (Anm. 8), Nr. 40.

26 Vgl. weiter Gülpen (Anm. 4), S. 160–162, Kirsch (Anm. 12), S. 252–263, sowie, in Bezug auf die Übertragung mittels Lochpausen einschränkend, Heydenreich (Anm. 7), S. 303; außerdem Thomas Kaufmann, *Geschichte der Reformation,* Frankfurt am Main/Leipzig 2009, S. 501–502.

27 Zitiert nach Zander-Seidel (Anm. 4), S. 107.

28 Zu den engen persönlichen Bindungen zwischen Luther und Cranach siehe etwa Hans Düfel, *Cranach, Lucas der Ältere (1472–1553).* In: *Theologische Realenzyklopädie VIII,* Berlin/New York 1981, S. 218–225, bes. S. 220–221; zuletzt Kaufmann (Anm. 28), S. 294–295.

29 Vgl. Zander-Seidel (Anm. 4), S. 109–111, mit der Behandlung der im Germanischen Nationalmuseum bewahrten Lutherreliquien wie Trinkglas und Lutherrock-Fragment; vgl. weiter Mirko Gutjahr, *»Non cultus est, sed memoriae gratia«, Hinterlassenschaften Luthers zwischen Reliquien und Relikten.* In: *Fundsache Luther* (Anm. 5), S. 100–105.

30 Zu den Sterbebildern zuletzt Schuchardt (Anm. 4), S. 26–30, und Brinckmann (Anm. 8), Nr. 42.

31 Vgl. Joseph Leo Koerner, *The Moment of Self-Portraiture in German Renaissance Art,* Chicago/London 1993, S. 67–68; Ingrid Schulze, *Lucas Cranach d. J. und die protestantische Bildkunst in Sachsen und Thüringen, Frömmigkeit, Theologie, Fürstenreformation,* Bucha 2004, S. 118–120. Zu einer 1817 entstandenen Kupferstichkopie des Triptychons vgl. Ausst.-Kat. *Luther im Porträt, Druckgraphik 1550–1900,* Stadt Bad Oeynhausen 1983, Nr. 58, S. 62.

32 Löcher (Anm. 4), S. 136, hatte auf Grund dieser engen Zusammenhänge vermutet, dass das Nürnberger wie das Weimarer Gemälde auf ein verlorenes gemeinsames Urbild zurückgehen.

33 Vgl. etwa Friedländer/Rosenberg (Anm. 24), Nr. 64, 151, 237, 241, 244, 247, Sup. 10, ferner das Bildnis Friedrichs des Weisen von 1532 im Germanischen Nationalmuseum Nürnberg (Inv. Gm 222).

34 Heydenreich (Anm. 7), S. 255.

35 Löcher (Anm. 4), S. 136.

36 Zuletzt Brinckmann (Anm. 8), Nr. 42.

37 Zahlreiche Beispiele bei Wolfgang Brückner, *Lutherische Bekenntnisgemälde des 16. bis 18. Jahrhunderts, Die illustrierte Confessio Augustana* (Adiaphora, 6), Regensburg 2007.

38 Das Röntgenbild bestätigt, dass der ausladende Hinterkopf bereits während des Malprozesses angelegt war. Beim Auftrag der Hintergrundfarbe wurde dieser Bereich ausgespart, lediglich der äußerste Rand des Schopfes mit den bogenförmig strichelnd aufgesetzten Haaren wurde nach der Gestaltung des Hintergrundes ausgeführt.

39 Vgl. weiter Michael Roth, *Dürers Mutter. Schönheit, Alter und Tod im Bild der Renaissance*, Ausst.-Kat. Kupferstichkabinett Staatliche Museen zu Berlin, Berlin 2006.

Bei dem Text handelt es sich um den leicht gekürzten Wiederabdruck von: Daniel Hess / Oliver Mack, Luther am Scheideweg oder der Fehler eines Kopisten? Ein Cranach-Gemälde auf dem Prüfstand. In: Wolfgang Augustyn / Ulrich Söding (Hg.), Original – Kopie – Zitat. Kunstwerke des Mittelalters und der Frühen Neuzeit: Wege der Aneignung – Formen der Überlieferung (Veröffentlichungen des Zentralinstituts für Kunstgeschichte in München 26), Passau 2010, S. 279–295.

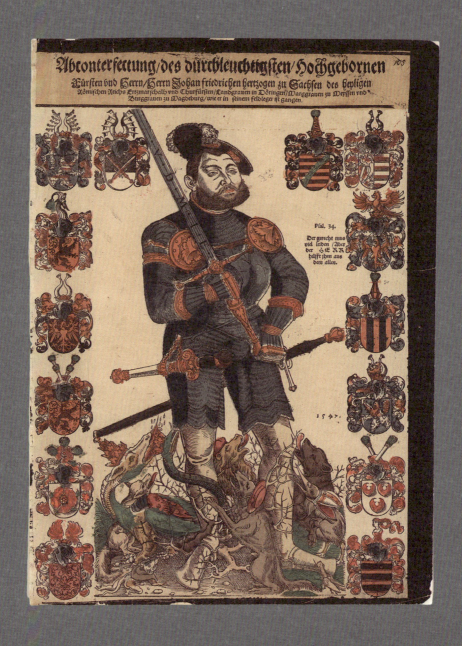

Abconterfettung/des durchleuchtigsten/Hochgebornen
Fürsten und Herrn/Herrn Johan friedrichen hertzogen zu Sachsen des heyligen
Römischen Reichs Ertzmarschalh und Churfürsten/Landgrauen in Döringen/Marggrauen zu Meyssen und
Burggrauen zu Magdeburg/wie er in seinem feldleger ist gangen.

Psal. 34.
Der gerecht mus
viel leiden/Aber
der HERR
hülfft ihm aus
dem allen.

1547.

Verbum Domini Manet In Æternum –
Wahlspruch und Bekenntnis in Einem

Ausdruck reformatorischen Bekenntnisses:
Illustrierte Einblattdrucke
der Stiftung Schloss Friedenstein Gotha

Ingrid Dettmann / Ulrike Eydinger

Die Stiftung Schloss Friedenstein Gotha besitzt eine Sammlung von Einblattdrucken des 15. und 16. Jahrhunderts, deren vielfältige Themen aufschlussreiche Einblicke in die Glaubens- und Lebenswelt der Frühen Neuzeit ermöglichen. Sie umfassen Inhalte, die von der Abbildung zeitgenössischer Persönlichkeiten über die Dokumentation des politischen, militärischen und religiösen Zeitgeschehens bis hin zur Darstellung gesellschaftlicher Konflikte reichen. Die meisten Blätter der Gothaer Sammlung können zeitlich und inhaltlich im Kontext der Reformation verortet werden. So standen beispielsweise Künstler, Autoren und Drucker dem neuen Glauben nahe oder verbreiteten diesen.

Bereits in dem ersten Kunstkammerinventar von Schloss Friedenstein, das 1657 angelegt und bis 1672 ergänzt wurde, werden die Einblattdrucke erwähnt. Die Sammlung geht damit auf den Besitz der ernestinischen Herzöge – möglicherweise sogar auf die Kurfürsten in Wittenberg – zurück. Durch diese Provenienz lässt sich auch die inhaltliche Ausrichtung der Sammlung erklären, die im Kern protestantisch geprägt ist und damit bekenntnisgleich für den neuen Glauben steht. Anhand zweier Schwerpunktthemen – auf der einen Seite die (Selbst-)Repräsentation der ernestinischen Kurfürsten, auf der anderen Seite die Nutzbarmachung und Aktualisierung altgläubiger Inhalte – soll dies exemplarisch an ausgewählten Flugblättern der Kollektion dargestellt werden.

Die ernestinischen Kurfürsten als Förderer der Reformation

Drei sächsische Kurfürsten prägten in besonderem Maße das Schicksal der Reformation: Friedrich III. von Sachsen, gen. der Weise (1463–1525), erster Schutzherr Martin Luthers (1483-1546), sein Bruder und Nachfolger Johann I., gen. der Beständige (1468–1532),

Lucas Cranach d. J.,
Kurfürst Johann Friedrich I.,
Herzog von Sachsen,
als Schützer des
protestantischen Glaubens
und der Reformation,
kolorierter Holzschnitt mit
typographischem Text, 1547

der die Reformation im Kurfürstentum konsolidierte, und dessen Sohn Johann Friedrich I., gen. der Großmütige (1503–1554), durch dessen militärische Niederlage im Schmalkaldischen Krieg die Dynastie einen beispiellosen Machtverlust erlitt.

Seit 1486 regierte Friedrich der Weise gemeinsam mit seinem jüngeren Bruder und Nachfolger Johann dem Beständigen das durch die Leipziger Teilung ein Jahr zuvor entstandene ernestinische Kurfürstentum Sachsen.[1] Zeitgenössische Quellen beschreiben das ausgesprochen einträchtige Verhältnis der beiden Brüder.[2] Zwei zusammengehörige Blätter zeigen Kurfürst Friedrich den Weisen und Johann den Beständigen mit dem sächsischen und dem Kurwappen.[3] Sie gehen auf zwei von Lucas Cranach d. Ä. (1472-1553) 1525 geschaffene Holzschnittporträts der beiden Kurfürsten zurück. Anlass für die Herstellung des Bildnispaares gab der Tod Friedrichs III., der keine legitimen Nachkommen hinterlassen hatte, sodass die Kurwürde an seinen jüngeren Bruder überging. Während der Holzschnitt Friedrichs des Weisen dem Gedächtnis des verstorbenen Kurfürsten dient, demonstriert das Gegenstück Kontinuität in dessen Nachfolge. Der typographische Text unter dem Bildnis Friedrichs III. stammt aus der Feder Martin Luthers, der die Lobverse auf den verstorbenen Kurfürsten am 9. Juli 1525 während eines Aufenthaltes im Jagdschloss Lochau verfasste.[5] Der Reformator würdigt darin die Gründung der Wittenberger Universität, von der aus sich die evangelischen Glaubenseinsichten verbreiten konnten, und Friedrichs Verzicht auf die Kaiserkrone, die ihm 1519 angetragen wurde. Stattdessen unterstützte der weise Kurfürst die Wahl Karls V. zum römisch-deutschen König, dem dann in den Wahlkapitulationen weitreichende Zugeständnisse zugunsten der Reichsstände abgerungen werden konnten.[6]

Friedrich der Weise, Martin Luthers Landesherr, war einer der mächtigsten Kurfürsten des Reiches. Er sorgte dafür, dass der Reformator freies Geleit erhielt, als dieser 1521 auf den Wormser Reichstag vor Karl V. geladen wurde, und ließ ihn auf die Wartburg bringen, um die Vollstreckung der über den unbeugsamen Mönch verhängten Reichsacht zu verhindern. Dennoch bekannte sich der umsichtige Kurfürst nie öffentlich zur Reformation. Johann der Beständige setzte sich dagegen frühzeitig offen für die Ziele des neuen Glaubens ein. Er beauftragte die Wittenberger Theologen Martin Luther, Johannes Bugenhagen, Justus Jonas und Philipp Melanchthon mit der Erarbeitung der Torgauer Artikel, die dann als Grundlage der Confessio Augustana dienten, und war mit Landgraf Philipp I. von Hessen (1504–1567) Anführer des 1531 gegründeten Schmalkaldischen Bundes.

Mit dem Ableben Johanns des Beständigen 1532 erfuhr die serielle Anfertigung der typisierten Kurfürstenbilder, zu denen auch die beiden Gothaer Blätter gehören, einen neuen Höhepunkt. Denn die seitens des Kaisers verzögerte Belehnung von Johanns Sohn, Johann Friedrich I., mit der Kurwürde veranlasste diesen 1532/33 zu einer medialen Propagandaoffensive.[7] Er ließ die Cranachwerkstatt 60 Porträtpaare seiner beiden Vorgänger malen, als deren rechtmäßiger Nachfolger er sich betrachtete.[8] Während die Gemäldepaare als diplomatische Geschenke bestimmt waren, fanden die Graphiken als günstigeres Massenmedium weitere Verbreitung.[9]

Graphiken prägten auch in besonderem Maße das Bild Johann Friedrichs des Großmütigen als Verteidiger des wahren lutherischen Glaubens. 1547 führte Johann Friedrich I. mit Landgraf Philipp von Hessen das Heer des Schmalkaldischen Bundes gegen die kaiserlichen Truppen in die Schlacht bei Mühlberg. Ein von Lucas Cranach d. J. (1515-1586) im selben Jahr entworfenes Blatt stellt den Moment dar, »wie er in seinem feldleger ist gangen«.[10] (Siehe S. 192). Der bewaffnete Kurfürst ist von vierzehn Wappen umgeben, die das Kurfürstentum und das Herzogtum Sachsen sowie die weiteren Herrschaftsgebiete Johann Friedrichs repräsentieren. In einem Dornenbusch zu seinen Füßen tummeln sich verschiedene Untiere, die ihn angreifen. Mit geistlichen Attributen ausgestattet, sind sie als der von Luther als diabolisch und antichristlich geschmähte altgläubige Klerus zu erkennen. Johann Friedrich tritt hier als entschlossener Verfechter der Reformation in Erscheinung. Die deutlich erkennbaren Kürzel seines Wahlspruchs auf dem Kurschwert – V(erbum) D(omini) M(anet) I(n) (A)E(ternum) – und das Zitat des 34. Psalms lassen keinen Zweifel daran, dass seine Wehrhaftigkeit religiös motiviert und gottgefällig ist.

Der Holzschnitt entstand in demselben Jahr, in dem die Dynastie der Ernestiner ihren tiefsten Fall erlebte. Die militärische Niederlage in der Schlacht bei Mühlberg sollte Johann Friedrichs Gefangenschaft, den Verlust wichtiger Teile seines Herrschaftsgebietes und die Aberkennung der Kurwürde zur Folge haben. Diese trug Karl V. dem albertinischen Vetter Moritz von Sachsen an, der ob des lockenden Machtzuwachses seine verwandtschaftlichen und religiösen Bindungen überdacht und die Seiten gewechselt hatte. Diese schmachvolle Niederlage wurde in zahlreichen Graphiken, Schriften und Gemäl-

Lucas Cranach d. J.,
Herzog Johann Friedrich I. von
Sachsen mit Kruzifix,
Holzschnitt mit
typographischem Text, 1552

den als persönliches Martyrium im Einsatz für die Reformation gedeutet.[11] Sichtbares Zeichen hierfür ist die Gesichtsnarbe auf der linken Wange, die Johann Friedrich aus der Schlacht bei Mühlberg davongetragen hatte. Als Verlierer gezeichnet, doch im Glauben ungebrochen zeigt ihn ein Holzschnitt, der im Jahr seiner Entlassung aus der fünfjährigen Gefangenschaft 1552 gefertigt wurde.[12] Der sächsische Herzog ist in Andacht vor einem Kruzifix dargestellt. Er hält ein geöffnetes Buch, auf dessen Schnitt nachträglich die Worte »Aus Not« geschrieben wurden, die das auf der Innenseite lesbare »Hilf Got« ergänzen. Auch die lateinischen Gebetsworte drücken Gottvertrauen aus, mit dem stets die Hoffnung verbunden war, irgendwann die Kurwürde zurück zu erlangen.

Durch die Stilisierung des besiegten Kurfürsten zum Verteidiger und Hüter des wahren Glaubens gelang es zumindest medial, die größte Niederlage der Ernestiner in einen Triumph zu verwandeln.[13] Ein Holzschnitt zeigt beispielhaft, wie dieses dynastische Selbstverständnis nicht nur auf Johann Friedrichs Nachfolger, sondern auch posthum auf seine Vorgänger, Johann den Beständigen und Friedrich den Weisen, übertragen wurde. Mit der Darstellung der letzten drei ernestinischen Kurfürsten, die sich für die Reformation einsetzten, gehört der Holzschnitt zu den ab der Mitte des 16. Jahrhunderts zunehmend verbreiteten Gedächtnis- und Bekenntnisbildern. Gezeigt ist die Austeilung des Abendmahls in beiderlei Gestalt durch Martin Luther und Jan Hus (um 1369–1415) an die Mitglieder des sächsisch-ernestinischen Fürstenhauses.[14] Hus, der den Laienkelch gefordert hatte, galt als Vorläufer der Reformation. Vor dem Altar reicht Luther Johann dem Beständigen den Kelch, während Friedrich der Weise von dem böhmischen Reformator die Hostie empfängt. Johann Friedrich der Großmütige, seine Gattin Sibylla von Jülich-Kleve-Berg sowie die Söhne Johann Friedrich der Mittlere, Johann Wilhelm und Johann Friedrich der Jüngere wohnen dem Geschehen bei.[15] Auf dem Altar steht ein mit einem Kruzifix be-

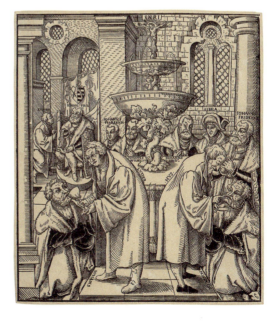

Cranach-Umkreis, Abendmahl der Herzöge des sächsischen Hauses, gereicht durch Martin Luther und Jan Hus, Holzschnitt mit xylographischem Text, um 1550–1580

krönter Brunnen, dessen Schalen von einem Rebstock getragen werden. An das Motiv der »Fons Pietatis« anknüpfend, speist er sich aus dem heilspendenden Blut, das aus den Wundmalen des Gekreuzigten fließt.[16] In der protestantischen Kunst wurde die Erlösung der Menschheit durch das Blut Christi als Versinnbildlichung der Gnade Gottes im Sinne der Rechtfertigungslehre interpretiert. Zudem wird durch den Gnadenbrunnen auf dem Altar nicht nur das Abendmahl in beiderlei Gestalt propagiert, sondern auch die Realpräsenz Christi in Brot und Wein betont. Die Anwesenheit der gesamten Familie der drei letzten ernestinischen Kurfürsten bei diesem nach lutherischem Verständnis zelebrierten Sakrament demonstriert deren Rechtgläubigkeit und Bekenntnistreue. Dabei spielte es auch keine Rolle, dass sich Friedrich der Weise erst im Angesicht des nahen Todes dazu bereit fand, den Laienkelch zu empfangen.[17] Wichtig war die Botschaft, dass die Ernestiner unter einem – dem lutherischen – Bekenntnis vereint waren und dies auch weiterhin blieben.

Bekenntnis im Flugblatt.
Thematische Vielfalt zwischen Tradition und Innovation

Mit der Herausgabe von Flugblättern, in denen die ernestinisch-sächsischen Herzöge ihre Verbundenheit mit der Lehre Martin Luthers zeigen, wurde in öffentlicher Weise ein Bekenntnis formuliert, das durch das gewählte Medium eine besonders weite Verbreitung erreichte. Ein solch publikumswirksames Eintreten für den neuen Glauben seitens eines Landesherrn ist jedoch innerhalb der Flugpublizistik fast einzigartig. Mehrheitlich thematisieren die Flugblätter zeitgenössische Ereignisse politischer, militärischer, naturwissenschaftlicher, gesellschaftskritischer und religiös-konfessioneller Art. Dabei findet sich in den Drucken vielfach auch eine Glaubensrichtung bekennende Komponente, die von den häufig nicht bekannten Auftraggebern bzw. den Herstellern, Autoren, Künstlern und Druckern, herrührt. Neben offensichtlich polemisch gemeinten Drucken, in denen der konfessionelle Gegner direkt angegriffen wird, existiert aber auch eine Reihe von Flugblättern, die mit traditionellen, ikonographisch bekannten Bildern oder von alters her überlieferten Texten arbeitet und diese der neuen Lehre entsprechend anpasst. Sie zeigen auf der einen Seite ihre Herkunft an und auf der anderen Seite ihr neuerlangtes Glaubensbild.

So nimmt die Produktion von religiösen
Einblattdrucken, die mit Heiligenbildern oder
die Passion darstellenden Holzschnitten und
hinzugefügten Gebeten die Gläubigen zur
Kontemplation aufrufen, im Verlauf der Reformation zwar ab. Man kann besonders in der
Anfangszeit jedoch Mischformen von älteren
Bildern und neuen Gebeten entdecken, in
denen besonders die Texte an die neuen Glaubensinhalte angepasst werden. Ein Einblattdruck in der Sammlung der Stiftung Schloss
Friedenstein zeigt dies beispielhaft.[18] Im Jahre
1506 veröffentlichte der Formschneider und
Drucker Thomas Anshelm (um 1465–1523) in
Pforzheim ein Gebetsblättchen mit einer Darstellung der Beweinung Christi. Unter dem
leeren Kreuz ist der Leichnam Jesu zu sehen,
der durch den Jünger Johannes gestützt in eine
halbsitzende Position gebracht wurde. An seiner Seite knien die beiden Marien, Jesu Mutter
und Maria Magdalena, die ihn andächtig
beschauen und beweinen. Den Holzschnitt kombinierte Anshelm
ursprünglich mit einem Gebet an Maria, die darin als Fürbitterin der
Menschen angesprochen wird.[19] In der vorliegenden Version ist das
Gebet jedoch ausgetauscht. Hier ruft der Gläubige Gottvater an und
stellt sein Leben sowie sein Hab und Gut unter dessen Schutz. Er
bittet für sich und seine Familie, dass der Herr Schaden von ihnen
abwende und helfe, den rechten Weg für ein gottesfürchtiges Leben
zu finden.

Teile des Textes scheinen einer Predigt Martin Luthers entnom-
men zu sein, die er zum Evangelium nach Mt 22,15–22 am 23. Sonntag nach Trinitatis im Jahre 1522 hielt.[20] 1526 erschien die Predigt als
Teil der Sommerpostille und 1579 in Gebetform im BETGLÖCKLEIN
LUTHERI unter dem Titel O HERRE, DU BIST MEIN LEBEN.[21] Es ist sehr
wahrscheinlich, dass der Schreiber des Gebetes auf dem Flugblatt
sich bei seiner Formulierung auf Luther berief. Dabei ist zu vermuten, dass er mit gedruckten Vorlagen arbeitete, was eine Datierung
nach 1526 wahrscheinlich macht. Auch die Fehlstellen im Schnitt
weisen auf einen späten Abzug hin. Kleinere Ausbrüche im Bild und
in der Einfassungslinie ebenso wie der leicht schräg verlaufende

Thomas Anshelm,
Beweinung Christi,
Holzschnitt mit
typographischem Text,
um 1506 (Entwurf),
nach 1526 (Druck)

senkrechte Bruch des Stockes zeigen Gebrauchsspuren an, die für eine ausgedehnte Benutzung des Holzstockes sprechen.

Thomas Anshelm verstarb um 1523 in Hagenau. Johannes Setzer (gest. 1532), der dessen Offizin übernahm, druckte – ähnlich wie auch bereits Anshelm – in großer Anzahl Schriften für Reformatoren, etwa von Philipp Melanchthon. Das reformatorische Gedankengut lag den Druckern nicht fern, so dass die Ausgabe des Bildes mit der Szene der Beweinung Christi mit einem lutherisch gefärbten Gebet in das Druckprogramm der Offizin passte. Gleichzeitig bediente der Drucker ein Bedürfnis der Gläubigen, Bilder und Gebete für den täglichen Gebrauch bei sich bzw. in den Räumlichkeiten zu haben. Eine Tradition, die beibehalten wurde, wenn auch unter anderer, neuer Ausprägung. Nicht mehr Maria oder die Heiligen standen im Fokus der Kontemplation, es waren Christus und der Herrgott selbst.[22]

Wurde im Falle des Andachtsblattes in der Befriedigung religiöser Bedürfnisse ein Bild in die reformatorische Zeit übernommen, das auch in der neuen Lehre seine Gültigkeit nicht verlor, so stellte sich eine ebensolche Frage mitunter für mittelalterliche Texte. Im 12. Jahrhundert entwickelte sich beispielsweise die Vorstellung von einer trinitarischen Beratung über die Erlösung des Menschen, die sich mit dem sogenannten Streit der vier Tugenden oder vier Töchter Gottes verband (Psalm 85,11).[23] In der Einblattdrucksammlung in Gotha findet sich ein aus zweieinhalb Folioblättern zusammenzusetzendes Flugblatt von 1556, das mit einem Holzschnitt von Jakob Lucius d. Ä. (um 1530-1597) und mit lateinischen Distichen von Friedrich Widebram (1532-1585) auf eben jene Tradition zurückgreift.[24] Widebram beschreibt hier, auf Bernhard von Clairvaux (1090-1153) fußend, den Paradiesprozess: das Urteil, das Adam und Eva zu erwarten haben. Begleitet wird dieser Prozess vor der Trinität von dem Streit der Personifikationen von Freiheit, Barmherzigkeit, Gerechtigkeit und Wahrheit, der nur durch die Menschwerdung Christi und seinen erlösenden Tod geschlichtet werden konnte.[25] Als Schüler Melanchthons gehörte der Autor der protestantischen Lehre an. Die an sich mittelalterliche Erzählung aktualisierte Widebram im Sinne dieser Glaubenslehre, indem er als protestantisches Moment den Teufel einführte, in dessen Gefangenschaft der Sünder gerät und »aus der er sich mit eigener Kraft nicht befreien kann«.[26] Anschaulich illustriert dies Jakob Lucius in dem Holzschnitt. Adam und Eva stehen als Geisel des Teufels, verbunden und von ihm gehalten durch die Schlange, vor der Richtschranke und damit vor der Trinität. Die

HYPOTYPOSIS IVDICII DIVINI DE TEMPERA-
MENTO IVSTICIAE ET MISERICORDIAE, CONCVRRENTE IN SALV-TIONE HOMI-
NIS, QVAE EXTAT APVD S. BERNHARDVM, PICTVRA ET CARMINE ILLVSTRATA A FRIDERICO
WETDEBRANDO, ET DEDICATA ILLVSTRISSIMO PRINCIPI IOACHIMO, PRINCIPI IN ANHALT.
COMITI ASCANIAE, ET DOMINO BERNBVRGI ET SERVESTI.

sogenannten Töchter sind links und rechts von Jesus,
dem Heiligen Geist und Gottvater mit Spruchtafeln
in den Händen dargestellt und wollen fürsprechend
bzw. anklagend auf den Urteilsspruch einwirken.
Das Urteil sowohl über die Schlange, als auch über
Adam und Eva fällt – mit Bibelsprüchen in den Textfeldern visualisiert – durch Christus (Gen 3,15) und
Gott (Ez 18,23): Der Herr hat keinen Gefallen am
Tod des Sünders, sondern an seiner Bekehrung, so
dass er lebe. Eingefasst ist diese Szenerie in den Ecken
von vier Szenen, die im Uhrzeigersinn, die Kreuzigung, den Sündenfall, den Höllenschlund und die
Öffnung der Himmelspforte für die Gerechten zei-
gen. Eine solche Gegenüberstellung erinnert an die bildliche Wiedergabe der Rechtfertigungslehre Luthers,[27] nach der die Erlösung
des Menschen von der Gnade Gottes abhängig ist. Die Aktualisierung und Anpassung der hier wiedergegebenen mittelalterlichen
Geschichte an die neue Lehre wird ein weiteres Mal offenkundig,
wenn man sich die Gerechten in der linken unteren Ecke näher
anschaut, die hinter dem ersten Menschpaar von Jesus angeführt werden. Es sind der gerade verstorbene Johann Friedrich der Großmütige und Luther, die noch vor Johannes dem Täufer über die Schwelle
der Himmelspforte schreiten werden.

Eine aus der mittelalterlichen Minnelyrik stammende, diesmal jedoch keinen religiösen Hintergrund aufweisende Geschichte ist der Ausgangspunkt für ein Spruchgedicht von Peter Schmieher (tätig 1424-1478), das zunächst in Nürnberg, später in Frankfurt/M. auf Flugblättern veröffentlicht wurde. Schmieher thematisiert und kritisiert in seinen Versen den auf der Welt weit verbreiteten Neid. Personifiziert als Neidhart sei er in allen gesellschaftlichen Schichten und Berufszweigen anzutreffen: bei Fürsten und Bauern, bei Bürgern und Handwerkern, bei Mönchen und Nonnen, im Kloster, auf dem Feld, vor der Kirche und im Rat. Er sei auf den Schaden des anderen aus und gönne einem nichts. Diese spätmittelalterlichen Ausführungen um das Auftreten und Wirken des Neidharts, das Gedicht wurde bereits um 1478 verfasst, eröffnet Schmieher mit der Frage an den Sprecher, ob denn der Neidhart nicht gestorben wäre, der vor vielen Jahren so manchen Bauern beleidigt hätte. Gemeint ist hiermit der mittelalterliche Neidhart, der Protagonist vieler unterhaltsamer Lieder, Spiele und Schwänke, in denen es häufig in derb-komischer Weise um die Auseinandersetzungen des Ritters Neidhart mit den bäuerlichen Rüpeln, den »Dörpern«, geht.[28] Schmieher greift diese Figur auf und ruft mit der Nennung von Personen aus der volkstümlichen Neidhart-Literatur diese assoziativ ins Gedächtnis. Er entwickelt dann jedoch eigenständig eine Dichtung, die mit den ritterlichen Erzählungen nichts gemein hat, sondern eher in den Bereich der Zeitenklage einzuordnen ist, indem er die Missgunst in der Gesellschaft anprangert.

Erhard Schön (um 1491-1542), der die Illustration für den Druck von Hans Guldenmund (tätig 1518-1560) in Nürnberg schuf, erinnert mit seinem Holzschnitt ebenfalls an den traditionell überlieferten Neidhart, indem er auf mittelalterliche Ikonographien zurückgriff.[29] In Drucken und Fresken des 15. Jahrhunderts findet sich häufig eine verschmelzende Darstellung zweier bekannter Episoden des Neidharts visualisiert.[30] In einer Geschichte lässt der Ritter Bienen bzw. Bremsen[31] auf die Bauern los, in einer anderen wird erzählt, wie er sich in ein Fass retten konnte und sich vor den Bauern versteckt hielt. Schön zeigt, motivisch den bekannten Vorlagen entsprechend[32], den flüchtenden Neidhart nun in einem Fass auf einem Wagen. Während die Bauern mit Speeren auf den Ritter losgehen, werden diese von den Insekten malträtiert.

Als nun 1542/43 oder 1551 Anthony Corthoys d.Ä. (um 1500-1562) in Frankfurt das Gedicht von Schmieher auf zwei zusammen-

Erhard Schön/
Peter Schmieher/
Hans Guldenmund,
Der Neidhart,
kolorierter Holzschnitt mit
typographischem Text,
um 1534

zusetzenden Foliobögen nachdruckte, fertigte er einen Holzschnitt
an, in dem er Elemente des Schnittes von Erhard Schön wiederholte,
nun jedoch das Bild als wirkliche Illustration zum Text anpasste.[33]
Statt der Bauern laufen dem Neidhart im Fass Personen hinterher,
die, wie in den Versen beschrieben, aus allen Ebenen der Gesellschaft
kommen. Zuvorderst werden Papst und Kaiser gezeigt, gefolgt von
Vertretern des Adels und der Geistlichkeit, des Bürger- und Hand-
werkertums bis hin zum Bauern. Der Insektenschwarm sowie der
Angriff auf Neidhart mittels Waffen wurden weggelassen. Konse-
quenterweise sind im Text die nach der einleitenden Frage folgenden
Zeilen mit der Aufzählung von Bauern hier auch gestrichen worden.

Dafür ist dem Zug nun das Ziel der Prozession vor Augen gestellt. Es ist der Höllenschlund am rechten Bildrand, auf den die Menschen, immer dem Neidhart und damit ihrem Laster folgend, zulaufen.

Die Anspielung auf die Schwankfigur in dem Flugblatt ist so zurückgenommen, dass man fast geneigt ist, von einer Verkennung der mittelalterlichen Vorlage auszugehen. Corthoys interpretierte Neidhart fast ausschließlich als Personifikation des Neides und passte entsprechend den Text, vor allem aber das Bild an.[34] Besonders durch die Darstellung des Papstes innerhalb des Zuges erhielt das Flugblatt eine polemische Note, die im vorreformatorischen Text so nicht angelegt war. Es zeigt sich, dass die mittelalterliche Figur und frühneuzeitliche Vorlage von Text und Bild unter dem Drucker Anthony Corthoys noch einmal eine ganz eigene, protestantisch geprägte Adaption erfuhr. Dabei kann davon ausgegangen werden, dass der Auftraggeber des Druckes, wenn nicht der Drucker selbst, hier wie auch in den genannten Flugblattbeispielen bekenntnisgleich die Veröffentlichung für ein großes Publikum vorantrieb und unter Wiederverwendung von altgläubigen oder mittelalterlichen Texten und Bildern den neuen Glauben unterstützte.

Innerhalb des Publikationsaufkommens der Frühen Neuzeit erlangte das Flugblatt mit der Einführung der Reformation nach

Nach Erhard Schön/
Peter Schmieher/
Anthony Corthoys d. Ä.,
Der Neidhart, kolorierter
Holzschnitt von 3 Stöcken
mit typographischem Text,
1542/43 oder 1551

1517 einen neuen Stellenwert, der sich mit den theologischen Konflikten erklären lässt, die im Medium von Flugblatt und -schrift aus-
getragen wurden. Die neue Glaubenslehre war häufig Inhalt der Veröffentlichungen und Ziel von Angriffen. Da mit illustrierten Einblattdrucken schnell ein breites Publikum erreicht werden konnte,
nutzten die Ernestiner, insbesondere Johann Friedrich der Großmütige, dieses Medium, um öffentlichkeitswirksam für die Reformation
einzutreten. Das Aufzeigen der genealogischen und religiösen Kontinuität suggeriert ein Traditionsbewusstsein der Ernestiner, das die
Konsequenzen des Handelns Friedrichs des Weisen mit der Protek-
tion Luthers und die Niederlage Johann Friedrichs im Schmalkaldischen Krieg in eine Linie stellt. Doch ein Bekenntnis zum Protestantismus legten nicht nur die Herzöge ab. In zahlreichen Flugblättern
lassen sich Spuren des neuen Glaubensverständnisses finden, die mal
offensiv polemisch, dann wieder weniger offensichtlich die Rezi-
pienten zu belehren und zu überzeugen suchen. Auffällig ist hierbei
die Anbindung des Neuen an Bekanntes. Das Aufgreifen traditionel-
ler Bilder und Texte liefert die Grundlage für die allgemein leichter
verständliche Akzeptanz neuer Inhalte. Das Bekenntnis zu Luther
und der Reformation, das sich in zahlreichen Flugblättern der Stiftung Schloss Friedenstein Gotha widerspiegelt, speist sich aus inno-
vativer Tradition.

1   Enno Bünz, *Die Kurfürsten von Sachsen bis zur Leipziger Teilung 1423–1485.* In: *Die Herrscher Sachsens. Markgrafen, Kurfürsten, Könige 1089–1918,* hg. von Frank-Lothar Kroll, München 2004, S. 39–54. Christian Winter, *Kurfürst Friedrich der Weise und sein Bruder Herzog Johann.* In: *Kurfürst Friedrich der Weise von Sachsen 1463–1525, Beiträge zur wissenschaftlichen Tagung vom 4. bis 6. Juli 2014 auf Schloss Hartenfels in Torgau,* hg. von Dirk Syndram/ Yvonne Fritz/Doreen Zerbe, Dresden 2014, S. 28–38.

2   Georg Spalatin, *Friedrichs des Weisen Leben und Zeitgeschichte* (= Georg Spalatin's historischer Nachlass und Briefe, Bd. 1), hg. von Christian Gotthelf Neudecker/Ludwig Preller, Jena 1851, S. 42 f.

3   Lucas Cranach d. Ä., Kurfürst Friedrich III., Herzog von Sachsen, kolorierter Holzschnitt mit typographischem Text, um 1525 (Entwurf), um 1532/33 (Druck) [SSFG, Inv. Nr. 38,88] und Lucas Cranach d. Ä., Kurfürst Johann I., Herzog von Sachsen, kolorierter Holzschnitt mit typographischem Text, um 1525 (Entwurf), um 1532/33 (Druck) [SSFG, Inv. Nr. 38,87]. In: Bernd Schäfer/Ulrike Eydinger/Matthias Rekow, *Fliegende Blätter. Die Sammlung der Einblattholzschnitte des 15. und 16. Jahrhunderts der Stiftung Schloss Friedenstein Gotha,* hg. von Stiftung Schloss Friedenstein Gotha, Stuttgart 2016, S. 23 f., Kat.-Nr. 17, 18. Harald Meller, Colin B. Bailey, Martin Eberle, Kaywin Feldman, Ulrike Kretschmar, Stefan Rhein (Hg.), *Martin Luther. Schätze der Reformation,* Dresden 2016, S. X, Kat.-Nr. 49.

4   Das in Dreiviertelansicht wiedergegebene Altersporträt Friedrichs des Weisen findet sich erstmalig in einem auf das Jahr 1522 datierten Gemälde, das sich in der Gothaer Sammlung befand und heute als Kriegsverlust zu beklagen ist. Diesem Porträtschema wurde auch das Bildnis Johanns des Beständigen angepasst. Allmuth Schuttwolf, *Verlustdokumentation der Gothaer Kunstsammlungen. Band II. Die Gemäldesammlung,* Gotha 2011, S. 47, Kat.-Nr. 56. Berthold Hinz, *Die Bildnisse der drei letzten Ernestinisch-Sächsischen Kurfürsten. Entdeckung und Gebrauch des öffentlichen Porträts.* In: *Lesarten der Geschichte. Ländliche Ordnungen und Geschlechterverhältnisse* (Festschrift für Heide Wunder zum 65. Geburtstag), hg. von Jens Flemming [u.a.], Kassel 2004, S. 209 f. Andreas Tacke, *Marketing Frederick. Friedrich der Weise in der bildenden Kunst seiner Zeit.* In: Syndram/Fritz/Zerbe 2014, S. 109.

5   Das Enkomium wurde vielen Cranachgemälden des Kurfürsten aufgeklebt. Luthers Handschrift befindet sich in der Forschungsbibliothek Gotha, Chart A 122, fol. 28r/v. Ingetraut Ludolphy, *Friedrich der Weise. Kurfürst von Sachsen 1463–1525,* Göttingen 1984, S. 18 f. Benjamin D. Spira, *Lucas Cranach, der Maler Luthers. Der Hofmaler und der Reformator – Bindung, Bilder und Bedeutung.* In: Stiftung Schloss Friedenstein Gotha/Museumslandschaft Hessen Kassel (Hg.), *Bild und Botschaft. Cranach im Dienst von Hof und Reformation,* Ausst.-Kat. Stiftung Schloss Friedenstein Gotha, Herzogliches Museum 29. März bis 19. Juli 2015 / Museumslandschaft Hessen Kassel, Gemäldegalerie Alte Meister, Schloss Wilhelmshöhe 21. August bis 29. November 2015, Heidelberg 2015, S. 55.

6 Ludolphy 1984, S. 204–222. Heiner Lück, *Wählen und gewählt werden. Friedrich der Weise als Königskandidat auf dem Wahltag zu Frankfurt am Main 1519.* In: Syndram/Fritz/Zerbe 2014, S. 39–46.

7 Hinz 2004, S. 214, 218.

8 »109 gulden 14 gr. Lucas mahlern Inhalt seiner quitantz 60 par teffelein daruff gemalt sein die bede churfursten selige und lobliche gedechtnus« (Zahlungsvermerk vom 10.05.1533). In: Christian Schuchardt, *Lucas Cranach der Ältere. Leben und Werke,* Bd. 1, Leipzig 1851, S. 88.

9 Schäfer/Eydinger/Rekow 2016, S. 23, Kat.-Nr. 17.

10 Lucas Cranach d.J., Kurfürst Johann Friedrich I., Herzog von Sachsen, als Schützer des protestantischen Glaubens und der Reformation, kolorierter Holzschnitt mit typographischem Text, 1547 [SSFG, Inv. Nr. G42,3]. In: Schäfer/Eydinger/Rekow 2016, S. 59, Kat.-Nr. 93.

11 Carl C. Christensen, *Princes and Propaganda. Electoral Saxon Art of the Reformation* (= Sixteenth Century Essays & Studies, Vol. 20), Kirksville/Missouri 1992, S. 92–101.

12 Lucas Cranach d.J., Herzog Johann Friedrich I. von Sachsen, mit Kruzifix, Holzschnitt mit typographischem Text, 1552 [SSFG, Inv. Nr. G42,20]. In: Schäfer/Eydinger/Rekow 2016, S. 27, Kat.-Nr. 25.

13 Siegrid Westphal, *Nach dem Verlust der Kurwürde: Die Ausbildung konfessioneller Identität anstelle politischer Macht bei den Ernestinern.* In: *Zwischen Schande und Ehre. Erinnerungsbrüche und die Kontinuität des Hauses. Legitimationsmuster und Traditionsverständnis des frühneuzeitlichen Adels in Umbruch und Krise,* hg. von Horst Carl und Martin Wrede, Mainz 2007, S. 173–192. Zum dynastischen Selbstverständnis der Ernestiner: Martin Eberle, *Die Ernestiner. Zum Selbstverständnis eines Herrscherhauses.* In: *Luther und die Fürsten. Selbstdarstellung und Selbstverständnis des Herrschers im Zeitalter der Reformation,* 1. Nationale Sonderausstellung zum 500. Reformationsjubiläum, Aufsatzband, hg. von der Staatlichen Kunstsammlung Dresden. Dirk Syndram/Yvonne Wirth/Doreen Zerbe, Dresden 2015, S. 129–137.

14 Cranach-Umkreis, Abendmahl der Herzöge des sächsischen Hauses, gereicht durch Martin Luther und Jan Hus, Holzschnitt mit xylographischem Text, um 1550–1580 [SSFG, Inv. Nr. G42,18]. In: Schäfer/Eydinger/Rekow 2016, S. 158 f., Kat.-Nr. 231. Meller/Bailey/Eberle/Feldman/Kretschmar/Rhein 2016, S. 201, Kat.-Nr. 198. Christensen 1992, S. 119–122.

15 Der tragische Held Johann Friedrich ist hier zweimal dargestellt. Über dem im Hintergrund thronenden Herzog hängt das sächsische Wappen mit den gekreuzten Kurschwertern. Deutlich zu erkennen ist jedoch die Narbe im Gesicht Johann Friedrichs, die er in der verlorenen Schlacht bei Mühlberg 1547 davongetragen hatte. Dass dem Besiegten kurz vor seinem Tod (1554) der Titel »geborener Kurfürst« zugestanden wurde, könnte ein Anhaltspunkt zur Datierung der Graphik sein.

16 Maj-Brit Wadell, *Fons Pietatis. Eine ikonographische Studie,* Göteborg 1969.

17 So überliefert es Georg Spalatin im *Bericht über das Ableben seines Dienstherrn.* Zitiert in Ludolphy 1984, S. 482.

18 Thomas Anshelm, Beweinung Christi, Holzschnitt mit typographischem Text, um 1506 (Entwurf), nach 1526 (Druck) [SSFG, Inv. Nr. 3,7]. In: Schäfer/Eydinger/Rekow 2016, S. 137, Kat.-Nr. 214.

19 Vgl. die Fassung in Bamberg. In: *Hollstein's German Engravings, Etchings and Woodcuts. 1400–1700,* Bd. II, Amsterdam 1955, S. 63, Nr. 2.

20 WA 10, I.2, S. 424, 31–37.

21 Veröffentlicht bei Petrus Treuer. Vgl. Frieder Schulz, *Die Gebete Luthers. Edition, Bibliographie und Wirkungsgeschichte,* (= Quellen und Forschungen zur Reformationsgeschichte, 44), Gütersloh 1976, S. 308, Nr. 600.

22 Die »Tilgung« Mariens als Fürsprecherin für die Gläubigen ist auch an anderen Blättern abzulesen. In der Tradition des Totentanz stehend, ist ein Flugblatt von 1504 überliefert, in dem der vom Tod bedrängte Landsknecht um Beistand bei Maria und Gott bittet [Tod und Landsknecht, SSFG, Inv. Nr. 49,15]. Gut 60 Jahre später wurde das Thema auf einem Einblattdruck erneut aufgegriffen. Unter Wiederverwendung von Textpassagen wird nun jedoch nur noch Gott angesprochen [Hans Weigel d. Ä., Der Landsknecht und der Tod, SSFG, Inv. Nr. 49,50]. Beide abgebildet und besprochen in: Schäfer/Eydinger/Rekow 2016, S. 206 f. und 409, Kat.-Nr. 297 und 549.

23 Ernst Friedrich Ohly, *Die Trinität berät über die Erschaffung des Menschen und über seine Erlösung.* In: *Beiträge zur Geschichte der deutschen Sprache und Literatur* 116, 1994, S. 242–284, hier: bes. S. 258–284.

24 Jakob Lucius d. Ä./Friedrich Widebram, Der Streit der vier Töchter Gottes bzw. Adam und Eva vor dem Jüngsten Gericht, Holzschnitt mit xylographischem und typographischem Text, 1556 [SSFG, Inv. Nr. G42,22–23]. In: Schäfer/Eydinger/Rekow 2016, S. 155–158, Kat.-Nr. 229.

25 Zur Herkunft, Entwicklung und Verbreitung des Motivs siehe: Eduard Johann Mäder, *Der Streit der »Töchter Gottes«. Zur Geschichte eines allegorischen Motivs,* Bern/Frankfurt a. M. 1971. Waltraud Timmermann, *Studien zur allegorischen Bildlichkeit in den Parabolae Bernhards von Clairvaux. Mit der Erstedition einer mittelniederdeutschen Übersetzung der Parabolae ‚Vom geistlichen Streit‘ und ‚Vom Streit der vier Töchter Gottes‘,* Frankfurt a. M./Bern 1982, S. 138–152 mit Angaben zu weiterführender Literatur.

26 Almut Agnes Meyer, *Heilsgewißheit und Endzeiterwartung im deutschen Drama des 16. Jahrhunderts. Untersuchungen über die Beziehungen zwischen geistlichem Spiel, bildender Kunst und den Wandlungen des Zeitgeistes im lutherischen Raum,* Heidelberg 1976, S. 63, 72.

27 Vgl. Lucas Cranach d. Ä., Gesetz und Gnade, Öl auf Holz, 1529 [SSFG, Inv. Nr. SG 676], abgebildet in: Ausst. Kat. Gotha/Kassel 2015, S. 170 f., Kat.-Nr. 42 mit Angabe weiterführender Literatur.

28 Die Figur basiert auf Neidhart von Reu-
ental, einem Minnesänger des 13. Jahrhunderts, dessen Dichtungen die deutsche Lyrik
nachhaltig beeinflussten, bis er später selbst
zur Titelgestalt solcher Geschichten wurde.
Zu Person, Werk und Nachwirkungen siehe:
Die deutsche Literatur des Mittelalters. Verfasser-
lexikon, Bd. 6, hg. von Wolfgang Stammler
u.a., Berlin [u.a.] 1987, Sp. 871–893.

29 Erhard Schön/Peter Schmieher/Hans
Guldenmund, Der Neidhart, kolorierter
Holzschnitt mit typographischem Text, um
1534 [SSFG, Inv. Nr. 40,9]. In: Schäfer/
Eydinger/Rekow 2016, S. 299 f., Kat.-Nr. 408.

30 Vgl. Neithart Fuchs, *Neythartt. Hye
nach volget gar hüpsche abentewrige gidicht […],*
Augsburg: Johann Schaur, um 1491/95, S. 21
[Hamburg, Staats- und Universitätsbibliothek,
Scrin 229c] sowie die in der mittelalterlichen
Burg Trautson abgenommenen Malereien
von 1440/50 im Museum von Maria Waldrast
in Mühlbachl bei Matrei am Brenner. Beides
abgebildet und erläutert in: Wachinger 2011,
S. 151–159, Abb. 4, Taf. 1–4.

31 Vgl. Matter 2005, S. 435–455. Wachinger
2011, S. 152 f., 157–159 stellt die Herkunft und
Deutung der Bienen bei Matter in Frage.

32 Bolte vermutete, dass es einen nicht
überlieferten Einblattdruck gab, der dem
guldenmundschen Druck voranging. In:
Bolte 1905, S. 16.

33 Nach Erhard Schön/Peter Schmieher/
Anthony Corthoys d.Ä., Der Neidhart,
kolorierter Holzschnitt von 3 Stöcken mit
typographischem Text, 1542/43 oder 1551
[SSFG, Inv. Nr. 3,5-6]. In: Schäfer/Eydinger/
Rekow 2016, S. 300–302, Kat.-Nr. 409.

35 Damit ist auch denkbar, dass mit der
Veränderung einer Verständnisverschiebung
Rechnung getragen wurde, wenn nämlich
der »Neidhart« zunehmend allegorisch
aufgefasst wurde. Zeugnis dafür ist Sebastian
Franck, der in seiner Sprichwörtersammlung
den »Neidhart« aufgenommen hat. Franck
1541, II, fol. 89v.

... daß uns im Sakrament Vergebung der Sünden, Leben und Seligkeit ... gegeben wird.

Transformationen:
Essen und Abendmahl im Licht der Reformation

Isabel Greschat

Die Frage nach dem wahren Glauben hat die Menschen zu allen Zeiten, insbesondere aber im Europa der Reformationszeit umgetrieben. Der heutige Mensch kann wohl kaum noch nachvollziehen, welche Bedeutung die Vorstellung vom rechten Glauben und Leben, verbunden mit einer starken Ausrichtung auf das Jenseits, für den mittelalterlichen Menschen hatte.

So ist es verständlich, dass Glaubensfragen intensiv in der Kunst thematisiert wurden. Schließlich blieb das Lesen der Bibel bis ins 15. Jahrhundert und darüber hinaus dem Klerus vorbehalten; Laien konnten dagegen im Betrachten von Bildern ihren eigenen Zugang zum Glauben entwickeln.

Das Verständnis des Abendmahls berührt ein zentrales Motiv des christlichen Glaubens, nämlich die Teilhabe des Glaubenden am Heilsgeschehen. Dies soll im Folgenden anhand dreier Ulmer Bilder, von denen sich zwei im Museum der Brotkultur und eins im Ulmer Museum befinden, näher betrachtet werden. Meine Beobachtungen und Anmerkungen werfen nur punktuelle Lichter auf drei bemerkenswerte Kunstwerke, verstehen sich aber keinesfalls als umfassendere Studien eines reichen und beinahe unerschöpflichen Themas.

Vom Brot zum Fleisch
Die Ulmer »Hostienmühle«, um 1470

Das Altarbild, das aus der renommierten Ulmer Schule stammt, ohne dass man einen einzelnen Künstler identifizieren könnte, entstand in vorreformatorischer Zeit. Dargestellt ist ein Motiv, das um 1400 auftaucht und in standardisierter Form wiederholt wird. Allerdings handelt es sich um ein seltenes Motiv: nur 25 Darstellungen sind insgesamt bekannt, davon sechs Altarbilder. Woher genau das Ulmer Bild, die Mitteltafel eines Triptychons, stammt, ist unklar; möglicher-

Ulmer Werkstatt, Hostienmühle, Öl auf Holz, um 1470, Ulmer Museum

weise wurde es für das Ertinger Pfarramt angefertigt, dem heute die beiden Seitenflügel gehören, während die Mitteltafel 1899 vom Verein für Kunst und Altertum aus Privatbesitz angekauft wurde.

Die Darstellung der »Hostienmühle« versucht, das Geheimnis der Wandlung im Abendmahl in eine allgemein verständliche Bildanalogie zu übersetzen und dabei die gültige katholische Lehre zu verankern: Das Ergebnis ist eine bewundernswert ausgeklügelte Bildanlage. Im oberen Bildraum füllen die vier Evangelisten, erkennbar an ihren Tiersymbolen, die sie als Köpfe tragen, assistiert von Maria und begleitet von der Taube des Heiligen Geistes, Getreidekörner aus Säcken in einen Mühlentrichter. Auf der Ebene darunter treiben die zwölf Apostel die Mühlsteine per Handkurbel an. Aus der Mühle heraus fallen Hostien; im unteren Bilddrittel schließlich erscheint Christus als Kind im Abendmahlskelch, den die vier Kirchenväter halten, um die Hostien aufzufangen.

In der Komposition des Bildes haben wir zum einen die drei untereinander gestaffelten Ebenen, die an die Trinität erinnern und

zugleich die drei Wirkungsebenen Christi angeben: sein Wirken durch den heiligen Geist, durch das kirchliche Personal, und durch das Heilsversprechen im Abendmahl. Zum anderen erscheint durch die klare Vertikale und Horizontale das unterlegte Zeichen eines Kreuzes, in dessen Schnittpunkt die Hostien stehen. Das Kreuz gibt das Hintergrundmotiv an: Allein durch Christi Kreuzestod ist die Zusage des Heils an den Glaubenden möglich.

Bemerkenswert für unser Thema sind vier Punkte.

Erstens: Nicht ungewöhnlich für religiöse Darstellungen des Mittelalters und wichtig für die Bildargumentation ist die Fülle der handelnden Personen. Die Evangelisten und Apostel sind die Zeugen des Handelns, Sterbens und Auferstehens Christi, die Kirchenväter kirchliche Autoritäten, deren Auslegungen entscheidend zur Lehre und zum Selbstverständnis der Kirche beigetragen haben. Hier stehen sie alle gemeinsam als Personen und Institutionen des Glaubens für die abgebildeten Inhalte ein – wer wollte dieser geballten Fülle an Autoritäten widersprechen?!

Zweitens: In Ulm wird Korn in die Mühle gefüllt. Auf fast sämtlichen anderen Fassungen des Themas finden sich Spruchbänder, die ins Mahlwerk gegeben werden. Die Ulmer »Hostienmühle« ist damit zum einen weniger abstrakt, näher an den Alltagserfahrungen der einfachen Leute, zum anderen greift sie das Sinnbild des Korns direkt auf. »Wenn das Weizenkorn nicht auf die Erde fällt und stirbt, bleibt es allein; wenn es aber stirbt, bringt es reiche Frucht« (Joh 12, 24): Christus ist das Weizenkorn. Und schließlich könnte der Verzicht auf Schriftworte auch eine bewusste Abgrenzung von vorreformatorischen Vorstellungen sein, die das Wort in den Mittelpunkt stellen wollten.

Drittens: Die Mühle ist das zentrale Verwandlungsinstrument für die Transformation der Körner, Inbegriff Christi, sowie der Worte der Evangelisten in die Hostien. Als Wandlungsinstrument ist die Mühle schon im 12. Jahrhundert auf einem Kapitell des romanischen Klosters Vézélay zu erkennen, dort für die Verfeinerung der Offenbarung des Alten Testaments im Neuen. Mit der Mühle, die ja zudem eine zentrale Rolle bei der Herstellung von Brot spielt, ist eine äußerst anschauliche Analogie aus der Alltagswelt gefunden. Im Inneren der Mühle geschieht die Verwandlung, von außen unsichtbar. Dieses Geheimnis der Wandlung im Abendmahl ist letztlich nur dem Glauben zugänglich – was die Verballhornung der biblisch-liturgischen Worte »hoc est corpus meum« (dies ist mein Leib) zu »Hokuspukus« aufspießt. Und mancher Zeitgenosse wird daran erinnert worden sein, dass der Beruf des Müllers vielerorts als unehrenhaft galt, weil man Qualität und Quantität des Mehls im Verhältnis zum Mahlgut nur schwer überprüfen konnte.

Viertens: Unter den Hostien steht das nackte Jesuskind im Abendmahlskelch. Dies ist der entscheidende Hinweis auf die katholische Lehre der Transsubstantiation. Sie besagt, dass sich im Abendmahl zwar nicht die äußere Gestalt von Brot (Hostie) und Wein wandeln, wohl aber die Substanz. Die biblischen Worte »dies ist mein Leib« und »dies ist mein Blut« sind die Grundlage dieser Interpretation. Dass hier das Jesuskind auftaucht und nicht etwa der Gekreuzigte, ist darin begründet, dass es um die Fleischwerdung geht: So wie Gott im neugeborenen Christus Fleisch wurde, so wird die Hostie im Abendmahl in seiner Substanz zum Fleisch Christi. Die Transsubstantiationslehre wurde im 12. Jahrhundert zur einzig gültigen katholischen Auffassung, im 13. Jahrhundert zum Dogma, und auf dem Trienter

Konzil Mitte des 16. Jahrhunderts als Reaktion auf die Reformation bekräftigt.

Damit sind wir bei der Motivation dieses Bildmotivs angelangt. Die Frage nach dem Verständnis der Eucharistie ist ein wiederkehrendes Problem in der Kirchengeschichte. Virulent und aus kirchlicher Sicht äußerst bedrohlich wird das Thema im Zusammenhang mit dem vorreformatorischen Gedankengut der Theologen und Prediger John Wyclif und Jan Hus; insbesondere Wyclif lehnte die Transsubstantiationslehre rundweg ab und plädierte für ein symbolisches Eucharistieverständnis. Wyclif und Hus forderten darüber hinaus weitreichende kirchliche Reformen, und fanden, dass jeder Christ selbst die Heilige Schrift lesen und verstehen können sollte. Hus wurde 1415 auf dem Konstanzer Konzil zum Tod verurteilt und lebendig verbrannt. Beide Prediger waren als Charismatiker in der Bevölkerung beliebt und geschätzt, ihr Auftreten und Jan Hus' gewaltsamer Tod sorgten für Unmut und Unruhen. Wir dürfen davon ausgehen, dass die Ulmer »Hostienmühle« in diesem aufgewühlten Klima, das sich letztlich bis zur Reformation nicht beruhigte, als Ausweis katholischer Rechtgläubigkeit und im Sinne einer didaktischen Lehrtafel zu verstehen ist, eingebettet in eine umfassende Allegorie des Heilsgeschehens.

Martin Luther und andere Reformatoren lehnten die Transsubstantiation ebenfalls ab. Luther lehrte die Realpräsenz Christi: Im eucharistischen Ritual sei Christus leibhaftig anwesend. Der Schweizer Zwingli dagegen sah im Abendmahl eine symbolische Handlung, erinnernd an Christi Opfertod; er knüpfte damit an die Bibelworte »solches tut zu meinem Gedächtnis« (Lk 22) an.

Interessanterweise gibt es eine protestantische Replik auf den Topos der Hostienmühle, entstanden 1521: Als

Johann Eckhart, Dis hand zwen puren gemacht, Holzschnitt auf Papier, 1521, Erzbischöfliche Akademische Bibliothek Paderborn

protestantisches Propagandablatt zeigt dieser Druck, wie deutlich das Mühlenmotiv als katholisches Programmbild gesehen wurde. Im protestantischen Gegenbild werden nun die Evangelisten und Paulus in den Mühlentrichter gesteckt, das Mehl wird von Erasmus in einen Sack gefüllt, und Luther »backt« schließlich seine Bibelübersetzung daraus. Das Wort der Heiligen Schrift steht jetzt unmissverständich im Vordergrund.

Heil will verdient sein
Frans Francken, »Der Reiche und der arme Lazarus«, um 1605

Eine ganz andere Darstellung von Mahl findet sich auf dem Tafelbild des Antwerpener Malers Frans Francken, etwa 130 Jahre später. Es handelt sich um eine profane Mahlzeit bzw. ein Festmahl, das in eine komplexe Bildstruktur eingebunden ist und ebenfalls einen Heilszusammenhang entwirft. Abgebildet ist die biblische Geschichte (Lk 16, 19-31) vom reichen Mann und dem armen Lazarus, in der zwei Figuren einander gegenüber gestellt werden, ein dem Leben zugewandter reicher Prasser und ein Armer. Beide sterben, der Arme gelangt – zum Ausgleich für das Erlittene – in Abrahams Schoß, der Reiche landet in der Unterwelt, denn er war seiner Verantwortung, sich karitativ um den Armen zu bemühen, wie es seine christliche Pflicht gewesen wäre, nicht gerecht geworden.

Die Szene am Tisch greift Elemente von Abendmahlsdarstellungen auf und pervertiert sie. So ist die Anlage erkennbar entlehnt: Eine Gruppe von Menschen ist um einen Tisch versammelt, es wird diskutiert und gestikuliert. Der Reiche unter dem Baldachin ist in einen prächtigen Pelz gekleidet, so wie alle Personen auffällig wertvolle Gewänder tragen. Der Tisch ist überreich mit Pasteten, Fleisch und anderen Speisen gedeckt, ein Diener kommt mit weiteren Köstlichkeiten angelaufen, die gar keinen Platz mehr auf dem Tisch finden können. Die Dame zur Rechten des Reichen greift zielsicher nach einem Apfel und scheint ihren Nachbarn zu animieren, es ihr gleich zu tun: der Sündenfall im Paradies. Einige Speisen wie das Hühnchen und die Austern verweisen auf sexuelle Ambitionen; die Austern sind direkt vor dem Reichen platziert. Und doch fehlen auch die klassischen Abendmahlsattribute Brot, Wein und Kelch nicht, sie stehen dem Reichen gegenüber und zeigen: Diesem Mann war die christliche Botschaft durchaus bekannt, doch hat er sie ignoriert und pervertiert, hat egozentrisch und allein diesseitsorientiert gehandelt. Deshalb, so die Bildargumentation, kann er am Heilsgeschehen nicht teilhaben.

Der Aufbau der Komposition unterstreicht das: Auf der Ebene im Mittelgrund ist das Sterben des Reichen in seinem Schlafzimmer zu sehen, in der Flucht darüber hängt ein Bild mit einer erotischen Szene; die dunkle Fassade des Gebäudes, die den Hintergrund für die Geschehen abgibt, verdeutlicht: Der Reiche bleibt in seinen Gelüsten gefangen, kein Weg führt aus der Dunkelheit.

Die Szenen am linken Bildrand, die parallel Lazarus' Geschichte schildern, zeigen dagegen eine überirdische Perspektive in die Weite des Himmels und zum Licht, das von Abrahams Schoß ausgeht.

Franckens Komposition nimmt im katholischen Antwerpen der Zeit eine deutlich gegenreformatorische Position ein. Zum einen wendet sich der Maler leidenschaftlich gegen die protestantische Bildkritik und schmucklose Nüchternheit, die mancherorts im 16. Jahrhundert gar in einem zerstörerischen Bildersturm gipfelte. Francken schildert mit großer Lust die Attraktionen der üppigen Kleider und Speisen, erfreut sich an den unterschiedlichen Stofflich-

Frans Francken,
Der Reiche und
der arme Lazarus,
Öl auf Holz, um 1605,
Museum der Brotkultur Ulm

keiten, an glänzenden und matten, weichen und transparenten Materialitäten. Denn der Stolz des Malers und der Sinn von Malerei, so sah es Francken, sollte es sein, die Vielfalt und Fülle der sichtbaren Welt einzufangen und in ein sinnerfülltes christlich-ethisches Weltbild einzubinden. Nicht allein das Wort soll in seinen Augen zum Heil führen, sondern auch die Überzeugungskraft und konkrete Attraktivität des Bildes, das den Betrachter zu moralischem Handeln animiert. Aus der Perspektive unserer heutigen bilddominierten Medienlandschaft ist diese Haltung sicher nachvollziehbar.

Zum anderen besteht Francken auf der katholischen Auffassung, dass der wahre Christ nur dann des Heils würdig ist, wenn er seinen christlichen, in diesem Fall karitativen, Pflichten nachkommt. Diese Vorstellung branntmarkte Luther als »Werkgerechtigkeit« und setzte ihr die Gerechtigkeit »allein durch den Glauben« entgegen; die Konzeption, dass der Mensch durch gutes Tun wirklich gut und gerecht werden könne, erschien ihm als menschliche Hybris.

Allerdings hatte die Vorstellung der Caritas als christliche Verpflichtung wohlhabenderer Menschen den Ärmeren gegenüber (bzw. in Form von Spenden an karitativ tätige Klöster) auch eine soziale und gesellschaftliche Funktion. Sie stellte die Gesellschaftsordnung, in der Reichtum und Armut nebeneinander existieren, nicht infrage, federte krasse Auswirkungen von Krankheit und Armut aber etwas ab und stützte gleichzeitig mit dem Hinweis auf das zu erwerbende Seelenheil die Machtstellung der Kirche.

Zurück vom Fleisch zum Brot
Sebastian Stoskopff, Stillleben mit Korbflasche, Kelchglas und Brot, 1630–35

Noch einmal ein ganz anderes Mahl bereitet uns Sebastian Stoskopff etwa hundert Jahre nach Martin Luthers Wirken mit seinem schlichten, schönen Stillleben. Der Protestant Stoskopff, der fast ausschließlich Stillleben malte, hat hier nur wenige schlichte Gegenstände auf einer Tischplatte platziert: ein Laib Brot, eine Korbflasche, ein venezianisches Glas mit Rotwein gefüllt, ein Messer. Nichts davon ist kostbar oder besonders. Und doch bekommen die Objekte durch die effektvolle Inszenierung von Licht und Schatten eine dramatische Wirkung und hohe Materialpräsenz. Die Gegenstände können, gerade in ihrer Reduktion, und im Blick auf weitere Stillleben Stoskopffs, in denen Fische, Zitronen und andere christologische Symbole eine große Rolle spielen, deutlich als Hinweis auf das eucharistische Mahl verstanden werden. Dem Laib des Brotes steht der »Leib« der Korbflasche gegenüber, in der der Wein als Christi Blut enthalten ist. Das Messer, das sich im übrigen in vielen Stillleben findet, und das den Blick des Betrachters auf die Ebene der dargestellten Dinge leiten soll, kann man auch als Lanze deuten, die dem Gekreuzigten in die Seite gestochen wurde, den schwarzen Hintergrund entsprechend als Verfinsterung des Himmels in der Passionsgeschichte.

Nun ist weiter zu bedenken, dass das calvinistische Stillleben, das um 1600 in Leiden entstand, und in dessen Einflussbereich Stoskopff stand, das Vanitasmotiv als ein Leitmotiv enthält: die Erinnerung an die Kürze der Lebensdauer und die eigene Sterblichkeit. Da unser Stillleben sich nicht klar in die Bildtradition der Abendmahlsszenerie stellt, ist es für die Deutung des memento mori auf jeden Fall offen. So schnell, mag es bedeuten, wie ein Brot gegessen und eine Flasche

Sebastian Stoskopff,
Stillleben mit Korbflasche,
Kelchglas und Brot,
Öl auf Holz, 1630–35,
Museum der Brotkultur Ulm

Wein getrunken sind, ist das Leben vorbei. Indem Stoskopff hier – potenziell – die Todesgewissheit vor Augen stellt und mit dem Abendmahlsthema verknüpft, verleiht er der Heilsfrage und der Teilhabe am Heil im Abendmahl eine besondere Dringlichkeit.

In einem Punkt kann man Stoskopffs Stillleben als Fortführung des Francken-Bildes verstehen: Die Speisen auf dem Tisch, die beim Antwerpener Maler schon zentrales Element waren, finden hier ihre eigene höchst konzentrierte Bildform. Ansonsten vermittelt es das genaue Gegenteil. Das Bild ist nicht die Illustration eines Bibeltextes. Es enthält keine Moral, es legt dem Betrachter weder nahe, was er glauben, noch wie er handeln soll. Stattdessen rücken Brot und Wein dem Betrachter ganz nahe, er ist mit ihnen und ihrer aufgeladenen Bedeutung allein gelassen.

Es gibt Deutungen, nach denen die protestantische Ablehnung des Bildes im kirchlichen Zusammenhang solche Stillleben zu ersatzweisen häuslichen Andachtsbildern werden ließ. Das mag sein. Viel wichtiger scheint mir aber zu sein, dass durch die Profanisierung des Bildgegenstands eine neue inhaltliche Offenheit entstand, die dem Betrachter einen gegenüber früheren religiösen Bildern weit persönlicheren Zugang zum Bild ermöglichte. Und eben hier sehe ich, neben der Konzentration auf das Wesentliche und neben der Ablehnung tradierter und damit katholisch besetzter Bildmotive den eigentlich reformatorischen Gehalt des Bildes: dass es dem Einzelnen seinen eigenen Blick und seine direkte Beziehung zu Christus »allein aus Glauben« zutraut.

Stoskopffs Motivation für sein Stillleben liegt aber sicher nicht nur und nicht in erster Linie darin, ein protestantisches Abendmahlsbild zu malen. Ihn begeistern die unterschiedlichen Stofflichkeiten der Gegenstände: die stumpfe Kruste des Brotes, die fragile Transparenz des Glases, in der sich das Licht fängt, die geheimnisvolle Leuchtkraft des Rotweins. Vor dem schwarzen Hintergrund entfalten die Dinge eine umso stärkere Wirkung und erscheinen zum Greifen nah. Das Bild feiert die Materialität der Gegenstände. Das zum Fleisch transsubstantiierte Brot in der »Hostienmühle« beginnt sich hier in die reine Materie des Brotes zurück zu verwandeln. In der Nische der Bildgattung Stillleben, die bis ins 19. Jahrhundert als niedere Gattung galt, finden so, still, die wahren künstlerischen Innovationen statt: Immer weniger geht es um das, was dargestellt wird, immer mehr um das Wie, um die Kunst und ihre Ausdrucksformen selbst. Das ist die Wandlung vom Brot zur Kunst.

Schließlich emanzipiert sich die Kunst im 20. Jahrhunderts ganz von ihrem Gegenstand und wird autonom. Sie bildet fortan keine Geheimnisse mehr ab, sie argumentiert nicht mehr für oder gegen eine Glaubensrichtung. Sondern: Sie wird selbst zum Geheimnis, sie erzählt von der Wandlung von Farbmaterie in Kunst, in Kunst als Lebensgefühl und Weltdeutung. Und manche Konzepte von Kunst im aufgewühlten frühen 20. Jahrhundert enthalten sogar das Versprechen einer besseren Welt, ja mehr noch, einer Transzendenzerfahrung: ein Heilsversprechen.

Luther
Wer redlich ficht
wird gekrönt.

Die Bibel als Weltspiegel.
Zu Goethes Luther-Bild

Heike Spies

Angesichts eines geistig konstituierten Menschen wie Goethe stellt sich durchaus die Frage, ob und wie geradlinig seine Entwicklungsprozesse verlaufen, ob sie von kontinuierlichem Wachstum oder von Brüchen und Verwerfungen gekennzeichnet sind. Der Bürger Goethe, in jungen Jahren nach gründlicher Ausbildung in die Führungsposition an einem Hof aufgestiegen, verkörpert in einem besonderen Maß dieses Problem. Für den Sprachkünstler, der mit dem früh begonnenen Werk WILHELM MEISTERS THEATRALISCHE SENDUNG einen Entwicklungsroman konzipiert und selbst verschiedene Phasen der Entfaltung durchläuft, den Intellektuellen, der sich politisch in den Jahrzehnten seines Lebens oft gegen den Zeitgeist engagiert,[1] konnte der radikale Wechsel seiner Gegenwartsparadigmen nicht ohne Folgen bleiben. Gerade hier bedarf das Verhältnis zu GOTT UND WELT[2], wie er eine späte Gruppierung seiner Lyrik betitelt, einer separaten Betrachtung, denn durch das Hineingeborenwerden in eine Konfession, die eine feste Überzeugung erfordert und gesellschaftlich unterscheidbare Ausdrucksformen mit sich bringt, steht der Wahrhaftigkeitsanspruch, den Goethes Kunstverständnis fordert, unter einer besonderen Bedingung. Gerade das im Protestantismus begründete unmittelbare Verhältnis zu Gott und Gottes Wort findet auch im Fall des jungen Goethe seine ursprüngliche Begründung im Elternhaus.

Fundamente oder: Eigene Wege zu Luther

In der freien Reichsstadt Frankfurt, in der neben den seit dem Westfälischen Frieden geschützten Lutheranern und Katholiken auch Reformierte und Juden leben, wächst Johann Wolfgang in einem evangelisch geprägten Elternhaus auf. Am Tag nach der Geburt findet am Freitag, den 29. August 1749, die Lutherische Taufe durch Dr. Johann Philipp Fresenius, den geistlichen Berater der Familie Textor,

Johann Wolfgang von Goethe, Eigenhändiger Sinnspruch auf einem kolorierten Schmuckblatt: Luther / Wer redlich ficht / wird gekrönt. / Weimar d. 5. Jan. 1814 Goethe

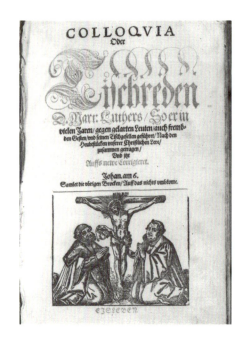

statt.[3] Namengebender Taufpate ist der Großvater mütterlicherseits, Johann Wolfgang Textor (1693–1771).

Dem heranwachsenden Kind steht neben den privaten Unterrichtsstunden des Vaters, Johann Caspar Goethe (1710–1782), der ab 1725 das lutherische Akademische Gymnasium Casimirianum in Coburg besucht hatte, auch dessen Bibliothek zu Verfügung, zu der eine bemerkenswerte theologische Abteilung gehört. Das Erlernen der lateinischen Sprache in Schrift und Rede[4] ist Bestandteil der humanistischen Erziehung. Die Übersetzung von Bibeltexten dient der Anwendung und Festigung des Gelernten. Das ausdrückliche Interesse gilt den Geschichten im Alten Testament, den Psalmen und der poetischen Liebesdichtung Hohelied Salomons.[5] Die logischen Prinzipien der toten Sprache werden mit Leichtigkeit von dem Schüler erfasst, der rückblickend die erworbenen Kenntnisse als unverzichtbare Wissensquelle anerkennt.[6]

Trotz der vielfach betonten raschen Auffassungsgabe findet sich im Nachlass der Zahmen Xenien ein bedenkenswerter Vierzeiler, dessen Schlussgedanke über das Verhältnis von Sprache und Geist bereits bei Luther[7] nachgewiesen ist:

»Das mußt du als ein Knabe leiden,
Daß dich die Schule tüchtig reckt.
Die alten Sprachen sind die Scheiden,
Darin das Messer des Geistes steckt.«[8]

Die Bedeutung der Sprache wird – ähnlich wie bei Luther – als unverzichtbares Werkzeug für den Umgang der Weltkulturen eingeordnet. »Wer fremde Sprachen nicht kennt, weiß nichts von seiner eigenen.«[9] Eine erste Vorstellung vom Ausmaß und der Macht der Sprache als lebendiges Verständigungs- und Gestaltungsmittel wird in diesen frühen Jahren gelegt.

Anfang April 1763 wird Goethe nach vorangegangener Unterweisung in Bibelkunde und Katechismus durch Pfarrer Schmidt

konfirmiert. Die Bibel, deren erste Bekanntschaft einer »göttlichen«
gleicht,[10] zählt zu den eminenten Lektüreerfahrungen des jungen
Menschen. Sie wird ihn als zentraler Text durchgehend bis an sein
Lebensende begleiten. Dem Jugendlichen ist zudem das literarische
Werk Luthers geläufig, er kennt die Vorreden und Einleitungen zu
den einzelnen Büchern der Bibel, hat die Tischreden[11], Kirchenlie-
der, Fabeln und Briefe gelesen, gebraucht sie analog in eigenen
Lebenssituationen.

Zu unterscheiden sind drei Perspektiven, die die lebenslange Auseinandersetzung Goethes mit Luther prägen: die Anerkennung der
durchsetzungsstarken, Fortschritt auslösenden Persönlichkeit des
Reformators, der im 16. Jahrhundert die Christen allein durch das
recht verstandene Bibelwort zu einer befreiten Form selbstbestimm-
ten, direkt mit Gott in der Wechselrede stehenden Glaubens und der
unbedingten Gnadenhoffnung führt.[12] Die kraftvolle, volksnahe,
vielfach sinnliche Sprache Luthers, seine Fähigkeit, Sprache durch
Wortschöpfungen zu gestalten, dazu die Disziplinen Grammatik,
Rhetorik und Dialektik wirken tief auf Goethe ein. Er wird in seinem Lebenswerk die bereitgestellte neuhochdeutsche Sprache mittels Dichtung und Korrespondenz wiederum zu neuen Möglichkeiten lexikalischer Gestaltung führen. Im Mai 1815 fügt Goethe dem
BUCH DER PARABELN folgende Verse hinzu, die der treffenden Wirkung des Wortes Gottes zukommen, damit es die Menschen im Herzen erreicht:

»Vom Himmel steigend Jesus bracht'
Des Evangeliums ewige Schrift,
Den Jüngern las er sie Tag und Nacht;
Ein göttlich Wort, es wirkt und trifft.«[13]

Gerade die immense Leistung der einzigartigen Bibelübersetzung –
die dritte Perspektive – »wie aus e i n e m Gusse«[14] aus den Urspra-
chen findet uneingeschränkte Wertschätzung. Ungezählte Bibelzitate,
Bilder und Szenen aus dem »Buch der Bücher«[15] sind in Goethes
Werk von der Jugend bis zum Alter als Subtext verborgen oder offensichtlich wirksam eingesetzt. Wege und Mittel der Reformation werden kritisch betrachtet, gleichwohl gibt es die dauerhafte Einbindung in die protestantische Welt.

Luthertum entwickeln oder: Die unvollendete Kantate

Im Falle eines Protestanten, noch heute gerne im Süddeutschen nach dem Reformator als »Luthersche« bezeichnet, musste die Auseinandersetzung mit der Gestalt Martin Luthers als dem Erneuerer des christlichen Glaubens im 16. Jahrhundert im Zentrum humanistischer Bildung stehen. Der veränderte, dabei entwickelte Standort Goethes im Alter gegenüber Luther und dessen Lehre lässt sich am deutlichsten an seinem Plan und einigen Entwürfen zu einer Kantate zum Reformationsfest im Oktober 1817 nachweisen. Das feierliche Großereignis fällt in die sogenannten DIVAN-Jahre. Die künstlerische Produktion des dialogisch angelegten Lyrik-Zyklus' WEST-ÖSTLICHER DIVAN, die die Identifikation mit der orientalischen Kultur und dem Islam wie dem Christentum mit sich bringt, bestimmt das Denken ab 1814.

Das Schöpfergeist fordernde Unternehmen einer Kantate, das in wechselseitigen Briefen aus dem subjektiven Erleben letztlich lückenhaft dokumentiert ist, wird aus Anlass der 300. Wiederkehr von Luthers Thesenanschlag an die Schlosskirche zu Wittenberg zuversichtlich in Angriff genommen. Der Impuls dazu kommt von außen, von dem Komponisten und Musikmanager Carl Friedrich Zelter (1758–1832), der als einziger Briefpartner 1811, nach dem Selbstmord eines seiner Kinder, von Goethe mit dem Du in der Anrede ausgezeichnet wird. Die Künstlerfreundschaft beschert Goethe einen vertrauten, zuverlässigen Partner, der vor allem über Verhältnisse in der preußischen Kapitale Berlin informiert. Absichtsvoll nimmt Goethe diesen Briefwechsel, dessen Rechte er sich gesichert hat, in seine Werke auf.[16]

Am 4. November 1816 schreibt Zelter, selbst überzeugter Protestant, an den Freund: »Schon eine Weile trage ich mich mit dem Gedanken: zu dem bevorstehenden Reformationsfeste eine Musik zu machen, die sich vielleicht aus lauter Lutherischen Dictis zusammen setzen ließe. Du bist wohl so gut mir hierüber Deine Gedanken wissen zu lassen, wenn Du nicht gar der Mann bist der allein so etwas zu beschaffen unterrichtet und ausgestattet wäre.«[17] Der kraftvoll-entschiedene Ton, der die Briefe Zelters insgesamt auszeichnet,

wird im Bild der christlichen Konfessionskonkurrenzen im weiteren Fortgang unterstrichen: »Wenn gleich schon an die Sache gedacht ist und besprochen wird, so fürchte ich den alten Leichtsinn wie überall; […] Ich rede aus Erfahrung, denn auf den Tod unserer Königin [Luise 1810], wurde auf dem hiesigen Theater eine katholische Totenmesse mit allem kirchlichen Pomp aufgeführt, damit doch nur etwas geschahe denn unsere protestantische Kirchen lassen sich gar nicht ohne Ärger ansehn.«[18] Als Goethe diesen Brief erhält, geht er unmittelbar auf den Inhalt ein, wie Notizen im Tagebuch[19] belegen, und kann im Antwortbrief vom 14. November schon einen ersten Plan zu der Kantate[20] schicken, die er in der Oratorien-Tradition von Händels Messias, später in Einzelheiten in dem Alexanderfest[21], ansiedelt. Insgesamt geschieht die Erarbeitung des erbetenen Vorschlags trotz der ermutigenden Aufforderung Zelters eher beiläufig:

»*Erster Teil*

    1.) Die Gesetzgebung auf Sinai

    2.) Das kriegerische Hirtenleben, wie uns das Buch der Richter, Ruth, u.s.w. darstellt

    3.) Die Einweihung des Tempel Salomonis.

    4.) Das Zersplittern des Gottesdienstes, der sich auf Berge und Höhlen wirft.

    5.) Die Zerstörung Jerusalem und in Gefolg derselben die Gefangenschaft zu Babel.

    6.) Propheten und Sybillen den Messias ankündigend.

Zweiter Teil.

    1.) Johannes in der Wüsten, die Verkündigung aufnehmend.

    2.) Die Anerkennung durch die drei Könige.

    3.) Christus erscheint als Lehrer und zieht die Menge an sich. Einzug in Jerusalem.

    4.) Bei drohender Gefahr verliert sich die Menge; die Freunde schlafen ein; Leiden am Ölberg.

    5.) Auferstehung.«[22]

Goethe geht es in der Hauptsache um die Legitimation seiner Vorgehensweise durch einen inneren Bibel-Abriss auf der Grundlage des durch Gesetze bestimmten Alten Testaments und des durch das Evangelium bestimmten Neuen Testaments. Er wagt einen weiteren Schritt und sieht in Luthers Übersetzung beider Teile der Bibel einen Weg in eine dritte Phase, die an Lessings ERZIEHUNG DES MENSCHENGESCHLECHTS, im Jahr 1780 erschienen, denken lässt: »Da der Hauptbegriff des Luthertums, sehr würdig begründet ist, so gibt er schönen Anlaß, sowohl zu dichterischer als musikalischer Behandlung. Dieser Grund nun beruht auf dem entschiedenen Gegensatz, von *Gesetz und Evangelium*, sodann der Vermittlung solcher Extreme.[23] […] Und so erblickt denn Luther, in dem alten und neuen Testament das Symbol des großen sich immer wiederholenden Weltwesens. Dort das Gesetz, das nach Liebe strebt, hier die Liebe die gegen das Gesetz zurückstrebt, und es erfüllt, nicht aber aus eigner Macht und Gewalt, sondern durch den Glauben; und nun hier durch den ausschließlichen Glauben an den allverkündigten und alles bewirkenden Messias.«[24]

Ihm ist mit dieser zukunftsoffenen Form des Luthertums sowohl die Abgrenzung vom Katholizismus als auch die Hinwendung zur säkular verbundenen Welt gegeben, wie sie etwa der Kulturprotestantismus um 1900 verwirklichen wird: »Aus diesem wenigen überzeugt man sich wie das Luthertum, mit dem Papsttum nie vereinigt werden kann, der reinen Vernunft aber nicht widerstrebt, sobald sie sich entschließt die Bibel als Weltspiegel zu betrachten, welches ihr eigentlich nicht schwer fallen sollte.«[25]

Aufgrund dieser inhaltlichen Bestimmung des Luthertums schiebt er den Wunsch des Freundes nach Luther-Worten, wenn man die Lieder ausnimmt, beiseite: »Der Text bestünde aus biblischen Sprüchen, bekannten evangelischen Liedern dazwischen Neugedichtetes, und was sich sonst noch finden würde. Einige Worte Luthers möchten kaum anzuwenden sein, da der treffliche Mann durchaus dogmatisch praktisch ist; so auch sein Enthusiasmus. Doch ist es Deine Sache, Dich in den Schriften selbst umzusehen. Vor allen Dingen lies die ganz unschätzbare Vorrede zu dem Psalter. Ferner die Vorreden und Einleitungen in die übrigen biblischen Bücher. Wahrscheinlich triffst Du hier auf anwendbare Stellen, zugleich durchdringst Du Dich vom Sinn der ganzen Lehre, deren Geschenk wir feiern wollen.«[26] Hier ereignet sich eine Form der Identifikation mit Luther auf einer deutlich von den Jugendjahren geschiedenen Stufe. Die Abgrenzung vom Katholizismus geschieht jetzt mittelbar als geschichtlicher Rückblick auf dessen Entwicklung in den Jahrhunderten seit der Römerzeit.[27] Bezogen auf die reinigende Kraft der Reformationszeit steckt sogar eine Aufforderung an den Katholizismus darin, sich der Nähe beider Konfessionen bewusst zu werden.

Handzeichnung von Göthe.   Wartburg

An Zelter ergeht die klare Aufforderung, sich selbst mit Texten Luthers auseinanderzusetzen, um sie sich zur Vorbereitung der eigenen Arbeit geistig anzueignen. Goethe spricht gegenüber Zelter die angestrebte Dimension des Festes aus: »Bald nach ihrer Entstehung und Verbreitung litt die christliche Religion, durch sinnige und unsinnige Ketzereien, sie verlor ihr ursprüngliches Reine. Als sie aber gar rohe Völker und verderbte Gesittete bändigen und beherrschen sollte, waren derbe Mittel nötig; nicht Lehre sondern Dienst bedurfte man. Der einzige Mittler zwischen dem höchsten Gott des Himmels war nicht genug u.s.w. was wir alle wissen; und so entstand, eine Art von heidnischen Judentum, das noch bis auf den heutigen Tag lebt und webt. Das mußte alles in den Gemütern umgeworfen werden, deshalb bezieht sich das Luthertum einzig auf die Bibel; Luthers Verfahren, ist kein Geheimnis, und jetzt da wir ihn feiern sollen, tun wir es nur alsdann im rechten Sinne, wenn wir sein Verdienst anerkennen, darstellen was er seiner Zeit und den Nachkommen geleistet hat. Dieses Fest wäre so zu begehen, daß es jeder wohldenkende Katholik mitfeierte.«[28]

In Zelters Antwortbrief vom 23. November spürt man noch Begeisterung und Bereitwilligkeit, nach Möglichkeit auf diesen umfassenden Plan einzugehen. Der Musiker liest bereitwillig einzelne Bücher des Alten Testaments erneut, stellt sich die Szene bereits konkret vor, will sich die empfohlenen Vorreden sogleich beschaffen und formuliert unter Vermeidung jeglicher geistigen Einengung des Adressaten seinen ursprünglichen Gedanken um: »Unter Lutherischen Diktis verstehe ich so wie Du biblische Sprüche. Könnte man Eins oder mehrere seiner Kirchenlieder gebrauchen; auch gut. Du hast vollkommne Freiheit und ich werde mich nach Dir richten so gut ich kann.«[29] Zugleich fordert der ehemalige Maurermeister konkrete Inhalte an: »Das Buch der Richter und das Buch Ruth ist wieder durchlesen, auf Verbindung und Absonderung gedacht, doch Bauen ohne Steine habe ich nicht gelernt; Du mein Liebster mußt mir nun die Materialien in Natura anweisen, damit nicht etwas Anderes entstehe als wir wollen: kurz ich muß in Bewegung kommen.«[30] Seinem Brief vom 10. Dezember 1816 legt Goethe daraufhin einen deutlich weiterentwickelten Entwurf bei, in dem Einzelszenen mit Sprecherrollen und Chören fixiert sind.[31] Zitiert sei aus dem Anfang der Konzeption, dem Beginn der Abteilung aus dem Alten Testament:

»Symphonie.
Zum Schluß Donner auf Sinai.
Zudringendes Halbchor. (Volk.)
    Es will in der Nähe sehen was da vorgeht.
Abhaltendes Halbchor. (Leviten.)
Das Volk wird von Sinai zurückgedrängt und betet an.
Sprecher (Aaron.)
    Leitet das Ereigniß ein, erwähnt des Abfalls zum goldnen
                                                                Kalbe.
Das Volk demüthigt sich und empfängt das Gesetz.«[32]

Zelter läßt sich im Brief vom 15. Dezember konkret auf diese Gedankenführung ein, formuliert Einzeleinsätze von Sängern, verwirft dann aber die eigentlich von ihm gewünschten Teile zugunsten der künstlerischen Autonomie Goethes: »Das Schema zur Kantate ist ganz nach meinem Sinne ‹,› Du brauchst Dich daher nicht zu genieren und kannst geben was Dir fließt. Arien, Chöre, Rezitative und dergl. formieren sich selber, ja sie müssen sich selber formieren wenn das Ganze verständlich ohne gemein werden soll. Die Ouvertüre war schon disponiert, doch kann ich sie nicht schließen bis ich den Anfang des Stücks habe. Der Sinn und Geist besteht in den von Dir selbst angegebnen Gegensätzen: Du sollst! – Du wirst! Und dazu brauche ich die ordinairen äußern Mittel, daß mir die Steigerung ins Weite übrig bleibt. Die Sache also liegt in den Gedanken und wer diese nicht sogleich faßt, mag sich Zeit nehmen; anders weiß ich nicht zu verfahren.«[33] Kühl und kurz wird Goethe auf diesen erneuten Wunsch, der Handlungsfreiheit offeriert, am 26. Dezember reagieren. Für ihn ist offenbar sein Arbeitsanteil erledigt: »Deinen werten mit meinen Vorschlägen übereinstimmenden Brief, habe erhalten, vorerst aber zu meinen übrigen Papieren gelegt, denn wie ich weiter eingreifen kann seh ich nicht klar.«[34] Goethe, 67 Jahre alt und seit einem halben Jahr Witwer, weicht entschieden aus. Er baut einen Schutzwall aus Begründungen für die fehlende Motivation auf; die eigentlichen Gründe nennt er nicht: das Hindernis der räumlichen Distanz, die Witterung, jede Menge zeitraubende Einzelheiten, der Rückblick auf 1816, dazu ein Katarrh.[35] Für Zelters Enttäuschung über den großen Dichterfreund sind nur Indizien bekannt. Im mehrseitigen Brief vom 8. bis 12. Januar 1817[36] übergeht er das Kantaten-Thema, versteckt eine Andeutung zur Reformation unter

Johann Wolfgang von Goethe, Eigenhändige Notiz eines Ausspruchs von Martin Luther. Vermutlich eine Vorarbeit zu der geplanten Reformationskantate 1817. Göthes Handschrift: (unter Zelters Papieren gefunden) Luther / Ueber die Guten kann und will Gott niemand lassen regieren, denn sich selbst alleine.

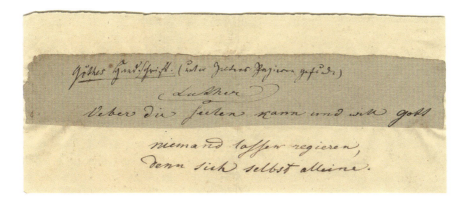

vielen beiläufigen Nachrichten, die auch sonst in seinen Briefen angesprochen werden. Im Rahmen eines Fests des Künstlervereins spricht er von einer »höchst geistreich« angeordneten »Suite von vier großen transparenten Gemälden aus Huttens Leben«[37] und urteilt: »Das verdienstliche an diesen Stücken besteht in der Geschwindigkeit mit welcher sie hingeworfen und von großer Derbheit sind.«[38] Goethe meldet sich erst nach einem Monat wieder mit der pragmatischen Frage nach einer Rollenbesetzung in seinem Theater. Zelter bleibt im Brief vom 11. Februar 1817 nichts anderes, als mit einer hilflos-bittenden Geste zum Gewünschten zurückzuführen: »Daß ich seit 4–5 Wochen nicht geschrieben habe, weiß ich recht gut und habe genug daran gedacht. Allerlei kleine Sorgen verkümmern des Lebens Leben, man weiß nicht wo die Zeit bleibt und was man tut? indem man wer weiß wie, geschäftig ist. Hast du wohl schon etwas über unsern Lutherus ausgedacht? Damit ich einen Anfang hätte.«[39] Goethe hingegen hat zwischenzeitlich eine ganz andere Richtung eingeschlagen, hat seinen kunsthistorischen Freund Johann Heinrich Meyer (1760–1832)[40] den Aufsatz NEU-DEUTSCHE RELIGIOS-PATRIOTISCHE KUNST[41] schreiben lassen, der im zweiten Heft der Zeitschrift UEBER KUNST UND ALTERTHUM[42], die Goethe seit Sommer 1816 herausgibt, erscheinen soll. Zelter wird mit der Bemerkung unterrichtet, »Kriegs- und Friedenserklärungen«[43] seien zu dem brisanten Heft, das die Einfalt mimende Rekatholisierung in der bildenden Kunst angreift, zu erwarten.

Fragt man sich, was Goethe zu seiner zunehmend ausweichend-unzugänglichen Haltung veranlasst hat, die letztlich das Zustandekommen der geplanten Kantate verhindert,[44] so gibt darüber der Entwurf zu einem Artikel zum Reformationsjubiläum Auskunft, der in einem Diktat von November 1816 an den Schreiber John überliefert ist.[45] Goethe begründet in seinem zwei Druckseiten umfassenden Text programmatisch, weshalb er die Feier der Reformation, die nicht streng an einen Tag gebunden sei, mit dem Befreiungstag, dem 18. Oktober der Völkerschlacht bei Leipzig, zusammenlegen möchte. Er verfolgt konsequent den Gedanken, seiner irenischen, zwischen den Konfessionen vermittelnden Zielsetzung entsprechend, kein zweites Fest, das nach innerem und äußerem Erleben nur geringer ausfallen müsse, folgen zu lassen. Er diktiert mit äußerster Empathie: »Das 1817 [...] zu feiernde Reformationsfest, setzt die deutschen

Geister schon in lebhafte Bewegung. Die Protestanten sehen dieser Epoche mit Freudigkeit entgegen; die Katholiken fürchten höhnenden Übermut und befürchten neue Spaltung und Trennung. Es werden viele Vorschläge geschehen, wie dieses Fest zu feiern sei. […]. 2. Tritt noch eine höhere Betrachtung ein, denn nicht nur die zu milden Gaben und dem äußeren Glanze des Festes bestimmten Summen werden erschöpft; […]. 3. Und dann läßt sich in keinem Sinne ein höheres Fest finden als das aller Deutschen. Es wird von allen Glaubensgenossen gefeiert, und ist in diesem Sinne noch mehr als ein Nationalfest; ein Fest der reinsten Humanität. Niemand fragt, von welcher Konfession der Mann des Landsturms sei, alle ziehen vereiniget zur Kirche, und werden von demselben Gottesdienste erbaut; […]. Alle erheben den Geist, an jenem Tag gedenkend, der seine Glorie, nicht etwa nur Christen sondern auch Juden, Mahometanern und Heiden zu danken hat. […] Kein protestantischer Staat, in welchen nicht bedeutende Katholiken sind, diese werden sich in ihre Häuser verschließen, so wie umgekehrt in katholischen Staaten, der geringern Anzahl von Protestanten nur in aller Stille ihr Fest zu feiern vergönnt sein würde.«[46] Neben der prinzipiellen Hinwendung Goethes zum Luthertum, nicht zur Person des Reformators, ist es diese Deutschland zusammenführende Rolle, die er in einer sich steigernden visionären Vorstellung ausdrückt. Goethe kommt der Mitarbeit am Kantatenprojekt nicht nach, weil er ein erneuertes Verständnis von der Größe und Bedeutung des Reformationsgedankens gewonnen hat. Er ist bestrebt, bei der Erörterung der Gegensätze innerhalb des Christentums, aber auch anderer Kulturen insgesamt, das Verbindende, das Versöhnliche zu betonen. Er hat die Vision von einem »Weltfest«[47] der Humanität und der Kulturen, das über die durch Luther erlangte Vereinheitlichung der Sprache[48] hinaus ohne konfessionelle oder politische Fronten in Eintracht gefeiert werde. Im Herbst 1816 verdichten sich diese hohen, über Jahre an Einsicht gewachsenen Ziele angesichts der zu erwartenden Feierlichkeiten im Jahr 1817.

Im Briefwechsel mit Zelter werden diese vom klassisch-humanen Menschenbild getragenen Ideen nicht artikuliert, stimmen aus der Sicht Goethes nicht mit den eher konventionellen Überlegungen des Musikfreunds zu einer kraftvollen Lutherfeier überein. Goethe schweigt, stellt die geistige Beteiligung ein, weil seine progressive Linie nicht erfüllt werden wird. Goethe weiß um die ungeheure Chance der ungeteilten Begegnung von Menschen im Namen einer auf den Prinzipien von Glauben und Vernunft basierenden Reformation. Er hegt Luthers reformatorische Leistung ein, insofern sich mit ihr eine Separierung der christlichen Bekenntnisgruppen ergibt. Luthers Verdienste, jahrzehntelang anerkannt und respektiert, selbst Goethes Nähe zum 16. Jahrhundert,[49] werden in einem Gegensätze vereinigenden Denken abgelöst und überwunden. Er setzt sich mit seiner friedliebenden Auffassung von Luthers radikaler Haltung ab, bleibt aber dem Protestantismus bis zu seinem Tod treu.[50] Der Dichter überhört daher konsequent Zelters Begeisterung, die dieser bei Goethe zu Recht oft herausstreicht, für einen kräftigen Luther-Ton, oder, wie er es in seinem Brief vom 10. November 1816 an Luthers Geburtstag anerkennend gegenüber Goethe formuliert hat: »Quod scripsi, scripsi! Also: bravo! In Luthers Namen.«[51] Zwischen den Freunden kommt es nicht zum ernsten Konflikt, weil sie trotz der spürbaren Hierarchie über eine stabile gemeinsame Basis verfügen.

Im Juni 1817 äußert sich Goethe in einem Brief an J. F. Rochlitz in der gewohnten Souveränität: »Lassen Sie uns bedenken, daß wir dies Jahr das Reformationsfest feiern, und daß wir unsern Luther nicht höher ehren können, als wenn wir dasjenige was wir für Recht, der Nation und dem Zeitalter ersprießlich halten, mit Ernst und Kraft, und wäre es auch mit einiger Gefahr verknüpft, öffentlich aussprechen, und wie Sie ganz richtig urgieren, öfters wiederholen.«[52]

In den TAG- UND JAHRESHEFTEN auf das Jahr 1816 vermerkt Goethe vermeintlich beiläufig und mit Gelungenem kontrastierend das gescheiterte Ereignis: »wogegen eine beabsichtigte große Cantate zum Lutherfest, wegen Mangel an Zeit und Aufmunterung, bald nach der Conception, aufgestelltem Schema und geringer Bearbeitung liegen blieb und für die Ausbildung verloren ging.«[53] Die unvollendete Kantate ist bis heute Mahnung an ein nicht eingelöstes gemeinsames Fest der verschiedenen Kulturen.

Denkmünze von Friedrich Wilhelm Facius auf die Feier des dreihundertjährigen Bestehens der Reformation 1817. Die Inschrift auf der Rückseite SEGENREICHE WIRKUNG INS VIERTE JAHRHUNDERT WEIMAR 31. OCT. 1817 stammt von Goethe.

Das Vermächtnis an die Zukunft

Mit Beginn der Abfassung der Autobiographie DICHTUNG UND WAHRHEIT setzt nach Schillers Tod, der Fertigstellung und Drucklegung des ersten Teils der FAUST-Tragödie wie dem modernen Roman DIE WAHLVERWANDTSCHAFTEN eine rückblickend ausgerichtete Summierung prägender Lebensereignisse und der dichterische Umgang mit ihnen ein. Es entsteht eine vielschichtige Bilanz mit Hilfe von Zeitstationen, gezogen aus Erinnertem, ein bewusstes Spurenlegen zur Bewahrung der eigenen Künstlerpersönlichkeit als repräsentativer Teil der Kultur einer Nation. Die vielfältig angelegte Prägung durch Martin Luther, damit die Hinführung zu den Neuerungen des 16. Jahrhunderts, manifestiert in dessen »Leben und Taten«, eine zunehmende Vorbildhaftigkeit durch Vertrauen in das erkennbar Geleistete, die ganz natürlich dazu führt, sich »an Luthers Ausdruck«[54] zu halten, wird den aufsteigenden Stufen der Entwicklung gemäß geschildert. Unter dieser Anleitung gelingt die Erkenntnis vom »innern Urwesen«[55] einer jeglichen Überlieferung. Die Faszination der geistigen Leistung durch Sprache und Denken verkörpert Luther für den intellektuell disponierten jungen Goethe: »So sei nun Sprache, Dialekt, Eigentümlichkeit, Stil und zuletzt die Schrift als Körper eines jeden geistigen Werks anzusehn.«[56] Wege des geistigen Zugangs, gerade auch zur Bibel, werden erprobt und reflektiert: »Diese aus Glauben und Schauen entsprungene Überzeugung, welche in allen Fällen, die wir für die wichtigsten erkennen, anwendbar und stärkend ist, liegt zum Grunde meinem sittlichen sowohl als literarischen Lebensbau.«[57] Ab 1814 wird das biographische Schreiben von der sukzessiven Entstehung der DIVAN-Lyrik dichterisch begleitet. Nach ergreifender Lektüre verlangt der DIWAN VON MOHAMMED SCHEMSED-DIN-HAFIS[58] die poetische Antwort aus dem Gefühl der Zwillingsbruderschaft zu dem persischen Dichter. Ein über Jahre andauernder Dialog mit der fremden Kultur des Orients beginnt. Der Dichter des Abendlands begibt sich wandernd in das Land der Karawanen und gestaltet allein mit Worten großartige Bilder: das politisch im Umbruch begriffene Europa, Suche und Sehnsucht nach den Ursprüngen von Religion und Kultur, der Beginn tiefer eigener Anteilnahme an einem fremden Volk von Hirten und Händlern zwischen Oase, Wüste und Stadt, Abwehr von Gewalt und Trost durch Poesie, Liebe, Sinnenfreude und Genuss. Die arabische Welt ist eine Kultur der Vielfalt, und über das dialogische Prinzip bildet sich eine für beide Seiten, den Westen wie den Osten, bereichernde Erfahrung heraus. Hier bietet im Falle Goethes die protestantisch-christliche Grundhaltung eine stabile Basis für die Abwägung interkultureller Phänomene. Damit die Ziele einer gemeinsamen Verständigung zukünftig erreicht werden können, trägt Goethe in den NOTEN UND ABHANDLUNGEN[59] 62 stichwortartig

bezeichnete Kapitel mit erzählerisch angelegten Erklärungen und eine Einleitung zusammen. Darin wird gezielt das gemeinsame
Potential der Kulturen betont: »Da wir von
orientalischer Poesie sprechen, so wird notwendig, der Bibel, als der ältesten Sammlung,
zu gedenken. Ein großer Teil des Alten Testaments ist mit erhöhter Gesinnung, ist enthu-
siastisch geschrieben und gehört dem Felde
der Dichtkunst an. […] Und so dürfte Buch
für Buch das Buch aller Bücher dartun, daß

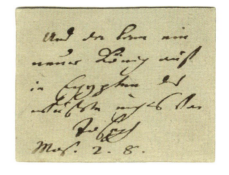

es uns deshalb gegeben sei, damit wir uns daran wie an einer zweiten
Welt versuchen, und daran verirren, aufklären und ausbilden
mögen.«[60] Goethe ahnt das Fragmentarische seines lyrischen Alters-
werks[61] und bekennt sich dazu. Die gedankliche Welt des WEST-ÖST-
LICHEN DIVAN findet auch deshalb an vielen Stellen Eingang in den
zweiten Teil des FAUST.[62]

Auf der Rückseite einer
Visitenkarte von Goethes
Hand: Und da kam ein neuer
König auf in Egypten der
wusste nichts von Joseph
Mos. 2.8.

   Die aktuelle Hinwendung zu Luther und erste Vorbereitungen
auf das 300. Fest der Reformation bereits im Jahr 1816[63] in Form
von intensiver Lektüre ab August[64] geschehen gleichzeitig vor dem
Hintergrund der beschriebenen einigenden Absichten, die sich von
daher nicht mit dem Plan zu einer rein künstlerisch-herkömmlichen
Reformations-Kantate in Einklang bringen lassen.

   Doch Goethes Überlegungen zur bleibenden Sinngebung seiner
eigenen Zukunft als Dichter gehen in noch eine ganz andere Richtung. In der Zeit vom 16. bis 20. Dezember 1816 entwickelt er unmittelbar im Anschluss an den erweiterten Kantatenplan[65] ein anderes,
inhaltlich klar konzipiertes Schema: die Inhaltsgabe für FAUST II[66].
Goethe diktiert die inhaltliche Skizze, widmet sich konkret dem
Gedanken der Fortsetzung von FAUST, seinem Hauptgeschäft der
späten Jahre. Einerseits bedarf das eigene Leben der Stärkung durch
die »Aufmunterung«[67] eines monumentalen geistigen Vorhabens[68],
andererseits besteht angesichts des unmittelbar erlebten Kantaten-
Konflikts die dringende Verpflichtung zur Schaffung eines überzeit-
lichen, Entwicklungen antizipierenden Kunstwerks. Das phantasma-
gorische THEATERGEDICHT[69] der Reise Fausts durch die Welt, begleitet und verführt von Mephistopheles, vorüber an den großen
Themen Geld, Macht, Liebe, Krieg und Tod wird von Goethe nach
der Fertigstellung des Manuskripts im Sommer 1831 versiegelt und
bewahrt bis zum eigenen Tod als geistiges Vermächtnis für zukünftige

Johann Wolfgang von Goethe:
Schlussverse von Faust II
»Chorus mysticus«

Generationen. Es ist bekannt, daß Goethe die Konzeption von Dezember 1816 während der Arbeit an den nicht chronologisch entstehenden Akten noch verändert und gesteigert hat. Das Lebensende von Faust im fünften Akt[70] in den Szenen »Großer Vorhof des Palasts«, »Grablegung« und »Bergschluchten« gibt hinsichtlich der Gestaltung des Gnadenmotivs und der Erlösung durch den Kreuzestod Anlass zu der Überlegung, ob Goethe das gedankliche Potential der Notate zur ehemals geplanten Reformationskantate in diesen prominenten Szenen aufgehen lässt.[71] Der Einsatz verschiedener Chöre und Sprecher, insbesondere des »Chors der Engel«, der »Propheten und Sybillenchöre«, ein Ensemble von Naturgewalten, der »gloriose« Schluss wie die Imagination einer Steigerung des Geistigen »bis zur Himmelfahrt und zur Unsterblichkeit«[72] gehören ebenfalls zu den Elementen der »Bergschluchten«-Szene.[73]

Verloren sind die bedeutungsvollen Passagen für das Reformationsfest 1817, ihre Vollendung mögen sie in diesem letzten großen Akt gefunden haben.

Am 11. März 1832, wenig mehr als eine Woche vor seinem Tod, führt Goethe gegenüber Eckermann in einem der wichtigsten Gespräche in weiser Voraussicht aus: »Wir wissen gar nicht, was wir *Luthern* und der Reformation im Allgemeinen Alles zu danken haben. Wir sind frei geworden von den Fesseln geistiger Borniertheit, wir sind in Folge unserer fortwachsenden Kultur fähig geworden, zur Quelle zurückzukehren und das Christentum in seiner Reinheit zu fassen. Wir haben wieder den Mut, mit festen Füßen auf Gottes Erde zu stehen und uns in unserer gottbegabten Menschennatur zu fühlen. Mag die geistige Kultur nun immer fortschreiten, mögen die Naturwissenschaften in immer breiterer Ausdehnung und Tiefe wachsen und der menschliche Geist sich erweitern wie er will, über die Hoheit und sittliche Kultur des Christentums, wie es in den Evangelien schimmert und leuchtet, wird er nicht hinauskommen! Je tüchtiger aber wir Protestanten in edler Entwickelung voranschreiten, desto schneller werden die Katholiken folgen. Sobald sie sich von der immer weiter um sich greifenden großen Aufklärung der Zeit ergriffen fühlen, *müssen* sie nach, sie mögen sich stellen, wie sie wollen, und es wird dahin kommen, daß endlich Alles nur Eins ist.«[74]

1 *Politik gegen den Zeitgeist.* In: *Politik gegen den Zeitgeist,* Ekkehard Krippendorff, Frankfurt am Main u. Leipzig, 1999, S. 19–42 / S. 224 f.

2 *Goethe's Werke. Vollständige Ausgabe letzter Hand.* Stuttgart und Tübingen, in der J.G. Cotta'schen Buchhandlung 1827–1842. Hier: 3. Band, 1827.

3 Goethes Taufanzeige in den *Wöchentlichen Franckfurter Frag- und Anzeigungs-Nachrichten vom 2. September 1749.* Die letzte Eintragung auf der Seite lautet: »S.T. Hr. Joh. Caspar Goethe / Ihro Röm. Kayserl. Majestät würcklicher Rath / einen Sohn, Joh. Wolffgang.« (Goethe-Museum Düsseldorf, Anton-und-Katharina-Kippenberg-Stiftung).

4 Johann Wolfgang von Goethe, *Werke Kommentare und Register.* Hamburger Ausgabe (HA) in 14 Bänden, hg. von Erich Trunz, München 1981, Bd. 9, Autobiographische Schriften I, *Dichtung und Wahrheit,* 2. Teil, 6. Buch, S. 239. »Desto ernstlicher hielt ich mich ans Lateinische, dessen Meisterwerke uns näher liegen und das uns nebst so herrlichen Originalproduktionen auch den übrigen Erwerb aller Zeiten in Übersetzungen und Werken der größten Gelehrten darbietet.«

5 HA, Bd. 9, S. 158 *Dichtung und Wahrheit,* 1. Teil, 4. Buch »Ich hatte von Kindheit auf die wunderliche Gewohnheit, immer die Anfänge der Bücher und Abteilungen eines Werks auswendig zu lernen, zuerst der fünf Bücher Mosis, sodann der ›Äneide‹ und der ›Metamorphosen‹.« HA, Bd. 2, S. 206 f., *West-östlicher Divan,* »Noten und Abhandlungen«, hier: »Alttestamentliches«. Goethe übersetzte das biblische *Hohelied Salomons* Anfang Oktober 1775 als die »herrlichste Sammlung Liebeslieder« (an Merck, 7.10.1775) in ausdrucksstarker Prosa unter Verwendung von Luthers

Übersetzung, der Vulgata, einer lateinischen Version S. Schmids und des Bibelkommentars von I.A. Dietelmair (1749–1770).

6 Johann Wolfgang Goethe, *Sämtliche Werke nach Epochen seines Schaffens*, hg. von Karl Richter in Zusammenarbeit mit Herbert G. Göpfert, Norbert Miller, Gerhard Sauder und Edith Zehm, München 2006 (MA), Bd. 4.1, S. 771, *Wirkungen der Französischen Revolution 1791–1797,* Xenion *Tote Sprachen,* (Distichen aus dem Musenalmanach von 1797, »Tabulae votivae«) »Tote Sprachen nennt ihr die Sprache des Flakkus und Pindar, / Und von beiden nur kommt, was in der unsrigen lebt!« MA, Bd. 17, S. 839, *Maximen und Reflexionen* Nr. 659 und Nr. 660.

7 HA, Bd. 1, S. 694 »In Luthers Schrift ›An die Ratsherrn aller Städte deutschen Landes‹, (1524) steht: ›Und laßt uns das gesagt sein, daß wir das Evangelion nicht wohl werden erhalten ohn die Sprachen. Die Sprachen sind die Scheiden, darin dies Messer des Geists stickt‹.« »Goethes Zitat bündelt die reformatorische wie die neuhumanistische Sprachauffassung.«

8 Ebd., S. 329.

9 MA, Bd. 17, S. 737, *Maximen und Reflexionen* Nr. 91.

10 HA, Bd. 9, S. 335, *Dichtung und Wahrheit,* 2. Teil, 8. Buch.

11 Johann Wolfgang Goethe, *Sämtliche Werke. Briefe, Tagebücher und Gespräche,* hg. von Karl Eibl u.a., Frankfurt 1987 f. (FA), Bd. 14, S. 489. Das Motto des »Dritten Teils« von *Dichtung und Wahrheit* ist die Variation eines in Luthers *Tischreden* überlieferten Sprichworts: »Es ist dafür gesorgt, daß die Bäume nicht in den Himmel wachsen.«

12 MA, Bd. 19, S. 695, Z. 22ff., *Gespräche mit Eckermann,* hier: »11. März 1832«.

13 HA, Bd. 2, S. 102, *West-östlicher Divan,* »Buch der Parabeln«. Vgl. auch Anm. 11.

14 HA, Bd. 9, S. 493f., *Dichtung und Wahrheit,* 3. Teil, 2. Buch »Nur will ich noch, […] an Luthers Bibelübersetzung erinnern: denn daß dieser treffliche Mann ein in dem verschiedensten Stile verfasstes Werk und dessen dichterischen, geschichtlichen, gebietenden, lehrenden Ton uns in der Muttersprache wie aus e i n e m Gusse überlieferte, hat die Religion mehr gefördert, als wenn er die Eigentümlichkeiten des Originals im einzelnen hätte nachbilden wollen. Vergebens hat man nachher sich mit dem Buche Hiob, den Psalmen und andern Gesängen bemüht, sie uns in ihrer poetischen Form genießbar zu machen. Für die Menge, auf die gewirkt werden soll, bleibt eine schlichte Übertragung immer die beste. Jene kritische Übersetzungen, die mit dem Original wetteifern, dienen eigentlich nur zur Unterhaltung der Gelehrten untereinander.« HA, Bd. 2, S. 255, Z. 6-17, *West-östlicher Divan,* hier: »Übersetzungen«.

15 HA, Bd. 2, S. 20f., *West-östlicher Divan,* hier: »Beiname« und S. 129, Z. 23.

16 Hier zitiert nach: (MA), Band 20.1 und 2, »Briefwechsel mit Zelter 1799-1827«.

17 Ebd., S. 466 (Brief Nr. 268, Zelter, Berlin, 4. bis 5. November 1816)

18 Ebd., S. 466

19 FA, Bd. 8, (Teil I *Vom 6. Juni 1816 bis zum 18. Oktober 1819,* S. 55, 45. Goethes Tagebuch ‹5. ‹11.› […] Tenzels Reformations-Geschichte.«, S. 61, 49. Goethes Tagebuch »Do. 7.11.1816 […] Zelters Brief, […] Monument für Luthern durchgedacht.« Es handelt sich um Wilhelm Ernst Tentzels und Ernst Salomon Cyprians *Reformations-Geschichte* (2 Bde. 1717/18). (MA, Bd. 11.1.1, S. 668, Kommentar).

20 MA, Bd. 11.1.1, S. 311, *Divan-Jahre 1814–1819.* »‹I› Schema / zu einem großen Oratorium / vielleicht zu benennen: / ‚Die Sendung des Messias.'«

21 MA, Bd. 20.1, S. 486 (Brief Nr. 276, Goethe, Weimar, 10. Dezember 1816)

22 Ebd., S. 476 (Brief Nr. 272, Goethe, Weimar, 14. November 1816) Herbert Wolf, *Martin Luther,* Stuttgart 1980, S. 44 »Erheblich dürfte Luther zur Einbürgerung einiger wichtiger Wörter aus dem theologischen Bereich beigetragen haben, namentlich durch Heranziehung in seiner Bibelübersetzung. Das gilt für Auferstehung, das sich übrigens auch bei ihm selbst erst gegen den zeitweiligen Gebrauch von aufferstand, aufferstentnis, aufferstehen (als Verbalabstraktum) und urstend für lat. resurrectio durchzusetzen hatte.«

23 HA, Bd. 9, S. 510, *Dichtung und Wahrheit,* 3. Teil, 12. Buch »Die derbe Natürlichkeit des Alten Testaments und die zarte Naivetät des Neuen hatte mich im einzelnen angezogen; als ein Ganzes wollte sie mir zwar niemals recht entgegentreten.« Analog stellt Goethe »Notwendigkeit und Freiheit« einander gegenüber.

24 MA, Bd. 20.1, S. 475 (Brief Nr. 272, Goethe, Weimar, 14. November 1816).

25 Ebd., S. 475.

26 Ebd., S. 477.

27 Dies ist eine durchaus protestantische Denkweise, die ikonographisch durch das Symbol des jungen Triebes, der aus einem abgestorbenen Baumstumpf herauswächst, symbolisiert wird. Siehe dazu die Denkmünze in Silber, 1755, von Johann Heinrich Wolfgang Stokmar, auf die Beendigung der Vormundschaft über Ernst August II. Constantin von Sachsen-Weimar-Eisenach

(1737–1758). Motiv avers: Aus einem abge-
brochenen Baumstamm sprießt ein junges
Bäumchen (Goethe-Museum Düsseldorf,
Anton-und-Katharina-Kippenberg-Stiftung).
Vgl. auch: *Die Ernestiner. Eine Dynastie prägt
Europa. Thüringer Landesausstellung Gotha/
Weimar 24. April bis 28. August 2016,* hg. von
Friedegund Freitag und Karin Kolb, Dresden
2016, S. 186f.

28 MA, Bd. 20.1, S. 477 (Brief Nr. 272,
Goethe, Weimar, 14. November 1816).

29 Ebd., S. 480 (Brief Nr. 274, Zelter, Berlin,
23. bis 24. November 1816).

30 Ebd., S. 479.

31 Bernhard Suphan hat in der Weimarer
Sophien-Ausgabe (WA) diese Pläne 1894
erstmals vorgestellt (WA I, 16, S. 570 ff.).

32 WA I, 16, S. 574 *Anhang. Cantate zum
Reformations-Jubiläum.*

33 MA, Bd. 20.1, S. 487 (Brief Nr. 277, Zelter,
Berlin, 15. bis 16. Dezember 1816).

34 Ebd., S. 489 (Brief Nr. 278, Goethe, Weimar, 26. Dezember 1816).

35 Ebd., S. 489. Am 6. Juni 1816 starb Goethes
Ehefrau Christiane, geb. Vulpius (1.6.1765).

36 MA, Bd. 20.1, S. 491 ff. (Brief Nr. 281,
Zelter, Berlin, 8. bis 12. Januar 1817).

37 Ebd., S. 493.

38 Ebd., S. 493.

39 Ebd., S. 495 (Brief Nr. 283,
Zelter, Berlin, 11. bis 14. Februar 1817).

40 FA, Bd. 33, S. 142, *Napoleonische Zeit I,*
103. Goethes Tagebuch Di. 4. / So. 9. 11. 1806.
»4. ‹11.› […] Nachmittags Luthers Verherr-
lichung von Hummel [Johann Erdmann
Hummel (1769–1852)] mit Meyer durchge-
gangen, und anderes auf Luthers Leben und
Charakter bezügliches besprochen.«

41 FA, Bd. 20, S. 105–129, *Ästhetische Schriften
III: 1816–1822.*

42 Goethes Kulturzeitschrift ging aus der
zunächst unter dem Titel *Kunst und Alterthum
am Rhein und Mayn* angekündigten Publikation hervor. Ab Juni 1816 erschienen Ausgaben
in unregelmäßiger Folge bis 1832.

43 MA, Bd. 20.1, S. 508 (Brief Nr. 294,
Goethe, Weimar, 29. Mai 1817);
MA, Bd. 20.1, S. 501 (Brief Nr. 287, Zelter,
Berlin, 3. bis 4. März 1817) Schon im März
1817 nimmt der Tonfall Zelters endgültig resignative Züge an: »Schade nur daß
mein Luther dadurch um sein armes Leben
kommt.« Goethe hatte ihn zuvor wissen
lassen, mit der Redaktion von »Kotzebues
Schutzgeist« beschäftigt zu sein. MA, Bd. 20.1,
S. 499 (Brief Nr. 285, Goethe, Weimar,
23. Februar 1817).

44 Weitere Kantaten, die unvollendet blieben, waren ein Werk zu Schillers Totenfeier
(1805) und das *Requiem* für den Fürsten Carl
Joseph von Ligne (1815).

45 Bernhard Suphan, *Goethe und das Jubelfest
der Reformation.* In: *Goethe-Jahrbuch,* 16, 1895,
S. 3–12; hier S. 3-5.

46 MA, Bd. 11.2, S. 220f., *Divan-Jahre
1814–1819,* ‹Zum Reformationsfest›.

47 Ebd., S. 221.

48 HA, Bd. 3, *Briefe 1805–1821,* S. 453
(Brief Nr. 1132). Im Brief an Adolph Oswald
Blumenthal (1802–1870; 1818 Student in
Breslau, um 1820 in Berlin, später Jurist und
preußischer Beamter) vom 28. Mai 1819
würdigt Goethe vor dem Hintergrund seiner
literarischen wie editorischen »Divan«-Ar-
beit Luthers Errungenschaften hinsichtlich
der erlangten nationalen Einigung durch die
Sprache.

49 Volkmar Hansen: *Goethes Neuzeit.* In: *Anmerkung 99,* Goethe-Museum Düsseldorf 2012.

50 HA, Bd. 4, *Briefe 1821–1832,* S. 194 (Brief Nr. 1335) und S. 235 (Brief Nr. 1367, An Carlyle). Der Zusammenhang von »Wirkung des Worts« und »Reformation« in seiner umfassenden Bedeutung für Goethe lässt sich an einem Brief vom 17. Juni 1826 an den Theologieprofessor J. T. L. Danz (1769–1851), der ihm den letzten Band seines *Lehrbuchs der christlichen Kirchengeschichte* als dem »edlen Freunde und Verehrer Luthers« gewidmet hat, ablesen, wenn er, Bedingungen anführend, zustimmt: »Ja gewiß, wenn wir trachten, daß Gesinnung, Wort, Gegenstand und Tat immer möglichst als Eins erhalten werde, so dürfen wir uns für echte Nachfolger Luthers ansehen; eines Mannes, der in diesem Sinne so Großes wirkte und, auch irrend, noch immer ehrwürdig bleibt.«

51 MA, Bd. 20.1, S. 473 (Brief Nr. 271, Zelter, Berlin, 10. November 1816) »Was ich geschrieben habe, das habe ich geschrieben.« (Ausspruch von Pontius Pilatus, Joh. 19,22). FA, Bd. 1, S. 704, Z. 64 (Gedichte 1756–1799) »Und was ich gemalt hab', hab' ich gemalt.« In: Goethe, *Künstlers Fug und Recht* (1792 in Pempelfort).

52 FA, Bd. 8, S. 108 f. (Brief Nr. 101, Goethe, 1. Juni 1817).

53 MA, Bd. 17, S. 271 (*Tag- und Jahreshefte*), 1816.

54 HA, Bd. 9, S. 508 f., *Dichtung und Wahrheit,* 3. Teil, 12. Buch.

55 Ebd., S. 509, Z. 17 ff., *Dichtung und Wahrheit,* 3. Teil, 12. Buch.

56 Ebd., S. 509, Z. 28 ff.

57 Ebd., S. 510, Z. 13 ff.

58 Joseph Freiherr von Hammer-Purgstall (1774–1856): *Der Diwan von Mohammed Schemsed-din-Hafis. Aus dem Persischen zum erstenmal ganz übersetzt von Joseph von Hammer, Erster Theil.* Stuttgart und Tübingen, in der J. G. Cotta'schen Buchhandlung, 1812. (Goethe-Museum Düsseldorf, Anton-und-Katharina-Kippenberg-Stiftung).

59 HA, Bd. 2, S. 126, *West-östlicher Divan.* Der Dichter spricht aus eigener Sicht und weist interessierte Leser, indem er »erläutert, erklärt, nachweist«, abschnittweise in Fragestellungen aus Geschichte, Dichtung, Kunst und das Wesen des Islam mit dem Koran im Vergleich mit dem Christentum und der Bibel ein. Hier: »Israel in der Wüste«, »Da kam ein neuer König auf in Ägypten, der wußte nichts von Joseph‹.« HA, Bd. 9, S. 511, Z. 14 f., *Dichtung und Wahrheit,* 3. Teil, 12. Buch.

60 HA, Bd. 2, S. 128 f., *West-östlicher Divan,* hier: »Hebräer«.

61 Ebd., S. 195, *West-östlicher Divan,* hier: »Künftiger Divan«.

62 FA, Bd. 7.2, S. 813, *Faust,* »Chorus mysticus«, »Ein Hinweis, wie man die Bezeichnung dieses Chores als mysticus verstehen könnte, findet sich vielleicht im ›West-östlichen Divan‹. Über die Dichtungen des Hafis (›Du aber bist mystisch …‹) heißt es in den ›Noten und Abhandlungen‹: ›in die Geheimnisse der Gottheit von fern hinein blickend‹.« Die eigenhändige Niederschrift der Schlussverse von *Faust II* »Chorus mysticus« befindet sich im Goethe-Museum Düsseldorf, Anton-und-Katharina-Kippenberg-Stiftung.

63 HA, Bd. 2, S. 268 ff., *West-östlicher Divan,* vgl. dazu: »Goethes Ankündigung des West-östlichen Divans im ›Morgenblatt‹ 1816«.

64 Hans Gerhard Gräf: *Goethe und seine Dichtungen. Dritter Theil: Die lyrischen Dichtungen.*, Frankfurt a.M. 1914, S. 114 »21. August 1816, Tennstedt. Bibel: Buch der Könige .. Psalmen. Vergleichung mit neuerer orientalischer Poesie […]. 22. August 1816, Tennstedt. [Abends.] Psalmen. Luthers Vorreden. Verglichen neuere orientalische Poesie.«

65 Vgl. Anmerkung 31.

66 HA, Bd. 3, S. 435 ff., *Dramen I (Faust)*.

67 MA, Bd. 17, S. 271 *(Tag- und Jahreshefte),* 1816.

68 MA, Bd. 20.1, S. 489 (Brief Nr. 278, Goethe, Weimar, 26. Dezember 1816) »[…] daß ich, […] nicht weiß wie ich fertig werden will. Doch kommt zu solchen Dingen manchmal ein ganz unvermuteter Anstoß, darauf wollen wir hoffen und vertrauen.«

69 FA, Bd. 7.2, S. 392, *Faust*.

70 Ebd., S. 704 ff. »Als Goethe im Februar 1825 mit der Arbeit am 5. Akt begann, konnte er an Vorarbeiten und Bruchstücke anknüpfen, die vor der Jahrhundertwende entstanden waren.« Frühjahr 1825: »Großer Vorhof« und »Grablegung«, Dezember 1830: »Bergschluchten«.

71 WA I, 16, S. 572 Bevor Goethe seinen Entwurf an Zelter schickte, hat er eine Abschrift des Schemas angefertigt und für sich behalten.

72 MA, Bd. 11.1.1, S. 314 ff., *Divan-Jahre 1814–1819*.

73 Ebd., S. 315 Ein weiterer Hinweis für die partielle Einarbeitung des Kantatenschemas vom 10. Dezember 1816 bietet vergleichsweise der Beginn des 1. Akts von *Faust II*, »Anmutige Gegend«: »Symphonie. Sonnenaufgang. / Das lieblichste der Morgenluft. Ländlich nicht hirtlich. / Weite Einsamkeit.«

74 MA, Bd. 19, S. 695 f., *Gespräche mit Eckermann,* hier: »11. März 1832«.

Luther: Der Herr aber (...) vergab seinem Feind.

Kohlhaas: Der Herr auch vergab
allen seinen Feinden nicht.

»mit der Freimüthigkeit, die ihm eigen war«
Kleists literarischer Luther

Barbara Gribnitz

Die Geschichte der Transformation der historischen Person Martin Luther in eine literarische Figur begann schon kurz nach seinem ersten öffentlichen Auftreten: Thomas Murners Von dem grossen lutherischen Narren (1522) und Hans Sachs' Die Wittenbergisch Nachtigall (1523; vgl. Abb. S. 23) sind auch heute noch bekannte Beispiele aus einer Vielzahl literarischer Luther-Auseinandersetzungen der Reformationsgegner und -befürworter des 16. Jahrhunderts. Nach der Beilegung des konfessionellen Streites verebbte das Interesse der Schriftsteller an Martin Luther zunächst, bevor es sich unter anderen Vorzeichen ab Mitte des 18. Jahrhunderts wieder erneuerte. Nun stand nicht mehr Luthers neue geistige und weltliche Ordnung im Mittelpunkt, sondern deren Wirkung, die insbesondere in der religiösen Befreiung und der durch die Bibelübersetzung bereitgestellten gesamtdeutschen Sprache gesehen wurde. Somit galt Luther den protestantischen Dichtern als ein Begründer einer nationalen deutschen Kultur, und in diesem Sinne tauchte er – weniger als Figur, denn als Name – in Werken Lessings, Klopstocks, Schillers, Goethes auf. Auch Heinrich von Kleist zählte Luther in seinem Text Was gilt es in diesem Kriege? neben Leibniz, Gutenberg, Hutten, Friedrich II. u.a. zu den Personen, auf denen die deutsche Gemeinschaft beruhe. Doch Kleist schuf auch eine der drei literarischen Gestalten namens Martin Luther am Beginn des 19. Jahrhunderts. Stellt Zacharias Werners Drama Die Weihe der Kraft (1806/07) eine Entleerung bzw. »Veroperung« des Reformationsgeschehen vor,[1] bleibt Luther in Achim von Arnims Roman Die Kronenwächter (1812) nur eine marginale Randfigur im Augsburg des Jahres 1518, so markiert in Kleists Erzählung Michael Kohlhaas (1810) die Begegnung zwischen Luther und dem Protagonisten den entscheidenden Wendepunkt der Handlung.

Michael Kohlhaas, ein brandenburgischer Rosshändler, gerät an der Grenze mit dem sächsischen Junker Wenzel von Tronka in Konflikt, dessen Vogt einen Passierschein fordert. Als Pfand für seine

Otto Fischer-Lamberg, 1933/34

77

eine Deklaration an den Kohlhaas angeschlagen worden sey, des Inhalts: „Wenzel, der Jun=ker, befinde sich bei seinen Vettern Hinz und Kunz, in Dresden."

Unter diesen Umständen übernahm der Doctor Martin Luther das Geschäft, den Kohl=haas, durch die Kraft beschwichtigender Worte, von dem Ansehn, das ihm seine Stellung in der Welt gab, unterstützt, in den Damm der menschlichen Ordnung zurückzudrücken, und auf ein tüchtiges Element in der Brust des Mord=brenners bauend, erließ er ein Placat folgenden Inhalts an ihn, das in allen Städten und Fle=cken des Kurfürstenthums angeschlagen ward:

„Kohlhaas, der du dich gesandt zu seyn vor=„giebst, das Schwerdt der Gerechtigkeit „zu handhaben, was unterfängst du „dich, Vermessener, ihm Wahnsinn stock=„blinder Leidenschaft, du, den Ungerech=„tigkeit selbst, vom Wirbel bis zur Sohle „erfüllt? Weil der Landesherr dir, dem „du unterthan bist, dein Recht verwei=„gert hat, dein Recht in dem Streit um

Heinrich von Kleist, »Michael Kohlhaas« Erstausgabe 1810, Luthers Plakat für Kohlhaas, eingerückt und mit histori-sierenden Anführungs-zeichen vor jeder Zeile. In: Heinrich von Kleist, Erzählungen. Zweiter Theil. Berlin 1810, S. 77

Rückkehr mit einem solchen Schein lässt er zwei Rappen samt seinem Knecht Herse zurück, doch in Dresden stellt sich heraus, dass Tronkas Forderung jeglicher gesetzlichen Grundlage entbehrt. Als Kohlhaas seine Rappen ungepflegt, abgemagert, zu Zugtieren erniedrigt vorfindet, anerkennt er sie nicht, reicht vor einem sächsischen Gericht Klage ein und fordert Bestrafung Tronkas, Wiederherstellung der Pferde so-wie Schadensersatz. Die Klage wird auf Grund der Verwandtschaft Tronkas mit Kämmerer und Mundschenk des sächsi-schen Kurfürsten niedergeschlagen. Da-nach bittet Kohlhaas den brandenburgi-schen Kurfürsten in einer Supplik um lan-desherrlichen Beistand, dieser leitet sie an seinen Kanzler weiter, der – ebenfalls mit den Tronkas verwandt – sie scharf zurück-weist. Nachdem auch der Versuch von Kohlhaasens Frau Lisbeth, die Bittschrift dem ihr befreundeten Schloßkastellan zu übergeben, damit sie direkt zum Kurfürsten

gelange, gescheitert und Lisbeth an den Folgen einer in Berlin erhal-tenen Verletzung verstorben ist, stellt Kohlhaas Tronka ein Ultima-tum, das dieser ignoriert.[2] Daraufhin überfällt Kohlhaas mit wenigen Knechten die Tronkenburg, tötet die Insassen und verfolgt den flüch-tigen Wenzel von Tronka bis nach Wittenberg, dort wirbt er Söldner an und steckt die Stadt dreimal in Brand. Er besiegt ein sächsisches Heer, steckt, auf das Gerücht hin, Tronka befinde sich dort, auch Leipzig in Brand und setzt sich auf Schloss Lützen fest. In dieser Situ-ation schaltet sich Martin Luther ein; zu einem Zeitpunkt also, der nicht nur genau in der Mitte der Erzählung, nämlich im 15. Absatz von insgesamt 30 Absätzen, liegt, sondern auch den Gipfel der religi-ösen Selbstüberhöhung des Helden beschreibt, nannte sich Kohlhaas in seinem vor Leipzig verfassten Mandat doch »einen Statthalter Michaels, des Erzengels, der gekommen sey, an Allen, die in dieser Streitsache des Junkers Parthei ergreifen würden, mit Feuer und Schwerdt, die Arglist, in welcher die ganze Welt versunken sey, zu bestrafen« (S. 140).

Kohlhaas und Luther stehen sich gegenüber. Parallel zum »Geschäft der Rache« (S. 116), das Kohlhaas nach dem Tod seiner Frau übernahm, übernimmt Luther das »Geschäft, den Kohlhaas, durch die Kraft beschwichtigender Worte, [...] in den Damm der menschlichen Ordnung zurückzudrücken« (S. 143). Zu diesem Zweck schreibt Luther Kohlhaas bzw. lässt ein an ihn gerichtetes Plakat anschlagen, das allerdings keineswegs die zu erwartenden seelsorgerlichen, »beschwichtigenden Worte« enthält. Diese finden sich nur im Brief des historischen Luther an den Cöllner Kaufmann Hans Kohlhase, der zwischen 1534 und 1540 mit dem sächsischen Adligen Günther von Zaschwitz in Fehde lag.[3] Luther antwortete offenbar auf eine nicht überlieferte Bitte Kohlhasens um Rat; er anerkannte zwar das Kohlhase widerfahrende Unrecht, warnte aber in Berufung auf Deut. 32 und Röm. 12 vor den Sünden, die ein Rachefeldzug zwangsläufig beinhalte, und riet, lieber das Unrecht hinzunehmen, als »wissentlich [...] so viel Leute verderben, da Ihr kein Recht zu habet.«[4] Kleists Luther dagegen konfrontiert Michael Kohlhaas mit einer metaphernreichen Anklage der Vermessenheit, Ungerechtigkeit, Arglist, Selbstrache, Mordlust, Gottlosigkeit, deren Argumentation darauf hinausläuft, dass Kohlhaas »nach den ersten, leichtfertigen Versuchen« (S. 144 f.) zu früh aufgegeben habe und der Landesherr dessen Sache noch gar nicht kenne.[5] Nach dreimaligem Lesen dieses

Alois Kolb, 1912.
In: Heinrich von Kleist,
Michael Kohlhaas.
Berlin 1912, S. 49

Plakates, »unterzeichnet von dem theuersten und verehrungswür-
digsten Namen, den er kannte« (S. 148), reist Kohlhaas verkleidet
nach Wittenberg und tritt unangemeldet sowie »mit einem Paar Pis-
tolen versehen« (S. 149) in Luthers Zimmer. Dieser reagiert auf den
Namen seines Besuchers in Analogie zur Absage Jesu an den Satan:
»Weiche fern hinweg! […] dein Odem ist Pest und deine Nähe Verderben!« (S. 149 f.), woraufhin Kohlhaas Luther mit einer Selbst-
morddrohung zum Gespräch zwingt.[6]

Das Gespräch ist das längste der Erzählung und insofern das aus-
geführteste, als, bis auf zwei Ausnahmen, die – gemeinsam mit einem
doppelten Gedankenstrich – einen Bruch kennzeichnen, alle Äußerungen in direkter Rede wiedergegeben werden. Aber nur zwei
Äußerungen sind typographisch durch Anführungszeichen gekennzeichnet, beide rahmen das Gespräch und stellen auf eine gewisse
Art ein Remis dar:[7] Luthers Frage nach dem Recht Kohlhaas' zur
Selbstrache und Kohlhaas' Weigerung, Tronka zu vergeben, und
damit sein Verzicht auf das Abendmahl.

Kohlhaas, seinen Glauben an Luthers Wahrhaftigkeit offenbarend,
eröffnet das Gespräch mit dem Vorschlag, bei freiem Geleit seine
Sache noch einmal vor die – laut Plakat – unwissende Obrigkeit zu
bringen. Hiermit könnte das Gespräch schon beendet sein, denn
Luther hat sein vom Erzähler formuliertes Ziel, Kohlhaas »in den
Damm der menschlichen Ordnung zurückzudrücken«, erreicht.
Doch führt er es als eine Art Glaubensverhör[8] weiter, um, wie der
historische Luther es 1523 festgelegt hatte,[9] Lebenswandel und Glauben seines Gegenübers zu erforschen. Zunächst straft er die Anma-
ßung, eigenmächtig »mit Feuer und Schwerdt die ganze Gemeinschaft heimzusuchen« (S. 150). Kohlhaas rekurriert in seiner Er-
widerung, die er nach Luthers ungläubigem Staunen noch einmal

verdeutlicht, auf das (anachronistische) Naturrecht: »Der Krieg, den ich mit der Gemeinheit der Menschen führe, ist eine Missethat, sobald ich aus ihr nicht, wie ihr mir die Versicherung gegeben habt, verstoßen war! […] Verstoßen, […] nenne ich den, dem der Schutz der Gesetze versagt ist! […] und wer ihn mir versagt, der stößt mich zu den Wilden der Einöde hinaus; er giebt mir, wie wollt ihr das leugnen, die Keule, die mich selbst schützt, in die Hand.« (S. 151 f.) Nach Luthers hierauf folgender Beteuerung, dass der Landesherr Kohlhaas' Klage nicht kenne und nur Gott ihn wegen falscher Diener zur Rechenschaft ziehen darf, wiederholt Kohlhaas sein Angebot,

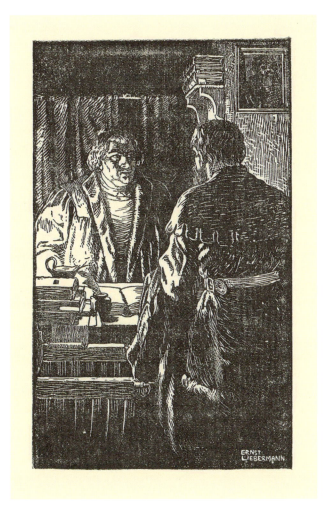

Ernst Liebermann, 1904.
In: Heinrich von Kleist,
Michael Kohlhaas.
Hamburg 1904, S. 79

in die Gemeinschaft zurückzukehren, gegen freies Geleit seinen Kriegshaufen zu entlassen und die Klage noch einmal vorzubringen. Wieder könnte das Gespräch beendet sein. Nun aber interessiert sich Luther, verdrossen über die »trotzige Stellung, die dieser seltsame Mensch im Staat einnahm« (S. 153),[10] für das Ausmaß der Forderung und dringt angesichts der Geringfügigkeit auf Kohlhaas' Beweggründe, der, »indem ihm eine Thräne über die Wangen rollte«, erwidert: »es hat mich meine Frau gekostet. Kohlhaas[11] will der Welt zeigen, daß sie in keinem ungerechten Handel umgekommen ist« (S. 154). Hier wird eine Grenze von außen nach innen überschritten, und folgerichtig erkundigt sich Luther, auf Herzensreue zielend, ob Kohlhaas »um [s]eines Erlösers willen« (S. 155) Tronka nicht hätte vergeben sollen. Kohlhaas' Antwort scheidet die Jahrhunderte: Ein Christ der Lutherzeit muss bejahen, um nicht der Seelenverdammnis anheimzufallen; ein Christ der Kleistzeit ist gezwungen, auf die Unberechenbarkeit der säkularisierten Welt zu verweisen: »kann seyn! […] kann seyn, auch nicht« (S. 155).[12] Das Glaubensverhör ist gescheitert, Kohlhaas zeigt nicht die erforderliche Einsicht, und Luther beendet das Gespräch mit der Zusage seiner Unterstützung beim Kurfürsten. Doch »plötzlich« (S. 156), nach Abschluss der politischen Seite des ›Geschäfts‹ wendet sich auch Kohlhaas der religiösen Seite zu und bittet um »die Wohlthat des heiligen Sakraments«, als kenne er deren Bedingung – das Bewusstsein der eigenen Sündhaftigkeit – nicht. Luther wird jetzt ebenso deutlich wie Kohlhaas direkt: »Der Herr aber, dessen Leib du begehrst, vergab seinem Feind.« (S. 157) Kohlhaas' Antwort greift in Luthers Deutungshoheit ein:[13] »der Herr auch vergab allen seinen Feinden nicht« (S. 157), woraufhin dieser Kohlhaas »mit einem mißvergnügten Blick« (S. 158) den Rücken zuwendet und nach dem Famulus klingelt. Noch einmal fragt Kohlhaas: »und so kann ich, hochwürdigster Herr, der Wohlthat versöhnt zu werden, die ich mir von euch erbat, nicht theilhaftig werden?« und »Luther antwortete kurz: deinem Heiland, nein; dem Landesherrn, – das bleibt einem Versuch, wie ich dir versprach,

vorbehalten!« (S. 159). Eine klare Aussage, die auf die als Zwei-Reiche-Lehre titulierten Vorstellungen (des historischen) Luthers über das Verhältnis zwischen weltlicher und geistlicher Gewalt fußt. Leiblich gehört der Christ zur Welt, deren Gesetzen er unterliegt; geistlich dem Reich Gottes (Evangelium) und ist keinem anderen Menschen untertan, also gänzlich frei. Sein Gewissen unterscheidet zwischen weltlichen und geistlichen Belangen und wägt die Folgen seines weltlichen Handelns für sein geistliches Heil ab.[14] Letzteres nicht zu tun, scheint Kleists Luther Kohlhaas am Ende seines Glaubensverhörs zu attestieren und ihm daher das Abendmahl zu verweigern.

Wie versprochen wendet sich Luther »mit der Freimüthigkeit, die ihm eigen war« (S. 159 f.) und schon um 1800 zum populären Lutherbild gehörte,[15] an den sächsischen Kurfürsten. Sein Schreiben zeigt ihn nicht mehr als Geistlichen, sondern als pragmatischen Politiker, der die öffentliche Meinung zu Rate zieht und sogar Kohlhaas' Argument, außerhalb der Staatsordnung zu stehen, benutzt. Luthers Einmischung bringt das gewünschte Ergebnis: Der sächsische Kurfürst gewährt Kohlhaas Amnestie und einen neuen Prozess. Damit verschwindet die Figur Luther aus der Erzählung, nur der Name taucht noch auf: im Moment, als Kohlhaas »in Erwägung seiner Lage, und besonders der ihm von Doctor Luther ausgewirkten Amnestie« (S. 212), bemerkt, dass er gefangen gesetzt, die Amnestie also gebrochen wurde; als Person, die dem sächsischen Kurfürsten auf seiner Jagd nach dem Zettel hätte Zeit verschaffen können (S. 252 f.), und als Absender eines geistlichen Vertreters: »Ja, er [Kohlhaas – BG] hatte noch die Genugthuung, den Theologen Jacob Freising, als einen Abgesandten Doctor Luthers, mit einem eigenhändigen, ohne Zweifel sehr merkwürdigen Brief, der aber verloren gegangen ist, in sein Gefängniß treten zu sehen, und von diesem geistlichen Herrn in Gegenwart zweier brandenburgischen Dechanten, die ihm an die Hand gingen, die Wohlthat der heiligen Kommunion zu empfangen.« (S. 283)[16] Am Ende erhält Kohlhaas also das ihm zuvor von Luther verweigerte Abendmahl durch die Hand dessen Stellvertreters, obwohl er die Voraussetzung, im Wissen um die eigene Sündhaftigkeit zu bereuen und zu vergeben, immer noch nicht erfüllt. Im Gegenteil, der Begriff der Genugtuung, der im religiösen Bereich eigentlich meint, Jesu genug zu tun, verknüpft Kohlhaas' Befriedigung über die geistliche Handlung sogar mit seiner ihm durch den Zettel der Zigeunerin gegebenen Macht, sich am sächsischen Kurfürsten zu rächen (S. 278) – eine Rache, die Kohlhaas vor und nach dem Abendmahl ausdrücklich nicht aufgibt und somit das Sakrament unterhöhlt.

Kleists literarischer Luther ist eine durchaus ambivalente Figur, die in einen Luther der Schrift und einen Luther des Wortes geteilt werden könnte. Das an Kohlhaas gerichtete Plakat und das Schreiben an den Kurfürsten kennzeichnen Argumente der Staatsraison für die Einhaltung der gottgegebenen Ordnung (kein Widerstandsrecht, allgemeine Rechtsprechung); im Gespräch mit Kohlhaas dominieren dagegen theologische Erkundungen und Einwände. Die Gespaltenheit der Figur spiegelt das in der Reforma-

tion neu bestimmte Verhältnis zwischen Christ und Welt, und in diesem Sinne ist Luther die historisch authentischste Figur der Erzählung. Doch nicht nur in diesem Sinne. Machte Kleist aus dem Cöllner Kaufmann Hans Kohlhase den Rosshändler Michael Kohlhaas aus Kohlhasenbrück, verschwig er die identifizierenden Namen der beiden Kurfürsten, so gestaltete er seinen Luther mit Hilfe bekannter Attribute aus der protestantischen Erinnerungskultur: das öffentliche Auftreten gegen Widerstand, der polternde Tonfall des Plakats, die Schreibstube, der Ruf »Weiche fern hinweg«, die Anspielung auf Bilder des übersetzenden Luthers unter Engeln.[17]

Kleists Luther erweist sich also als diejenige Figur der Erzählung, die den »täuschenden Schein wahrer Geschichte«[18] am sichersten gewährleistet und auf der Skala der Fiktion der wahrsagenden Zigeunerin gegenübersteht.

1 Vgl. Ernst Osterkamp, *Ein ganzer Kerl. Martin Luther in der Literatur der Klassik*. In: *Sinn und Form* 62 (2010) 2, S. 168–186, hier S. 183.

2 Oder Kohlhaas nicht gestellt hat. An dieser Stelle findet sich einer von mehreren Widersprüchen zwischen Erzähler- und Figurenaussage: Hatte der Erzähler berichtet, Kohlhaas sei nach Ablauf des am Tag des Begräbnisses seiner Frau gesetzten dreitägigen Ultimatums zur Tronkenburg aufgebrochen (S. 117), teilte Kohlhaas dem sächsischen Kurfürsten mit, er habe am Tag der Beerdigung die Tronkenburg überfallen (S. 239 f.) Ich zitiere die Brandenburger Ausgabe, Heinrich von Kleist, *Sämtliche Werke,* hg. von Roland Reuß und Peter Staengle. Band II/1: *Michael Kohlhaas* (1810). Frankfurt/M. 1990. Seitenzahlen fortan im Text.

3 Die Akten bewahrt das Thüringische Hauptstaatsarchiv in Weimar. Sie sind zum größten Teil publiziert in: Malte Dießelhorst/Arne Duncker, *Hans Kohlhase. Die Geschichte einer Fehde in Sachsen und Brandenburg zur Zeit der Reformation*. Frankfurt/M. 1999.

4 Dießelhorst/Duncker (Anm. 3), S. 452.

5 Ob Kleist den originalen Lutherbrief kannte, lässt sich nicht rekonstruieren. Die Luther-Referenzausgabe des 18. Jahrhunderts enthält den Brief, der Adressat bleibt allerdings ungenannt: »An eine beleidigte Person Rath und Vermahnung, sich für Eigenrache zu hüten«, *D. Martin Luthers sowol in Deutscher als Lateinscher Sprache verfertigte und aus der letztern in die erstere übersetzte Sämtliche Schriften*. Ein und zwanzigster Theil, welcher die Briefe des seligen Mannes und eine Nachlese enthält […], herausgegeben von Johann Georg Walch […]. Halle im Magdeburgischen 1749, S. 376.

6 Ein Gespräch zwischen Luther und Hans Kohlhase, an dem außerdem noch andere Theologen teilnahmen und bei dem offensichtlich lateinisch gesprochen wurde, überlieferte Peter Hafftitz in seiner Märkischen Chronik (vor 1602), die wiederum auszugsweise enthalten ist in: *Diplomatische und curieuse Nachlese der Historie von Ober-Sachsen und angrentzenden Ländern*. Zu einiger Erläuterung derselben, gehalten von Christian Schöttgen und George Christoph Kreysig. Dritter Theil […] Dreßden und Leipzig 1731, S. 535 f. Eine Kenntnis Kleists ist nicht definitiv nachzuweisen.

7 Aus typographischer Sicht vgl. Thomas Nehrlich, *»Es hat mehr Sinn und Deutung, als du glaubst.« Zu Funktion und Bedeutung typographischer Textmerkmale in Kleists Prosa*. Hildesheim 2012, S. 93, Anm. 180.

8 Vgl. den Hinweis auf die Praxis des Glaubensverhörs bei Claus-Dieter Osthövener, *»Die Kraft beschwichtigender Worte«. Luther, Kohlhaas und Kleist*. In: Hans-Richard Brittnacher/Irmela von der Lühe (Hg.), *Risiko – Experiment – Selbstentwurf. Kleists radikale Poetik*. Göttingen 2014, S. 110–131, hier S. 123.

9 In der FORMULA MISSAE ET COMMUNIONES: Da die Beichte keine unverzichtbare Bedingung für das Abendmahl mehr darstellte, führte Luther die persönliche Anmeldung zur Kommunion ein, damit der Geistliche die Gelegenheit bekam, den Lebenswandel und die nötige Einsicht in die heilige Handlung zu prüfen, vgl. Emil Fischer, *Zur Geschichte der evangelischen Beichte*. Bd. 2. Leipzig 1903, S. 180 f.

10 Das Adjektiv ›trotzig‹ schließt laut Grimm-Wörterbuch folgende Konnotationen ein: drohend, gebieterisch, ungehorsam, eigensinnig, selbstbewusst, stolz und zuversichtlich. Die letzten beiden Bedeutungen weist es insbesondere für den historischen Luther aus, vgl. Jacob und Wilhelm Grimm, *Deutsches Wörterbuch*. Elfter Band. I. Abteilung. II. Teil. Leipzig 1952, Sp. 1150 f.

11 Als Zeichen der Unkenntnis oder Abwertung der eigenen Individualität ist das Sprechen von sich selbst in der dritten Person gewöhnlich ein Merkmal kleiner Kinder, unselbständiger Personen bzw. deren Imagination (fast alle ›Wilden‹ in der Literatur des 18. Jahrhunderts) oder unterwürfiger Personen. Kohlhaas' Verwendung seines Namens verweist aber – ohne jedoch die gegenteilige Bedeutung ganz zu verlieren – eher auf ein gesteigertes Selbstgefühl, das sich u.a. im Brauch der Dichter des 16. und 17. Jahrhunderts, sich selbst in den eigenen Werken zu nennen, zeigte, vgl. Jacob und Wilhelm Grimm, *Deutsches Wörterbuch*. Vierten Bandes Zweite Abtheilung. Leipzig 1877, Sp. 2024. Dazu passt auch das selbstbewusste »Fügt euch in diesen Stücken meinem Willen« (S. 154), mit dem Kohlhaas fortfährt.

12 Kohlhaas sagt dies, »indem er ans Fenster trat« (S. 155) – eine Geste, die oft mit Unsicherheit in Zusammenhang gebracht wird; es ist aber auch immer ein Sehen in die Außenwelt.

13 Erst jetzt tritt Kohlhaas in Luthers Machtbereich; auf die Legende vom Thesenanschlag anspielend, argumentiert Nehrlich, Kohlhaas wäre, indem er eines seiner Mandate an den »Thürpfeiler einer Kirche« in Wittenberg (S. 129) anbrachte, »erstmalig unmittelbar in Luthers Machtkreis« eingetreten, vgl. Nehrlich (Anm. 7), S. 112. Das Ankleben eines Blattes (im Text ausdrücklich kein Mandat), auf dem Kohlhaas, »während die Knechte in der Vorstadt plünderten«, die Auslieferung Tronkas fordert und droht, im gegenteiligen Fall die Stadt komplett einzuäschern (S. 129), als Kopie des »reformatorischen Fundamentalakt[es]« (Nehrlich, S. 112) zu bezeichnen, ist vielleicht ein wenig überzogen.

14 Vgl. Volker Leppin/Gury Schneider-Ludorff (Hg.), *Das Luther-Lexikon*. Regensburg 2014, S. 252 f., S. 788–792.

15 Vgl. *Charakteristik D. Martin Luthers* entworfen von Ernst Karl Wieland, Professor zu Leipzig. Chemnitz 1801, S. 97; *Doctor Martin Luther in seinem Leben und Wirken*. Im Jahr der dritten Säcularfeyer der Kirchenverbesserung neu bearbeitet von Christian Niemeyer, Prediger zu Dedeleben. Halle und Berlin 1817, S. 78.

16 Der Satz ist ein Beispiel für Kleists offenen Umgang mit semantischen und syntaktischen Bezügen: Den des Merkens würdigen Brief hat syntaktisch Freising, semantisch aber wohl eher Luther geschrieben.

17 Vgl. Johannes Süssmann, *Geschichtsschreibung oder Roman? Zur Konstitutionslogik von Geschichtserzählungen zwischen Schiller und Ranke (1780–1824)*. Stuttgart 2000, S. 180 f.

18 [Wilhelm Grimm] Rezension. In: *Allgemeine Literatur-Zeitung* vom 14. Oktober 1812.

So hat Gott das Evangelium
auch durch die Musik verkündet.

Singen und Sagen.
Luthers Kirchenlied im Schaffen von Max Reger

Susanne Popp

> *Der guten Mär bring ich so viel,*
> *davon ich singen und sagen will.*

I. »Singen« von Chorälen

Max Reger (1873–1916) hat dem evangelischen Choral in seinem
Schaffen eine zentrale Rolle eingeräumt. Wie kein anderer bedeu-
tender Komponist seiner Zeit hat er ihm Werke aller Schwierigkeits-
grade und unterschiedlicher Bestimmung gewidmet: Mit sieben
konzertanten Choralphantasien für Orgel erreichte er um 1900 den
Durchbruch zum viel beachteten und heftig umstrittenen Komponisten und hielt sich mit ihnen bis heute im Kanon der Orgelliteratur.
Zudem schuf er zwischen 1894 und 1914 gut hundert kurze Orgelvorspiele über die damals gebräuchlichsten Kirchenlieder, die teils
durchaus für Konzerte tauglich, speziell jedoch für den kirchlichen
Gebrauch bestimmt sind. »Größtmögliche Einfachheit bei doch reiz-
voller Abwechslung der einzelnen Verse«, strebte er mit fünf Choral-
kantaten an, die auch den Gemeindegesang einbeziehen und dem
Ideal »volkstümlicher Verständlichkeit« nachstreben.[1]

Die Präsenz des evangelischen Kirchenlieds in seinem Œuvre ist
so stark, dass mancher es kaum glauben mag: Reger ist kein Protestant gewesen. In der Tat muss es, als er im Sommer 1898 seine erste
große Orgelphantasie vorlegte, wie ein Schock für seine Eltern gewesen sein: Ihr katholisch erzogener Sohn, der ihnen in den voraus-
gegangenen Wiesbadener Jahren als freischaffender Künstler schon
Kummer und Sorgen genug bereitet hatte und sich nun im Elternhaus in Weiden von einer schweren körperlichen und psychischen
Krise erholen sollte, wählte als Vorlage Luthers Eɪɴ' ꜰᴇꜱᴛᴇ Bᴜʀɢ ɪꜱᴛ
ᴜɴꜱᴇʀ Gᴏᴛᴛ und damit *die* Hymne der Protestanten, die damals in
keinem Reformationsgottesdienst fehlen durfte.[2] Wollte er damit
seine Umgebung schockieren und zeigen, dass ihn die Misserfolge
seiner frühen Werke nicht um Eigensinn und Selbstachtung gebracht
hatten?

Autograph von Max Reger,
Pʜᴀɴᴛᴀꜱɪᴇ über ᴅᴇɴ Cʜᴏʀᴀʟ
»Eɪɴ' ꜰᴇꜱᴛᴇ Bᴜʀɢ ɪꜱᴛ ᴜɴꜱᴇʀ
Gᴏᴛᴛ« für Orgel op. 27,
S. 1 des für Karl Straube
bestimmten Autographs

Vermutlich entsprang die Wahl zwei anderen Gründen. Zum einen muss Reger die klare Sprache und schlichte melodische Führung des Chorals als diametral entgegengesetzt zur eigenen hochkomplexen und Vielen unverständlichen musikalischen Diktion gesehen und damit das Spannungspotential einer Konfrontation dieser beiden Welten erkannt haben: Mit der Gegenübersetzung der Sphären des Klaren und Dezidierten im jahrhundertealten Choral und des Vieldeutigen seiner modernen Kompositionsweise ließen sich grundlegende Aussagen machen. Zum anderen war durchaus praktisches Kalkül im Spiel: Dank Martin Luther genoss die Musik in der evangelischen Kirche eine hohe Wertschätzung. Der Reformator sah ihre enge Verwandtschaft zur Theologie, da sie die Fähigkeit zur eindringlichen Mitteilung hatte und damit die Worte der Predigt unterstützen und in einer ganz anderen Dimension unmittelbar zur Seele sprechen konnte. Folglich waren evangelische Kirchenmusiker höher angesehen und genossen eine weit bessere und kostspieligere Ausbildung als ihre katholischen Kollegen, die sich meistens aus ehrenamtlich tätigen Volksschullehrern rekrutierten.[3] Auch waren sie durch ihr Spiel der anspruchsvollen Werke Johann Sebastian Bachs, die in der katholischen Kirche um 1900 noch nicht beheimatet waren, den großen Schwierigkeiten der Reger'schen Kompositionen besser gewachsen. So fand Reger unter den evangelischen Organisten wahre Virtuosen, denen keine dichten, alle zehn Finger fordernden Akkordketten und kein schneller Pedallauf zu schwer waren. Im Gegenzug lieferte er ihnen geeignete Stücke, um sich auf den modernen und klangvollen Orchesterorgeln zu profilieren und aus dem Schatten der Orgelbank hervorzutreten.

Luther als Vater des Kirchenlieds

Luther ist der Erschaffer des evangelischen Kirchenlieds. Zwar hatte es vor der Reformation schon geistliche Volkslieder in deutscher Sprache gegeben, doch wurden sie im Gottesdienst nicht zugelassen. Luther dagegen erkannte die Macht des Gemeindegesangs, der in bedrohten wie in glücklichen Zeiten, in Angst und Freude einen Zusammenhalt gewährt, den das gesprochene Wort nicht herstellen kann. So hatte er seine Freunde ermuntert, passende Lieder zu schaffen, und auch mit 37 eigenen Liedern das GEMEINDEGESANGBUCH ins Leben gerufen, das neben der übersetzten Bibel wohl folgenreichste

Buch der Reformation, das nicht nur die Liturgie, sondern auch die gesamte Kirchenmusik grundlegend verändern sollte. Seine Lieder beruhen zum Teil auf Übersetzungen und Umdichtungen der Psalmen, sie erzählen Geschichten und popularisieren damit die Bibel. Andere Lieder besingen komplizierte Glaubensinhalte und intellektuell unfassbare Geheimnisse: Im Gesang sollte jedes Gemeindemitglied, gleich welcher Bildung, die zehn Gebote oder das VATER UNSER verstehen und dem unaussprechlichen Wunder der Inkarnation oder des Passionsgeschehens nahekommen und selbst ganz bescheiden zum Gotteslob beitragen. Folglich gab Luther »nach der Theologie der Musik die nächste Stelle und die höchste Ehre.«[4] Dem Bildungsauftrag entsprechend musste die Verständlichkeit der Botschaft oberstes Gebot sein, was Konsequenzen für die dichterische und musikalische Gestalt der Lieder hatte und sich in starken, eindringlichen Bildern und einprägsamen, sangbaren Melodien niederschlug.

Reger hatte den protestantischen Choral schon als Jüngling kennengelernt, als er in seiner oberpfälzer Heimatstadt Weiden in der Kirche St. Michael gelegentlich seinen Lehrer im katholischen Gottesdienst an der Orgel vertreten durfte. Da sie als Simultankirche seit Jahrhunderten von beiden Konfessionen genutzt wurde, blieb ihm das Evangelische Gesangbuch nicht unbekannt, und nach der Überlieferung seines Lehrers soll er einmal bewundernd ausgerufen haben: »Die Protestanten wissen gar nicht, was sie an ihrem Chorale haben«.[5]

Seine Konfession hat Reger nie gewechselt, auch wenn er sich 1902, als ihm die Bayerische evangelische Kirche die Hochzeit mit einer im wechselseitigen Einvernehmen von ihrem ersten Mann geschiedenen Protestantin verweigerte, heftig empörte: Ihm, dem Komponisten von EIN' FESTE BURG und sechs anderen Phantasien, von 50 Choralvorspielen und sieben geistlichen Volksliedern, »also lauter reine evangelische Sachen«, ihm, der sich »wegen seiner Arbeiten auf dem Gebiete der evangelischen Kirchenmusik solche Anfeindungen von katholischer Seite« zugezogen habe, versage die Kirche ihren Segen.[6] Seine Ablehnung hatte das Oberkonsistorium in München damit begründet, dass, wenn keine der geschiedenen Parteien die Schuld trage, auch keine schuldlos sei.[7] Auch dass mit der Heirat automatisch seine Exkommunikation durch die katholische Kirche einherging, hat Reger nicht zum Lutheraner werden lassen. Nein, er ließ sich auf keine Konfession festlegen, diskutierte mit aufgeklärten katholischen »Schwarzröcken« der Universität Paderborn[8] wie mit dem katholischen Priester in Meiningen[9] oder mit evangelischen Theologieprofessoren in Göttingen[10] und zimmerte sich eine Privatreligion, in der die Musik die Hauptrolle spielte. Im rastlosen Komponieren und Konzertieren glaubte der wilhelminische Leistungsethiker das Geschenk seiner musikalischen Begabung rechtfertigen zu müssen und sich selbst von dem Mangel zu entlasten, als Ehemann, Vater, Sohn und Freund nur sehr beschränkt tauglich zu sein. In allem behielt er einen eigenen Kopf und blieb ein ewiger Oppositioneller, der keiner musikalischen, ästhetischen, religiösen oder weltanschaulichen Richtung zuzuordnen war. Ob er allerdings Luthers Verständnis der Musik als Hilfstheologie folgte oder nicht vielmehr die Musik selbst zu seiner Ersatzreligion machte, ist kaum auszuloten. Die Grenzen in Glaubensfragen sind fließend zumal bei einem Komponisten, der sich in all seinem Tun bewusst war, dass sein Talent ein Geschenk Gottes war.

»Symphonische Dichtungen« über Choräle

Seine Choralphantasien hat Reger, der mit Kammermusik, Klavierstücken und Liedern, Fugen, Sonatensätzen und Variationsreihen lange als Inbegriff des absoluten, keiner äußeren Mittel bedürfenden Musikers galt, mehrfach als »symphonische Dichtungen« bezeichnet und damit als jene Gattung, die von der Gegenpartei der »Neudeutschen« an die Stelle der klassischen Sinfonie gesetzt worden war und außermusikalische Sujets aus der Dichtung oder Malerei in Musik zu bringen suchte. In der Tat folgen die formalen Abschnitte der Phantasien dem Choraltext, den Reger allerdings zuvor durch Streichungen einzelner Strophen für sein musikalisches Konzept eingerichtet hatte. Er schreibt ihn Wort für Wort unter die Noten und legt ihn in hochexpressiver Weise aus, die in Vielem auf Franz Liszt, den Vater der Programmmusik, verweist. Doch arbeitet er stets mit genuin musikalischen Mitteln – die Spannung zwischen den schlichten, diatonischen Choralweisen und der eigenen kontrapunktischen und komplexen Satztechnik und hochchromatischen Harmonik lässt die Musik zur Sprache werden.

Liest man den Text seiner ersten Phantasie EIN' FESTE BURG IST UNSER GOTT op. 27 genau, so wird er erst am Schluss zu der Siegeshymne, zu der ihn die Rezeption gemacht hat. Zuvor handelt er von

Autograph von Max Reger,
PHANTASIE ÜBER DEN CHORAL
»EIN' FESTE BURG IST UNSER
GOTT« für Orgel op. 27, S. 13

Furcht und Bedrängnis, von Not und Tod. Entsprechend setzt ihn
Reger in Musik: Die Not wird mit kühnen Dissonanzen ausgedeutet,
bei der Erkenntnis »Mit unsrer Macht ist nichts getan, wir sind gar
bald verloren« sinkt die sonst durchweg starke Dynamik zum verzagten *pianissimo*, und die von einem an Tempo und Lautstärke anwachsenden Zwischenspiel eingeleiteten Worte »und wenn die Welt voll
Teufel wär« werden einem Doppelpedal zugeordnet, das so manchen
Organisten in Not geraten lässt.

Auch die Textvorlagen der meisten anderen Phantasien erlauben
eine Gegenüberstellung vom Dunklen, Vagen und Unbestimmten
zum Dezidierten, Strahlenden und Klaren, die im Gegensatz von tradierter Choralmelodie und komplexem Reger'schem Tonsatz wur-

zelt und musikalisch die Gedanken von Anfechtung und Überwindung, Schuld und Sühne, Todesangst und Erlösung ausdrückt: Im
unmittelbar nach Opus 27 geschriebenen Opus 30 FREU' DICH SEHR,
O MEINE SEELE auf einen Text von Christoph Demantius fordert
schon die zweite Zeile: »und vergiß all Not und Qual«. In dem im
nächsten Jahr folgenden Paar Opus 40 WIE SCHÖN LEUCHT'T UNS
DER MORGENSTERN von Philipp Nicolai (1556–1608) und STRAF'
MICH NICHT IN DEINEM ZORN aus dem 17. Jahrhundert ist die erste
Phantasie ganz auf der hellen Seite angesiedelt, während die zweite
die »Pein der verdammten Seelen« und ihre »schweren Plagen«
akzentuiert. In der Trias Opus 52 aus dem Jahr 1900 bringt vor allem
die erste Phantasie ALLE MENSCHEN MÜSSEN STERBEN (Text von
Johann Rosenmüller, 1619–1684, Melodie von Jakob Hintze, 1622–
1702) den Gegensatz von chaotischem »Weltgetümmel« und geord-
netem »Gottes Himmel« zum Klingen. Da die meisten Textstrophen
das »Freudenleben« nach Überwindung des Todes ausmalen, kürzte
Reger den Choral um drei »lichte« Strophen. Besonders in der mittleren Phantasie – in Philipp Nicolais WACHET AUF, RUFT UNS DIE
STIMME – werden die zwei Welten mit starken Farben gemalt und
programmatisch gedeutet: Beim düsteren, verunklarten Beginn
drängt sich das Bild eines Kirchhofs auf, in dessen chromatische Düs-
ternis die klare Choralmelodie wie eine Verkörperung der Hoffnung
auf Erlösung und Auferstehung hineinsingt und gute Botschaft
bringt. In der letzten Phantasie über den um 1800 entstandenen
Choral HALLELUJA, GOTT ZU LOBEN, BLEIBE MEINE SEELENFREUD'
bietet der Text nur wenig Gelegenheit zu Stimmungsgegensätzen.
Regers Manuskript geht zunehmend ins Skizzenhafte über und ver-
bildlicht, dass der Komponist das Interesse an einer Gattung verloren
hatte, deren Möglichkeiten er wohl für ausgeschöpft hielt.

Choralauswahl

In großformatigen Orgelphantasien wie in kurzen Choralvorspielen,
in geistlichen Liedern, Chören wie in Kantaten bevorzugte Reger
Choräle aus den beiden ersten Jahrhunderten nach der Reformation,
angefangen mit den Luther-Zeitgenossen Erasmus Alberus (um
1500–1553), Thomas Blarer (um 1499–1567), Nikolaus Decius (um
1485 bis nach 1546) oder Nikolaus Herman (um 1500–1561), über die
nächsten Generationen mit Petrus Herbert (um 1530–1571) oder

Philipp Nicolai (1556–1608) bis zu den Zeitgenossen des Dreißigjährigen Kriegs Paul Gerhardt (1607–1676), Ernst Christoph Homburg
(1607–1681), Simon Dach (1605–1659) oder Johann Rist (1607–
1667). Kirchenlieder des 18. oder 19. Jahrhunderts haben ihn dagegen
nur in Ausnahmefällen inspiriert – etwa Johann Caspar Lavaters
(1741–1801) AUFERSTANDEN, AUFERSTANDEN zu seiner letzten Choralkantate oder die Vorlage zu seiner schon genannten letzten Cho-
ralphantasie.

Von Luther selbst hat Reger zehn Choräle in sechzehn Original-
kompositionen und in drei Bearbeitungen anderer Komponisten
genutzt. Auch das VATER UNSER aus der Bergpredigt (Matthäus 6,
Vers 9 bis 13), das er 1909/1910 für zwölfstimmigen a cappella Chor
zu vertonen begann, aber in weit fortgeschrittenem Zustand unvollendet liegen ließ, verstand er als »evangelisch«. Das mag zum einen
im Gegensatz zum damals ausschließlich lateinisch gebrauchten
PATER NOSTER zu verstehen sein, zum anderen, weil er auch die in der
Luther-Tradition überlieferte Doxologie »Denn Dein ist das Reich
und die Kraft und die Herrlichkeit in Ewigkeit« in seine Vertonung
einbezog, die in der katholischen Kirche bis zum 2. Vatikanischen
Konzil ausgeklammert blieb.

Übersicht: Luther-Choräle in Max Regers Vertonungen

Aus tiefer Not schrei' ich zu dir	zwei Choralvorspiele für Orgel op. 67,3 und 135a,4
Christ lag in Todesbanden	Klaviertranskription von Bachs Choralvorspiel BWV Anhang 171
Ein' feste Burg ist unser Gott	Choralphantasie op. 27,
	drei Choralvorspiele op. 67,6 ; op. 79b,2; op. 135a,5
Komm, heiliger Geist, Herre Gott	gemischter Chor a cappella WoO VI/19;
	Klaviertranskription von Bachs Choralvorspiel BWV 651
Mit Fried und Freud ich fahr dahin	zwei Choralvorspiele op. 79b,6 und op. 79b,16;
	gemischter Chor a cappella WoO VI/17,8
Mitten wir im Leben sind	
mit dem Tod umfangen	gemischter Chor a cappella WoO VI/13,12
Nun freut euch, lieben Christen g'mein	Choralvorspiel für Orgel op. 67,28
Nun komm, der Heiden Heiland	Choralvorspiel für Orgel op. 67,29
Sie ist mir lieb, die werte Magd	Madrigalbearbeitung für Männerchor Madrigale-B2
Vater unser, der du bist im Himmel	12 stimmiger a cappella Chor WoO VI/22 (Fragment)
Vom Himmel hoch, da komm ich her	zwei Choralvorspiele op. 67,40 und 135a,24;
	Choralkantate WoO V/4,1

Doch traf Reger die Auswahl nicht als Lutheraner, sondern vielmehr als »Bachianer«, denn Johann Sebastian Bach war in vielfacher Beziehung sein größtes Vorbild und geistiger Vater. In seinem dreijährigen Kompositionsunterricht beim Musikwissenschaftler Hugo Riemann hatte er ihn zunächst als Konstrukteur und Architekten kennengelernt und seine Kompositionstechnik in Fugen, Canons und Passacaglien bewundert. Auch war ihm damals Bachs Kunst beispielhaft geworden, selbst in akkordischen Sätzen jeder Stimme einen interessanten linearen Verlauf zu geben und zugleich alle Stimmen zu einer überzeugenden Klangfolge zusammenzuführen. Diesem vorbildlichen Ausgleich zwischen Linearem und Horizontalem, von interessanter Melodie und spannungsreicher Harmonik strebte Reger auch mit den eigenen Kompositionen nach.

Als er mit 20 Jahren den Unterricht aufgab, um sich nun autodidaktisch, wie schon zu Bachs Zeiten üblich, an den Alten Meistern weiterzubilden, erkannte er eine neue Qualität: Bach war ein wissenschaftlich gebildeter Komponist, der in seinen Choralsätzen, ob für Chor oder für die Orgel, den Text theologisch ausdeutete und das »Singen« mit dem »Sagen« zu verbinden wusste. Seine Orgelvorspiele waren für Reger »symphonische Dichtungen en miniature [...], von einer Tiefe, Genialität der Textauffassung, die an R. Wagner's grandiosen Styl erinnert«[11]. Wie 15 Jahre später Albert Schweitzer[12] war er fasziniert von der in den Vorspielen zutage tretenden Kraft, mittels harmonischer Verdichtung und sprechender Motive fundamentale geistige Aussagen zu machen und himmlische Botschaften zu vermitteln.

Ein schönes Beispiel seiner Bewunderung für Bachs Klangverschärfung zur Textinterpretation findet sich in dessen Kantate BWV 9 über den Choral Es ist das Heil uns kommen her von Paul Speratus, der 1524 im ersten lutherischen Gesangbuch, dem Achtliederbuch, erschienen war. Reger hatte die Kantate 1902 für den praktischen Gebrauch eingerichtet, um Bachs Werk bekannter zu machen, doch ließ der Verleger seine Bearbeitung unveröffentlicht liegen. Ihre Stichvorlage – die gedruckte Partitur mit handschriftlichen Änderungen sowie eine ausgearbeitete handschriftliche Orgelstimme – befindet sich heute in der Staatsbibliothek zu Berlin. In der Orgelstimme hat Reger zu der besonders dissonanzenreichen Auslegung der Zeile »so laß dir doch nicht grauen« ironisch konnotiert: »O heiliger Sebastian, sei froh dass Du schon todt bist; wenn Du heute leben würdest, würde dir die Kritik die Harmonik dieses

Chorals böse als ›theoretische Spekulation‹ anrechnen. <u>Trotzdem</u> u. <u>Nichtsdestoweniger</u>: warst <u>göttlich</u> [siebenmal unterstrichen], alter Sebastian!«

Choralvorspiele im Gefolge Bachs

Wie sehr Reger von Bachs kunstvoller Ausdeutung profitierte, hatte sich schon in seinen beiden ersten Choralvorspielen aus dem Jahr 1893 gezeigt. Als noch ganz unbekannter, gerade 20-jähriger Komponist, dessen Werken das Verdikt der Unspielbarkeit anhing, hatte er damals die Chance bekommen, mit einer als Zeitschriftenbeilage verbreiteten Komposition weite Musikerkreise auf sich aufmerksam zu machen. Während seine Kollegen bei ähnlichen Gelegenheiten modische Klavierstücke oder gefällige Lieder wählten, entschied er sich für »altmodische« Orgelmusik, noch dazu für Vorspiele über zwei düstere, vom Tod handelnde Choräle O Traurigkeit, o Herzeleid WoO IV/2 und Komm, süsser Tod WoO IV/3 und setzte damit ein Zeichen, dass er ein allem Gewöhnlichen aus dem Weg gehender junger Komponist war, der sein Kompositionshandwerk beherrschte und die Kunst des Textausdeutens von Bach gelernt hatte.

Schon in diesen ersten Vorspielen wählte er Choräle, die ihm durch Bach bekannt waren; die Melodie von Komm süsser Tod geht sogar auf den Thomaskantor selbst zurück. Auch seine spätere Sammlung von 52 Choralvorspielen op. 67, bei deren Auswahl er sich zwar von Kantoren beraten, dann aber doch von subjektiven Themenvorlieben leiten ließ, zeigt, dass er eher ein Bachianer als ein Lutheraner war: Nur sechs dieser Choräle hat Johann Sebastian Bach nicht in irgendeiner Form – vokal oder instrumental – vertont.[13] Und da Bach 31 der 38 Lieder Luthers bearbeitet hat, ist er der Vermittler, durch den Reger mit nur einer Ausnahme seine Kenntnis des Luther'schen Liedgutes erlangte.[14] Indem Bach aber in Luthers Sinn seine Musik als Teil der Verkündigung verstand, war auch beim Katholiken Reger der Luther-Bezug indirekt vorhanden.

Dennoch erschien ihm Bach nicht primär evangelisch, nein, Reger verteidigte ihn gegen jede Vereinnahmung: »Bach gehört <u>niemals</u> einer Confession an, sondern der Menschheit! Die Religiosität, die <u>wunderbare</u> Empfindungstiefe seiner Cantaten hat <u>niemals</u> konfessionellen Anstrich, sondern ist <u>dichterisch</u> als Emanation eines

Übersicht der auch von Reger vertonten Luther-Choräle in Bachs Werken

Aus tiefer Not schrei ich zu dir	Kantate BWV 38; drei Orgelvorspiele BWV 686, 687
Ein' feste Burg ist unser Gott	Kantate BWV 80; zwei 4 stimmige Chorsätze BWV 302 und 303; Orgelvorspiel BWV 720
Komm, heiliger Geist, Herre Gott	Kantate BWV 59, 3; Orgelvorspiel BWV 651; dritte Strophe in Motette Der Geist hilft unsrer Schwachheit auf BWV 226
Mit Fried und Freud ich fahr dahin	(im Eingangschor der Kantate BWV 95), Kantate BWV 125; Chorsatz 382, Orgelvorspiel BWV 616
Mitten wir im Leben sind von dem Tod umfangen	Chorsatz BWV 383
Nun freut euch, lieben Christen g'mein	Chorsatz BWV 388; Orgelvorspiel BWV 734
Nun komm, der Heiden Heiland	Kantaten BWV 61 und 62; Orgelvorspiele BWV 599, 659, 660, 661, 699
Vater unser im Himmelreich	Orgelvorspiele BWV 636, 682, 683a, 737, 760, 761, 762; Johannes-Passion: Chorsatz Dein Will gescheh Herr Gott zugleich BWV 245,5
Vom Himmel hoch, da komm ich her	Weihnachtsoratorium: Chorsatz Ach mein herzliebes Jesulein BWV 248, I, 9; vier Orgelvorspiele BWV 606, 700, 701 und 738 u. andere im Anhang; Canonische Veränderungen BWV 769

zwar religiösen, aber nicht konfessionellen Geistes zu fassen.«[15] Auch wenn Bachs Denken zutiefst lutherisch geprägt war, sah Reger vor allem die Universalität des Komponisten, der nicht nur zu deutschen Protestanten, sondern zu allen Menschen gesprochen habe. Der Verdacht drängt sich auf, dass ihm selbst Luther nicht als Umstürzler und Gründer einer neuen Konfession, sondern als Reformator und Neuerer einer alten erschien. Und dies erlaubte ihm, dem Katholiken, verehrungsvoll an Luthers und Bachs Liedgut anzuknüpfen und Grenzen zwischen evangelischer und katholischer, zwischen geistlicher und weltlicher Musik zu überschreiten.

II. »Sagen« mit Chorälen

Nachdem Reger die Aussagekraft der Choräle entdeckt hatte, begann er ihr »Sagen« zu nutzen, indem er ihre Melodien in fremden Zusam-

menhang stellte und mit ihren hinzuzudenkenden Texten in Instru-
mental- und Vokalwerken Wichtiges mitteilte. Entsprechend dienen
ihm Choräle nicht zur Erzeugung einer allgemeinen andachtsvollen
Stimmung, sie sind kein bloßer Weihrauchersatz, sondern erlauben
ihm spezifische Aussagen. An zentraler Stelle steht dabei nicht Luther,
sondern Paul Gerhardt mit seinem Choral O HAUPT VOLL BLUT UND
WUNDEN, dessen neunte Strophe »Wenn ich einmal soll scheiden«
nach Regers eigenem Bekenntnis durch alle seine Werke hindurch
klinge.[16] Durch ihre Einordnung in der MATTHÄUS-PASSION hat
Bach dieser Strophe eine Aussage gegeben, die für ihn wie für Reger
fundamental war: Er lässt sie unmittelbar den Evangelistenworten
»Aber Jesu schrie abermals laut und verschied« folgen und drückt

Autograph von Max Regers
SUITE FÜR ORGEL E-MOLL
für Orgel op. 16,
ADAGIO ASSAI, S. 22

damit die Hoffnung aus, in der eigenen Todesnot durch Jesu Tod nicht allein gelassen zu werden – ein zentraler Gedanke in vielen Werken sowohl Bachs als auch Regers. Die erste explizite Zitierung der Strophe findet sich bei Reger in der ORGELSUITE e-moll op. 16 aus dem Jahr 1895, deren in seinem Œuvre einmaliger autographer Schlusseintrag »Finis. Gott sei Dank« etwas von den schwierigen Lebensumständen des damals 22-Jährigen verrät. Im langsamen Satz ADAGIO ASSAI erklingt zunächst der Choral ES IST DAS HEIL UNS KOMMEN HER (und dies Jahre vor der Herausgabe der gleichnamigen Bach-Kantate), ihm folgt der Luther-Choral AUS TIEFER NOT SCHREI ICH ZU DIR mit drängenden Fugatoeinsätzen, und schließlich wird WENN ICH EINMAL SOLL SCHEIDEN auf höchst charakteristische Weise zitiert: Die rezitativische Choralmelodie der ersten, vom Individuum handelnden Zeile (»wenn *ich* einmal soll scheiden«) steht ganz allein, von Pausen für die fortgefallenen Begleitstimmen umgeben. Die zweite auf Christus bezogene Zeile (»so scheide nicht von mir«) dagegen folgt im gefestigten akkordischen Satz. Auch die nächsten Zeilen wiederholen diesen inhaltlichen und musikalischen Gegensatz irdischer Schwäche und himmlischer Stärke.

In seinen Spätwerken DER EINSIEDLER (Joseph von Eichendorff) op. 144a und REQUIEM (Friedrich Hebbel) op. 144b für Bariton bzw. Alt, gemischten Chor und Orchester spricht Reger mit Hilfe zweier Choräle zu Eingeweihten. Zu Joseph von Eichendorffs Worten: »Ein Fischer nur noch wandermüd, singt übers Tal sein Abendlied zu Gottes Lob im Hafen« zitiert er die Melodie von Paul Gerhardts ABENDLIED »Nun ruhen alle Wälder«. Eine verborgene Aussage macht er auch, wenn er Hebbels wenig christlichem Text »Seele, vergiß nicht die Toten« durch das Zitat von »Wenn ich einmal soll scheiden« eine religiöse Wendung gibt: Der Chor wiederholt dreimal Hebbels Worte »vergiß sie nicht, die Toten« zur Choralmelodie, die bei den hinzugedachten Worten »wenn mir am allerbängsten« abbricht. Beide Beispiele machen deutlich, wie nötig die Kenntnis der Kirchenlieder ist, damit die Mitteilungen der Musik verstanden werden.

Der sinngebende Einsatz von musikalischen, mit Bedeutung beladenen Choralzitaten ist keine Seltenheit in der Musik des 19. Jahrhunderts, und Luthers Choral EIN' FESTE BURG ist durch seine Rezeptionsgeschichte besonders symbolbelastet. Felix Mendelssohn-Bartholdy zitiert ihn im Finale seiner 5. Sinfonie D-dur, der sogenannten Reformations-Sinfonie, Richard Wagner in seinem KAISERMARSCH WWW 104, und in Giacomo Meyerbeers Oper LES

Max Reger, Requiem
(Friedrich Hebbel),
Erstdruck Simrock-Verlag
1916, Takte 156–175

Hugenots spielt er eine leitmotivische Rolle. Nicht zu Unrecht nannte ihn deshalb Heinrich Heine die »Marseiller Hymne der Reformation«, und im Deutschen Kaiserreich war seine Einbindung in deutsch-nationale Feste durchaus üblich. Beides – Marseillaise und Luther-Choral – in Verbindung gebracht hat Regers katholischer Zeitgenosse Claude Debussy in En blanc et noir für zwei Klaviere, einem durch und durch geheimnisvollen Werk. Der Titel bezieht sich auf die Tasten des Klaviers, doch könnte leicht eine gedankliche schwarz-weiß-Malerei assoziiert werden, gilt er doch der im zweiten Weltkriegsjahr 1915 entstandenen Komposition eines großen Patrioten. So erscheint Debussys Klavierwerk als künstlerische Manifestation dieses Patriotismus: pro französische Musik eines François Couperin und Jean-Philippe Rameau, der bedeutendsten Vertreter der französischen Musik im 18. Jahrhundert, pro Moderne, die in den Widmungen der Ecksätze an zwei russische Musiker – Sergej Kussewitzki und Igor Strawinski – angesprochen wird, contra deutsche Musik, namentlich eines Ludwig van Beethoven, Richard Wagner und – Martin Luther. Den zentralen mehrteiligen Mittelsatz widmet Debussy einem gefallenen Freund und setzt als Motto einen Ausschnitt aus François Villons BALLADE CONTRE LES ENEMIES DE FRANCE darüber. Es ist ein Requiem und zugleich ein Beispiel für die negativ besetzte Zitierung von Luthers Choral EIN' FESTE BURG IST UNSER GOTT, dem die Rolle einer deutschen Nationalhymne zugeteilt wird, die plump, roh und bedrohlich auftritt, dann aber untergeht, als wolle der Komponist uns sagen: Das wird aus eurer Hymne, wenn sie sich auf französisches Hoheitsgebiet begibt. Die Marseillaise dagegen kommt delikat daher, oft ihres markanten Rhythmus' beraubt und versteckt, leichtfüßig und elegant. Dennoch ist Debussys Plädoyer für Frankreich zwar nicht unparteiisch, jedoch mit viel Esprit und sogar Empathie – wenn etwa der Trauermarsch aus der GÖTTERDÄMMERUNG versteckt anklingt – zu einem Pastell statt einem Schwarz-Weiß-Bild geraten.

In seinem im Juli 1909 vollendeten 100. PSALM für gemischten Chor, Orchester und Orgel op. 106 zitiert auch Reger den Luther-Choral, dem er elf Jahre zuvor in seinem Orgelwerk 27 eine spannungsreiche programmatische Deutung gegeben hatte, an prominenter Stelle: Im Schlussteil ALLEGRO MAESTOSO, einer Doppelfuge über die Worte »Denn der Herr ist freundlich und seine Gnade währet ewig und seine Wahrheit für und für«, wird er über dem dichten polyphonen Stimmengeflecht wie eine Fanfare von Ferntrompeten und -posaunen vorgetragen. Merkwürdigerweise wollte Reger damit jedoch keine erhebende, sondern eine niederschmetternde Wirkung erzielen, »als wollte die Welt zusammenkrachen«. Der Choraleinsatz müsse »klingen wie beim jüngsten Gericht«, schrieb er dem Schweizer Komponistenfreund und Dirigenten Volkmar Andreae vor dessen Aufführung beim Tonkünstlerfest in Zürich.[17] So scheint er weniger den Jubel als das Erschrecken vor der Größe Gottes mit lautem Geschmetere der Blechbläser heraufbeschwören zu

wollen, in kontrastierender Ergänzung zur mystischen Passage »Erkennet, dass der Herr Gott ist« im Eröffnungsteil des Psalms, die in geheimnisvollem *ppp* einsetzt, um beim Wort »Gott« plötzlich in lautes *fff* auszubrechen. Luther, der selbst Flöte und Laute, also zwei zarte Instrumente spielte, hätte die schmetternde Auslegung in der Kirchenmusik abgelehnt: Ein »himmlisches Feld Geschrei« oder »Gottes-Ehr-Schreien« schien ihm ungeeignet für die biblische Botschaft zu sein.[18]

Wie Debussy in EN BLANC ET NOIR die französischen musikalischen Nationaleigenschaften – Esprit und Eleganz – akzentuiert, hebt Reger in seinem Psalm die kontrapunktische Kunst, fremde Melodie in ein eigenes Werk hineinzukomponieren, hervor und damit eine Spezialität auch seiner Variationswerke, auf deren Höhepunkt das fremde Variations- mit dem eigenen Fugenthema kombiniert wird. Für ihn galt dies als typisch deutsche, anderen National-

Wilhelm Thielmann,
Plakat zu den
Meininger Musiktagen
in Marburg 1914

schulen überlegene Kompositionskunst – hierin vertrat er wie Debussy einen ausgeprägten »Kulturpatriotismus«: Waren für diesen Rameau und Couperin die Bezugspunkte, so setzte er Bach über alle anderen Vorbilder.

Die Uraufführung des Psalms und seine Wiederholung beim Tonkünstlerfest in Zürich riefen Diskussionen hervor: Die einen sprachen von einem rein artistischen Verhältnis des Künstlers zu Gott, die anderen sahen eine tiefe Religiosität aus dem Werk sprechen. Den Maler Wilhelm Thielmann, ein Mitglied der Willingshäuser Künstlerkolonie, mag der 100. Psalm dagegen dazu veranlasst haben, Reger in Lutherpose vor der Marburger Elisabethkirche darzustellen – mit entschlossenem Gesichtsausdruck und einem bibelähnlichen Gegenstand unter dem Arm, den massigen Körper mit weitem Umhang, den Kopf mit einer Art katholischem Birett bedeckt – das Bild eines Mannes mit eigenem Willen und eigenen Gedanken. Der Kontrast zum Rahmen aus musizierenden Puttchen könnte nicht größer sein.

Und noch ein anderes, gar nicht trutziges Luther-Lied spielt eine besondere Rolle in Regers Œuvre. Seine musikalische Verarbeitung ist meist so verhalten und geheimnisvoll, dass auch Luther kein »himmlisches Feldgeschrei« hätte rügen müssen und seine Freude daran hätte haben können: Dem Choral Vom Himmel hoch, den der Reformator für seine Kinder zum Weihnachtsfest schrieb, hat Reger eine stimmungsvolle Choralkantate, dazu ein sehr lebhaftes und freudiges sowie ein mystisch verhaltenes Choralvorspiel gewidmet; deutlich und zitathaft erklingt er auch in dem als Weihnachtsbeilage des Berliner Tageblatts veröffentlichten Orgellied Ehre sei Gott in der Höhe WoO VII/37. In seiner zweiten Orgelsonate d-moll op. 60 gibt er dem Lied in der langsamen Invocation eine geheimnisvolle Ausdeutung, und auch in seinem letzten Orgelopus 145 wird es in dem Stück Weihnachten zitiert: Die insgesamt sieben Stücke op. 145 entstanden wohl aus den Musikalischen Andachten, die Reger nach Kriegsausbruch in Meiningen eingeführt hatte und in denen er an der Orgel zu improvisieren und meditieren liebte. Die Choralzitate beenden die grüblerischen und oft unklaren Partien wie Offenbarungen und bringen himmlische Botschaften in die konfliktbeladene Kriegsgegenwart.

Eine fast schon theologische Deutung gibt Reger mit den Zitaten zweier Choräle in seinem Klavierkonzert f-moll op. 114, also in einem ganz weltlichen Kontext. Ihre Kombination entspricht dem

Gedanken Bachs, der dem mit Trompeten jubelnden Eingangschor »Jauchzet, frohlocket« des WEIHNACHTSORATORIUMS sehr bald Paul Gerhardts Choral WIE SOLL ICH DICH EMPFANGEN folgen lässt, dabei aber die Melodie von O HAUPT VOLL BLUT UND WUNDEN nutzt und so das Geheimnis der Menschwerdung Christi mit dem des Opfertodes verbindet. Im MOLTO TRANQUILLO-Teil des Eröffnungssatzes seines KLAVIERKONZERTS bringt auch Reger zunächst die gute Mär: Er zitiert die Schlusszeile »davon ich singen und sagen will« mehrfach hintereinander im geheimnisvollen dreifachen *ppp* der Bläser, ohne ihren Schlusston zu erreichen – eine symbolische Umsetzung des nie versiegenden Gotteslobs und der Heilserwartung.

Auch am Ende des LARGO CON GRAN ESPRESSIONE des Klavierkonzerts scheint der Choral durch, in dem jedoch ein anderes Kirchenlied eine zentrale Rolle spielt: Reger zitiert es so geheimnisvoll und versteckt, dass der Satz als Variation über kein Thema bezeichnet werden könnte.[19] Geradezu diebische Freude bereitete es dem Komponisten, die Kritiker damit hinters Licht geführt zu haben: Dass der

Choral WENN ICH EINMAL SOLL SCHEIDEN in seinem Konzert »Note für Note« vorhanden sei, habe »keiner von den Eseln« bemerkt.[20]

Der guten Mär durch sein Singen und Sagen zu dienen, war Reger zeitlebens ein Bedürfnis, das er manchmal prononciert, oft auch versteckt und nur für Eingeweihte verständlich realisierte. Die schwindende Kenntnis der Luther-Choräle war schon immer im katholischen Ausland eine Verständnisbarriere für sein Œuvre, die sich heute durch die Kirchenferne weiter Kreise und das Bemühen der Kirche, die Jugend durch neue Lieder zu gewinnen, vertieft. Es ist zu befürchten, dass ein intellektueller Zugang zu vielen seiner Werke mehr und mehr verschüttet wird.

Zitat S. 256: »Sic Deus praedicavit evangelium etiam per musicam.«
Martin Luther, Tischrede Nr. 1258. In: Martin Luther, Kritische Gesamtausgabe, Weimar 1912-1921 (WA TR 2, 11)

1 Max Reger am 23.9.1903 an Lauterbach & Kuhn. In: Susanne Popp (Hg.), *Max Reger. Briefe an die Verleger Lauterbach & Kuhn.* Teil 1, Bonn 1993 (= Veröffentlichungen des Max-Reger-Instituts, Bd. 12), S. 208.

2 Heute wird das Lied durch den Luther-Choral *Nun freut euch, lieben Christen g'mein* ersetzt.

3 Vgl. Dominik Axtmann, *Ausbildung und Stellenwert der Kirchenmusiker beider Konfessionen um 1900.* In: Jürgen Schaarwächter (Hg.), *Reger-Studien 9. Konfession – Werk – Interpretation.* Kongressbericht, Mainz 2012, Stuttgart 2013 (= Schriftenreihe des Max-Reger-Instituts, Bd. 23), S. 91–120.

4 Vgl. Kurt Aland (Hg.), *Luther Deutsch: die Werke Martin Luthers in neuer Auswahl für die Gegenwart*, Bd. 9 Tischreden, Stuttgart 1960, S. 266.

5 Zitiert von Adalbert Lindner, *Max Reger. Ein Bild seines Jugendlebens und künstlerischen Werdens*, Stuttgart 1922, S. 145.

6 Max Reger am 2.10.1902 an Elsa von Bercken, Brief im Max-Reger-Institut.

7 Das Konsistorium schloss sich dem Bürgerlichen Gesetzbuch von 1900 an, das das Verschuldungsprinzip einführte und die liberale Regelung etwa des Preußischen Landgesetzes außer Kraft setzte.

8 Max Reger am 18.2.1912 an Herzog Georg II. von Sachsen-Meiningen. In: Hedwig u. Erich Hermann Müller von Asow (Hg.), *Briefwechsel mit Herzog Georg II. von Sachsen-Meiningen*, Weimar 1949, S. 307.

9 Mit dem Meininger katholischen Priester Kilian Joseph Meisenzahl diskutierte er über den Text des liturgischen Requiem.

10 Beim Göttinger Theologen und Alttestamentler Julius Wellhausen war er mehrfach zu Gast; die neue Ausgabe der Psalmen des in Göttingen lehrenden Hermann Gunkel (*Ausgewählte Psalmen*, Göttingen 1904) schätzte er mehr als die Luther-Übersetzung und zog 1914 eine Zusammenarbeit bei einem oratorischen Werk in Betracht.

11 Zitiert aus dem Vorwort zu Regers Klaviertranskriptionen *Ausgewählter Orgel-Choralvorspiele* Johann Sebastian Bachs Bach-B4.

12 Albert Schweitzer, *Johann Sebastian Bach*, 1910.

13 Vorspiele in Regers Opus 67 über Choräle, die Bach nicht bearbeitet hat: *Gott, des Himmels und der Erden; Herr, wie du willst, so schick's mit mir; Ich will dich lieben, meine Stärke; Jerusalem, du hochgebaute Stadt; Komm, ob komm du Geist des Lebens; Jesus ist kommen, Grund ewiger Freude.*

14 Die einzige Ausnahme eines nicht von Bach vertonten Luther-Chorals bietet der Lobpreis *Sie ist mir lieb, die werte Braut*, den Reger in einem Madrigal von Michael Praetorius vorfand und für Männerchor bearbeitete.

15 Max Reger am 9.6.1907 an Henri Hinrichsen. In: Susanne Popp und Susanne Shigihara (Hg.), *Max Reger. Briefwechsel mit dem Verlag C. F. Peters*, Bonn 1995 (= Veröffentlichungen des Max-Reger-Instituts, Bd. 12), S. 151f.

16 Max Reger 1913 an Arthur Seidl. Zitiert aus: Else von Hase-Koehler (Hg.), *Max Reger. Briefe eines deutschen Meisters. Ein Lebensbild*, Leipzig 1928, S. 254.

17 Max Reger am 11.2.1910 an Volkmar Andreae, Zentralbibliothek Zürich, Handschriften- und Musikabteilung.

18 Zitiert aus Stephan Schaede, *Vater der Lieder*. In: *Reformation und Musik*. Archiv 2012, http://www.ekd.de/reformation-und-musik/hintergrund/vater_der_lieder.php (Stand: 21.10.2015)

19 Vgl. Susanne Popp, *Destabilisierung als Kompositionsidee. Zum langsamen Satz van Regers Klavierkonzert*. In: Reinmar Emans u. Matthias Wendt (Hg.), *Beiträge zur Geschichte des Konzerts*. Festschrift Siegfried Kross zum 60. Geburtstag, Bonn 1990, S. 352-370.

20 Reger am 13.2.1912 an Herzog Georg II. von Sachsen-Meiningen. In: (Anm. 8), S. 124.

Melanchthon über Luther:
„Ich würde lieber sterben
als von diesem Manne
getrennt zu sein."

Glaubenskämpfer mit »tiefliegenden Augen«
Gerhard Marcks' Porträtbüsten von Luther und Melanchthon

Kai Fischer

> *»Die Kirchensteuer ist für 1931 bezahlt bis auf letzte Rate = 40 M,*
> *1932 fehlen 2 Raten; ich bitte um Stundung. In Erfurt*
> *hat Kunze was von mir verkauft. [...] Gern würde ich dir*
> *einen 10MSchein einlegen, aber es ist keiner im Hause.«* [1]

Gerhard Marcks an der Burg Giebichenstein in Halle

Als Gerhard Marcks (1889–1981) 1932 in einem Brief an seine Frau Maria über die finanzielle Situation der Familie klagte, war er – nach dem Fortgang von Paul Thiersch – seit 1928 kommissarischer Direktor der Kunstgewerbeschule Burg Giebichenstein in Halle (Saale). Paul Thiersch (1879–1928) hatte Marcks 1925 als Lehrer an die von ihm gegründete Kunstgewerbeschule berufen, wo dieser, weitgehend von Lehrverpflichtungen befreit und im geschützten Rahmen der Mauern der mittelalterlichen Burg über der Saale, selbständig im eigenen Atelier arbeiten konnte. In der pädagogischen Konzeption von Thiersch, einem Anhänger des George-Kreises, lag die »hauptsächliche Aufgabe des Künstlers in der schöpferischen Arbeit, die auf eine Übereinstimmung mit dem Leben ausgerichtet sein sollte.« [2]

Nach dem Weggang von Thiersch nach Hannover 1928 (und seinem Tod kurz darauf) verlor die Tätigkeit an der Burg für Marcks zunehmend ihren bis dato idyllischen Charakter. Seit 1927 fünffacher Vater, hatte er seinen wichtigsten Fürsprecher verloren, und die 1929 einsetzende Weltwirtschaftskrise bekamen alle auf den Verkauf ihrer Arbeiten angewiesenen Künstler allmählich zu spüren. [3] Zudem waren die Gerhard Marcks nun zunehmend übertragenen Verwaltungsaufgaben diesem kein genuines Anliegen, wie er in zahlreichen Briefen ironisch kommentierte.

In den Personalakten der Burg Giebichenstein finden sich für diese Zeit einige Hinweise, dass das Gehalt für die siebenköpfige Familie kaum mehr zum Leben reichte: »Der Fachlehrer an der

Gerhard Marcks,
Büsten von Martin Luther
und Philipp Melanchthon
1930, Bronze
Martin-Luther-Universität
Halle-Wittenberg
»Löwengebäude«, aufgestellt
am Eingang zur Aula

Kunstgewerbeschule Professor Marcks schilderte mündlich seine missliche wirtschaftliche Lage, die durch Krankheit in der Familie und Rückgang der Aufträge infolge der Zeitverhältnisse entstanden ist. Besonders in Betracht muss dabei die Unterhaltung der starken Familie gezogen werden. [...] Ein Fortgang des Professor Marcks muss verhindert werden. Es ist daher geboten, ihm zur Befreiung aus der wirtschaftlichen Notlage eine Unterstützung zu gewähren.«[4] Marcks wurde eine einmalige Unterstützung in Höhe von 950 RM gewährt.[5]

Gerhard Marcks hat in Halle während seiner Lehrtätigkeit zwischen 1928 und 1933 einige beeindruckende Werke geschaffen. Besonders im Stadtbild präsent ist das Paar »Kuh« und »Pferd« (1928, WV 185)[6], aus einem Block Spritzbeton herausgeschlagen,[7] an der von Paul Thiersch entworfenen Kröllwitzer Brücke.

Im ursprünglichen Entwurf von Marcks und Thiersch, angeregt durch Friedrich Wolters (1876–1930) aus dem Kreis um Stefan George, waren zwei elf Meter hohe Monumentalfiguren als schmückendes Beiwerk für den modernen, schlichten Baukörper der Brücke vorgesehen: der römische Legionär Drusus, der von der germanischen Seherin Weleda am Saaleübergang zum Rückzug veranlasst wird.[8] Die von Marcks und Thiersch vorgelegten Skizzen wurden jedoch vom Magistrat der Stadt mitsamt dem Thema verworfen, bzw. vice versa.

Gerhard Marcks,
»Kuh« und »Pferd«
1928, Spritzbeton
an der Kröllwitzer Brücke,
Halle an der Saale

Aber auch eine von Thiersch angeregte neue Konzeption mit dem Modell zweier acht Meter langer, ruhender Tierplastiken wurde von den Stadtverordneten ursprünglich bemängelt: »Bei uns fehlt es keineswegs an Sensationen«, schreibt Marcks am 20.6.1928. »Z.B. augenblicklich sind meine Brückenfiguren, die bereits als Modelle seit Oktober fertig sind und auf die hin ich ca 3000 M Schulden gemacht habe, von den Stadtverordneten abgelehnt.«[9] Erst nach kontroversen Debatten kann Marcks zwei Wochen später Entwarnung geben: Die Brücke sei »nun doch bewilligt, nachdem ich 12mal dieselbe Rede gehalten und Rive,[10] Thiersch und Heilmann an den vor den Köpfen der Stadtväter befindlichen Brettern manche Lanze ge-

brochen hatten. Da die Einwürfe meist in An-
pflaumungen bestanden, wurde Thiersch schließlich wild und rief, die Künstler hätten ihre Ehre
wie die Frauen.«[11]

1929 erwarb das Museum Moritzburg für 4700
Mark die »Prophetin« (WV 189; s. Abb. S. 288),
für die die jüdische Keramikerin Marguerite
Friedlaender (1896–1985), mit der Marcks schon
seit seiner Zeit in der Bauhaus-Töpferei in Dorn-
burg bei Jena befreundet war, Modell gestanden
hatte.[12] Daneben befand sich ab 1929 (bis ca.
1934) die »Betende« (WV 184), die Marcks aus
einem Block der abgebrochenen alten Kröllwitzer Brücke gearbeitet hatte, als Leihgabe im
Museum Moritzburg. Ursprünglich war sie als
Kriegsgedächtnismal für den Marktplatz vorgesehen, aber nicht aufgestellt worden: »Jüngst habe
ich der Stadt Halle eine große Granitfigur, betende Frau, angeboten, als Geschenk, neben die

Gerhard Marcks, »Betende«
1927/1928, Granit

Marktkirche zu stellen. Die Kommission hat schlechte Witze darüber
gerissen und (mit Hilfe der lieben Geistlichkeit, die das Altarbild von
Cranach durch süßlichen Nazarenerkitsch ersetzt haben) die An-
nahme verweigert. Man kann nichts mehr tun als sich anbieten, ich
habe ½ Jahr dran gearbeitet und 1000 Mark zugesetzt für Steinmetz-
löhne. Vielleicht gehe ich zu den Kommunisten damit, die scheinen
mir weniger verkalkt.«[13]

Beide etwa lebensgroße Frauenfiguren präsentieren sich mit vor
dem Leib verschränkten Armen in kontemplativer Pose, wobei die
»Prophetin« schicksalharrend und trotzig ihren Blick zu Boden rich-
tet, die »Betende« sorgenvoll und mit leeren Augen gen Himmel
blickt. Trotz der religiösen Implikationen im Titel haben die Figuren
nichts Erhabenes; sie wirken schlicht und menschlich in profaner
Bekümmernis und stehen in einer Reihe mit ähnlich kontemplativ
wirkenden Figuren und Büsten jener Jahre: »Kastalia«, 1931/32 (WV
245), »Still allein«, 1932 (WV 262) oder »Porträt Maria Marcks«, 1933
(WV 279).

Die Figuren repräsentieren auch Marcks' persönliche Haltung in
jenem beschaulichen Refugium Halle, das ihm in den Zeiten der
Weltwirtschaftskrise und künstlerischen Neuorientierung (nach der
formalen Trennung und inneren Abwendung vom Bauhaus) nur ein

temporäres berufliches (wirtschaftliches) wie künstlerisches Exil bieten mochte, jedoch keine langfristige Perspektive. Er sah sich selbst als »Professor aus Versehen und Direktor in Vertretung«.[14] Berücksichtigt man jedoch den Einfluss, den die Anhänger Stefan Georges – wie Thiersch – auf die kulturpolitische Ausrichtung der Burg in jenen Jahren nahmen, so finden sich interessante Parallelen, die hier nur angedeutet werden können, zwischen den verschlossenen, abgewandten Figuren von Gerhard Marcks und der Interpretation Klaus Manns im Aufsatz DAS SCHWEIGEN STEFAN GEORGES (1933) zur Haltung des Dichters gegenüber dem Versuch einer nationalsozialistischen Vereinnahmung seines Werkes: »Er aber schweigt, und es lässt nur eine Deutung zu, dieses noch einmal und wieder so beredte Schweigen: er identifiziert sich NICHT mit diesem neuen Deutschland, er kann seinen grossen Traum nicht wiedererkennen in ihm. Seine Sehnsucht bleibt unerfüllt.«[15]

Die Büsten Luthers und Melanchthons für die Universität Halle-Wittenberg

1930 vergab die Universität Halle aus Anlass der 400-Jahr-Feier der Confessio Augusta, des Augsburger Bekenntnisses, den Auftrag für zwei Büsten Martin Luthers und Philipp Melanchthons.[16] Der Kunsthistoriker Paul Frankl (1878–1962), seit 1921 Professor in Halle, bat Gerhard Marcks um die Ausführung. Ursprünglich war wohl Marmor vorgesehen: »Heute rief Frankl an, ob ich für die Universität 2 Marmorbüsten Luther und Melanchthon machen wollte. Ich sagte à 2500 M und ein Jahr Zeit. Die kriegen Dir aber einen Luther vorgesetzt!«[17]

Ostern 1931 wurden die Bronzegüsse als Geschenk des Preußischen Ministers für Wissenschaft, Kunst und Volksbildung[18] der Universität Halle übergeben und im sogenannten »Löwengebäude«, zwischen 1832–34 nach Plänen von Ernst Friedrich Zwirner und Wilhelm Heinrich Matthias errichtet, rechts und links des Eingangs zur Aula aufgestellt (Büste »Martin Luther«, WV 216; Büste »Philipp Melanchthon«, WV 217), wo sie noch heute auf repräsentativen Postamenten in halbkreisförmigen Nischen zu finden sind. »Obgleich Luther und Melanchthon zu den bedeutendsten Vertretern der Wittenberger Universität gehörten, gab es von ihnen bis dahin kein Bildnis, das an [der] Universität an einem gebührenden Platz hätte aufge-

stellt werden können«,[19] schreibt Mechthild Werner und zählt die beiden Büsten zu dem »Wertvollsten [...], was [die Universität] an Kunstwerken besitzt.«[20]

Dabei waren für Marcks auch bei diesem Werk Widerstände zu überwinden. Die Tonmodelle entsprachen nicht den Erwartungen der Kommission, die eine konventionellere Gestaltung Luthers wünschte, wie sie so oft – sein »Image« berücksichtigend und als Klischee vom Klischee – repräsentativ und gnädig von hohen Sockeln herabschaut. Und die Erlaubnis, die Bronzen vor ihrer Übergabe an die Universität im Rahmen der Akademie-Ausstellung in Berlin zeigen zu dürfen, wurde Marcks verwehrt.[21] »Luther und Melanchthon sind für die Universität Halle. Die Theologen und Kunsthistoriker haben geschlossen protestiert. Deswegen durfte ich auch die Bronzeoriginale nicht zeigen«, schreibt Marcks anlässlich seiner Einzelpräsentation im Rahmen der Ausstellung der Preußischen Akademie der Künste.[22]

Stattdessen wurden die Gipsmodelle der Büsten in Berlin ausgestellt, wo sie auf ein positives Echo stießen. Der BERLINER BÖRSEN-COURIER verglich die Arbeiten von Ernesto de Fiori (1884–1945) und Marcks und bilanzierte: »Der bedeutendere ist der Hallenser Marcks. Erfüllt vom neuen Willen zu monumentaler plastischer Gestaltung und sinnbildlicher Erfassung körperlicher Zustände, formt er Figuren von außerordentlicher Wucht und kompositorischer Einheit (Ruhende Frau, Wandler), prägt er Luthers und Melanchthons Gesichtszüge mit expressiver Gewalt.«[23]

»Die beiden Plastiken dürfen als hervorragend gelungen bezeichnet werden«, heißt es nun auch in den Hallischen Nachrichten anlässlich der Übergabe der Bronzen an die Universität. »Der trotzige Glaubenskämpfer Luther, der sich seine Kraft aus tiefsten Quellen der Innerlichkeit holt, ist ebenso fein empfunden und sicher gestaltet worden wie der gelehrte Melanchthon mit seiner ruhigen Ueberlegenheit.«[24]

Der Jurist, Kunsthistoriker und Kunstkritiker Ludwig Erich Redslob (1890–1966), Herausgeber der Monatsschrift Kreis von Halle (und von 1945–1946 kurzfristig Leiter der Kunsthochschule Burg Giebichenstein[25]), schreibt in einem Beitrag über die neuen Arbeiten von Marcks (»Luther« und »Melanchthon«)[26] von einer als »paradox empfundenen Steigerung der Ähnlichkeit, weil das Zufällige der Natur in das Notwendige der künstlerischen Gestaltung verwandelt ist«:[27] »Der tiefe psychologische Gehalt der beiden Bildnisbüsten von Gerhard Marcks hat seinen Wert nicht in sich als geschichtliche Aussage über die Beschaffenheit zweier historischer Persönlichkeiten, sondern in seinem Bezug zum allgemeinen Sein, das geschichtlich einmal in besonderem Sinne Gestalt im Dasein angenommen hat. Und dieser Sinn tritt von neuem in verwandeltem Stoffe ins Dasein. Daraus, nicht aus den für uns garnicht nachprüfbaren Einzelzügen, ergibt sich eine Ähnlichkeit, die die geläufige Ähnlichkeit eines historischen Bildwerkes weit übertrifft.«[28]

Tatsächlich unterscheiden sich die Porträtbüsten von den geometrischen, auf Mehransichtigkeit konzipierten Figuren mit oft geglätteter Oberfläche, die einen wesentlichen Anteil im plastischen Œuvre von Gerhard Marcks ausmachen.[29] Statt sich einer auf Fernwirkung zielenden künstlerisch-architektonischen Komposition des menschlichen Aufbaus einzugliedern, wie Marcks sie für seine stehenden Figuren zeichnend entwarf, oft unter Verzicht auf eine allzu genaue anatomische Korrektheit, schichtet sich hier die formgebende Masse von innen nach außen. Verletzungen, Deformationen, Wucherungen lagern sich wie Jahresringe übereinander. Die hohe Stirn des Melanchthon, dessen verbliebene Haare dünner zu werden scheinen, wölbt und spannt sich wie eine vor dem Aufplatzen stehende Frucht oder wie ein schwangerer Leib über einem langen und gebrochenen Nasenzinken. Krähenfüße untergraben die Augen, deren Blickachsen etwas nach außen driften, was sich in Ermangelung von Pupillen jedoch nur unwesentlich bemerkbar macht, da der Blick insgesamt, wenn nicht blind, so doch wie nach innen gerichtet erscheint.

Marcks orientiert sich nicht an den weihevollen, repräsentativen Standbildern Luthers und Melanchthons, wie sie sich etwa als Kalkstein am Nordportal der Marienkirche in Pirna finden,[30] sondern für Melanchthon hinsichtlich der Gesichtszüge und des melancholischen Ausdrucks deutlich am »Melanchthon«-Bildnis (1543) von Lucas Cranach d. Älteren (1472–1553) aus den Uffizien in Florenz.

Die Pupillen Luthers hingegen sind scharf konturiert, wenn der Blick sich auch leicht schielend über dem flachen Nasenrücken bündelt, während die Nasenspitze klobig und ein wenig schief erscheint. Über den Augenbrauen wölben sich Lipome oder ähnliche Geschwülste auf der Stirn: Der grüblerische Effekt, den zusammengezogene Augenbrauen bewirken, wird hier durch anatomisch abnorme Höcker ersetzt und verstärkt. Die Wangen sind rauh und pustelig, als

Lucas Cranach d. Ä.
Porträt von
Philipp Melanchthon
1543, Öl auf Holz
Uffizien, Florenz

leide der Dargestellte an einer schweren Akne vulgaris oder habe nach überstandener Krankheit Narben hiervon zurückbehalten. Der Kopf Luthers ragt aus dem wulstigen Kragen der Mönchskutte wie aus einem Schildkrötenpanzer hervor. Obwohl nur der Kopf porträtiert ist, ist der Betrachter geneigt, sich diesen auf einem eher buckligen, verwachsenen Leib zu denken. Das Gesicht ist leicht nach oben gewendet, als biete Luther entschlossen einem größer gewachsenen Gegenüber Paroli. Sein Mund ist verschlossen, aber ohne sichtbare Emotionen, als sei Sieg oder Niederlage bei der bevorstehenden Auseinandersetzung weniger wichtig angesichts der zurückliegenden inneren Kämpfe, die den mühsam errungenen Überzeugungen vorausgingen.

Ein simpler, aber eindrucksvoller Trick zur Unterstreichung der erwünschten Wirkung der Plastiken liegt in der Patinierung: Eine golden leuchtende, innere Patina wird von einer rußig-schwarzen, den Dreck des Alltags absorbierenden Patina überlagert, so wie oft eine schwarze Sinterkruste den weißen Muschelkalk der honorigen Kalkstein-Standbilder überzieht,[31] und bewirkt hier einen von innen nach außen dringenden Glanz.

Dargestellt wird Luther, wie sich anhand der Beschriftung »habet enim profundos oculos in capite suo« auf einer Entwurfsskizze zu

Luther ableiten lässt, zur Zeit des Augsburger Reichstags vom 12. bis zum 14. Oktober 1518, da er durch den Kardinalslegaten Cajetan verhört und zur Widerrufung seiner Lehren gedrängt wurde. Luthers unnachgiebige Haltung wird »mit unparteyischer Feder« von Johann Michael Weichselfelder in seiner Darstellung LEBEN, THATEN, GEFANGENSCHAFT UND HELDENMÜTHIGER TOD DES DURCHLAUCHTIGSTEN CHURFÜRSTENS UND HERZOGS ZU SACHSEN, JOHANN FRIEDRICHS DES GROSSMÜTHIGEN anschaulich beschrieben: »Als Luther die öffentliche Wahrheit nicht wiederruffen, und Christum nicht verleugnen wolt, begab er sich doch endlich so weit, daß er stillschweigen und ferner nichs schreiben wolt, wie der Pabst und Legat so wider ihm schrieben und schrien, auch Schweigen einlegt. Aber der Legat wolt nicht; Luther und Christus solten schweigen, jene aber solten Macht haben, ihres Gefallens zu lästern. Ich habe oft von Luther gehört, daß ihn unser HErrGOtt nie tiefer habe sincken lassen, denn do er sich so viel begab.«[32]

»Sehr naiv ist die Schilderung, welche dieser Cardinal von Luthern machte, der eben nicht so leicht, als der Cardinal geglaubt hatte, zu bewegen war, einen Widerruf zu thun. ›Ego nolo‹ – sagte er – ›amplius cum hac Bestia colloqui, habet enim profundos oculos, et mirabiles speculationes in capite suo‹ (Ich will mich nicht weiter mit dieser Bestie in Unterredungen einlassen, er hat in seinem Kopfe tiefliegende Augen und wunderbare Gedanken)«,[33] so schildert Rudolf Friedrich Heinrich Magenau die Fortsetzung der legendären Konfrontation zwischen Luther und dem päpstlichen Gesandten.

Die Darstellung Luthers in Marcks' zeichnerischer Studie orientiert sich noch deutlich an Lucas Cranachs Kupferstich »Martin Luther im Habit des Augustinermöchs«, 1520 (gedruckt und verbreitet vor allem nach 1540 bzw. 1570; vgl. Abb. S. 157),[34] der auch die Kopfhaltung des von Marcks geschaffenen Bildnisses vorgibt. Wilhelm Worringer (1881–1965) sieht in Cranachs Darstellung das »Bild des von Nachtwachen erschöpften Augustinermönchs«: »Unter den mächtigen Stirnwulsten liegen, wie kranke Tiere in tiefen Höhlen, die Augen mit dem verschleierten scheuen Blick, in dem heimlich noch die Asche schmerzlicher Verzückung glüht.«[35] Diese Worte mögen Cranachs Luther charakterisieren, Marcks' Plastik dagegen erfassen sie nur unvollständig. Dennoch wird die Lektüre der kunsthistorischen Schriften des Wölfflin-Schülers Worringer ein wichtiger Impuls für Marcks gewesen sein.

Die zeichnerische Studie ist gegenüber der späteren Ausführung in Bronze eine sehr vorsichtige Suche nach charakteristischen physiognomischen Details. Die feine Linie der geschlossenen Lippen mit den stoisch auslaufenden Mundwinkeln fällt auf; der Blick hingegen wirkt kontemplativer und zurückhaltender als bei Cranach. Vor allem wird es dem Bildhauer Marcks bei der Studie aber darum gegangen sein, aus einer Ansicht im Halbprofil eine Vorstellung des Profils zu gewinnen.

Für die Vitalisierung Luthers durch Marcks ist der »kleine Luther« nur der Ausgangspunkt. Nun waren dem Didakten Gerhard Marcks, der die mittelalterliche Technik des Holzschnitts in seiner expressionistischen Phase als Ausdrucksmittel schätzen lernte und ein umfangreiches Œuvre an Holzschnitten hinterlassen hat, viele Darstellungen Luthers in Drucken und Stichen vertraut; auch fand 1931 in Halle eine Ausstellung zu Lutherbildnissen statt.[36] Der Eindruck des wuchtigen Holzschnittes »Luther als Mönch mit Taube und Bibel«, nach 1521 (vgl. Abb. S. 158) von Hans Baldung, genannt Grien (1484/85–1545),[37] mit seiner scharfen, zerfurchten Physiognomie und einer ähnlichen Haltung des Kopfes wie bei Cranach, wird als Anschauung Gerhard Marcks für die Ausführung seines Lutherbildnisses eher inspiriert haben, auch wenn Marcks ohne die Attribute Taube und Bibel auskommt.

Gerhard Marcks,
»Prophetin«, 1929

Die Entlassung von Gerhard Marcks 1933

Die kurz während Anerkennung anlässlich der Übergabe der beiden Plastiken kann nicht darüber hinwegtäuschen, dass das künstlerische Klima in Halle mit steigendem Einfluss der Nationalsozialisten und ihrer opportunistischen Vasallen zunehmend vergiftet war. Seit 1930 nahm die NSDAP starken Einfluss auf die Kulturpolitik in Mitteldeutschland.[38] Marguerite Friedlaender, Marcks' jüdische Kollegin an der Burg Giebichenstein und Leiterin der Keramikabteilung, wird 1933 entlassen. Marcks protestiert gegen die Entlassung[39] und wird nun selbst zur Zielscheibe rechter Agitation. »Unsere Tage in Halle sind gezählt. Offengestanden, mich zieht's auch hier weg. Man will die Burg stürmen. Der nächste Jude der fliegt bin ich. Meine Prophetin hier im Museum war [...] eine Prophezeiung.«[40] Gegenüber dem befreundeten Oskar Schlemmer (1888–1942) äußerte Marks sich ähnlich unverblümt: »Ist das ein Zeitalter! Ich hätte Lust Jude zu werden. Ich fange an zu glauben, daß unsereins immer draußen steht, wie auch die Welt sich dreht. stat foris, dum volvitur mundus.«[41]

Marcks identifiziert sich immer mehr mit seinen jüdischen Kollegen und Freunden. Als er Mitte Mai 1933 von Werner Gilles gebeten wird, sich an der Frühjahrsausstellung der Berliner Secession zu beteiligen, reagiert Marcks eindeutig, nachdem Max Pechstein (1881–1955) am 25. April 1933 eine Erklärung an die NSDAP-Machthaber verlesen hatte, laut der sich die Berliner Secession verpflichtete, am Aufbau des neuen Staates mitzuwirken.[42] »[...] ich kann da nicht mitmachen. Einfach persönlich nicht. Ich kann nicht als Privatmann einen Schritt mitmachen, den ich eben bei der Regierung mißbilligte. Und so bitte ich dich: verstehe, wenn ich nichts auf diese Sezession schicke, die unter dem Stern ›Juden raus‹ steht. Ich kann nicht,«[43] schreibt Marcks. Und auf die beschwichtigenden Worte von Werner Gilles reagiert er prompt drei Tage später: »Man hat mir tatsächlich gesagt, daß eure Ausstellung unter dem Stern des Antisemitismus steht, d.h. daß Ihr die jüdischen Mitglieder rausgeworfen habt. Dies würde ich mißbilligen, persönlich und, wenn Du willst, politisch, nämlich menschlich, alles in allem. [...] Ich möchte kein großes Aufsehen erregen. Aber ich möchte ein reines Gewissen haben. Nämlich vor mir, nicht vor Goebbels. [...]«[44]

Wenn sich Marcks in seiner Selbstbehauptung zwischen 1930 und 1933 mit Luther und Melanchthon identifizierte und gleichzeitig mit seinen jüdischen Kollegen solidarisierte, so mag ein Grund für die unansehnlichen Züge der Reformatoren in deren Judenfeindlichkeit begründet liegen. Er übertrüge in dieser Interpretation die seit dem Mittelalter den Juden angedichteten Attribute des Hässlichen (wie schiefe Nase und bucklige Haltung) in einer Art christlicher Empathie (»Einer trage des anderen Last«) als verborgenes, solidarisches Bekenntnis mit seinen in Bedrängnis geratenen jüdischen Kollegen nun auf die Bildnisse der Reformatoren, in denen gleichzeitig seine eigene Lebenseinstellung dieser Jahre zum Ausdruck käme. Das Hässliche wird durch innere Schönheit aufgewogen; Marcks suchte in seinem Luther-Bildnis eine »ganz unklassische Erscheinung: vollkommen durch Unvollkommenheit, schön durch Häßlichkeit«.[45]

Am 31.5.1933 wagte sich Paul Juckhoff (1874–1936), der 1913 den mit einem drachentötenden heiligen Georg bekrönten Lutherbrunnen in Mansfeld geschaffen hatte,[46] mit einem denunziatorischen Brief an Oberbürgermeister Rive in die Offensive, in dem er die Lehrenden der Burg Giebichenstein und vor allem die von Alois Schardt, von 1926 bis 1933 Direktor der Moritzburg,[47] angekauften Künstler scharf anging:[48] »[...] über die ›Ausschmückung‹ der Universität mit den beiden Büsten Luthers und Melanchthons durch den Vorsteher der Kunstgewerbeschule Marks [sic] im Auftrag des verflossenen Kultusministers Grimme[49] [...] möchte ich nicht urteilen. Ich bitte Sie, sich Ihr Urteil darüber selbst zu bilden unbeeinflusst vom Kunstgeschwätz der Kunstliteraten und amtlichen Kunstberater der vergangenen jüdisch-marxistischen Epoche. […] Bei der Besichtigung bitte ich Sie, sich auch die Werke des Vorstehers der Kunstgewerbeschule Prof. Marks [sic] anzusehen, die im städtischen Museum stehen. Ich denke hierbei an die Bronzefigur ›Prophetin‹ und die etwas dick geratene Steinfigur ›Die Not‹ [= Die Betende, Anm.d.V.]. Bei der Gelegenheit sehen Sie sich bitte auch die Bilder der Juden Feininger, Klee, Kandinsky, Pechstein usw. an, die in den letzten 12 Jahren angekauft worden sind. Lassen Sie sich bitte auch die dafür gezahlten Preise nennen. Das Hallische Museum erfreute sich in der verflossenen Dekadenzepoche grosser Beliebtheit der jüdischen Kunsthändler und der demokratisch-jüdischen Dadaistenkunstgestammel-Verehrer. [...]«.[50]

Es blieb Marcks nicht viel mehr übrig, als nach seiner Entlassung Anfang Juli den Oberbürgermeister um eine Bestätigung zu bitten, dass »mein Abbau an der Burg nicht aus moralischen, politischen etc. Gründen, sondern nur infolge von Sparmaßnahmen erfolgte.«[51] Obwohl ihm diese Bitte schwerfalle, »zwingen mich aber zu diesem Schritt unkontrollierbare Verleumdungen, gegen die mich keine Organisation schützt.«[52] Fast mutig erscheint es in diesem Klima, dass der langjährige Direktor des Angermuseums, Herbert Kunze (1895–1975), noch im Juli 1933 von Marcks die beiden Gipsmodelle für die Büsten »Luther« und »Melanchthon« zum Preis von je 100 RM für die Erfurter Sammlung erwarb.[53]

Mit den beiden Büsten Luthers und Melanchthons sind Gerhard Marcks eindringliche Porträts von beharrlichen Glaubenskämpfern gelungen, die trotz aller Widrigkeiten an ihren Glaubenssätzen festzuhalten versuchen. Folgt man Ludwig Erhard Redslob in seiner Sicht, dass »Ähnlichkeit und psychische Deutung die plastische Struktur nicht wie eine Schicht überlagern, sondern daß die Schicksale der plastischen Formen mit den Schicksalen der zur Darstellung gelangenden Züge [...] identisch sind«,[54] dann tritt dieser »Sinn von neuem in verwandeltem Stoffe ins Dasein«, indem wir in den Büsten – ebenso wie in der »Prophetin« oder der »Betenden« – auch das Selbstverständnis eines freigeistigen Kunstschaffenden sehen, dessen humanistische und künstlerische Ideale zusehends vom opportunistischen Zeitkolorit besudelt wurden.

Die Büsten »Luther« und »Melanchthon« sind noch heute in der Universität Halle zu finden (sinnbildlich vor der Tür zur Aula, nicht darin!), ebenso wie sich der Lutherbrunnen von Paul Juckoff noch in Mansfeld befindet.[55] Während über dem Lutherbrunnen ein Heiliger Georg mit der Schlange ficht, stolziert Joseph Goebbels am 26. Februar 1938 durch die Berliner Station der Ausstellung »Entartete Kunst« an einem 1930 von Marcks geschaffenen »Heiligen Georg« (WV 219) vorbei, ohne diesen anzusehen. Der »Heilige Georg« jedoch, die Schlange zu Füßen, hat seinen Kampf gegen den Drachen gewonnen und blickt – fast ein wenig entrückt und verschmitzt – gen Himmel.

1 Gerhard Marcks an Maria Marcks, Halle, 27.6.1932. Zitiert nach Gerhard Marcks, *Bilder aus Niehagen, Briefe nach Mecklenburg,* ausgewählt und bearbeitet von Detlef Hamer, Rostock 1989.

2 Katja Schneider, *Zwischen schöpferischem Handwerk und freier Kunst. Paul Thiersch und Gerhard Marcks in Halle.* In: Ausst. Kat. *Gerhard Marcks 1889–1981, Retrospektive,* Josef-Haubrich-Kunsthalle, Köln, Nationalgalerie, Staatliche Museen Preußischer Kulturbesitz, Berlin, Gerhard-Marcks-Haus, Bremen, 1989–1990, München 1989, S. 100–121, hier S. 100.

3 Zu den Ausstellungs- und Verkaufsmöglichkeiten für Bildhauer zu Beginn der 1930er-Jahre in Galerien wie Flechtheim in Berlin vgl. besonders Arie Hartog, *Der (lange) Winter der Bildhauerei. Die deutschen Bildhauer in der Spätphase der Galerie Flechtheim.* In: Ottfried Dascher (Hg.), *Sprung in den Raum. Skulpturen bei Alfred Flechtheim,* Wädenswil 2016 (in Druck).

4 7. November 1931, Kopien der Personalakten Burg Giebichenstein, Stadtarchiv Halle, Mikrofilm MF PA 49/3.

5 Ebd.

6 Zu diesen und den folgenden Werkverzeichnisnummern von Gerhard Marcks vgl. Martina Rudloff, *Werkverzeichnis.* In: Günter Busch (Hg.), *Gerhard Marcks. Das Plastische Werk,* Berlin 1977, S. 233–489.

7 Frdl. Hinweis von Arie Hartog.

8 Katja Schneider, *Zwischen schöpferischem Handwerk und freier Kunst,* (Anm. 2), S. 120.

9 Marcks an Richard Fromme, 20.6.1928. Zitiert nach *Gerhard Marcks 1889–1981. Briefe und Werke,* ausgewählt, bearbeitet und eingeleitet von Ursula Frenzel, München 1988, S. 53.

10 Dr. Richard Robert Rive (1864–1947) war ab 1906 erster Bürgermeister der Stadt Halle (Saale) und von 1908 bis 1933 deren Oberbürgermeister.

11 Marcks an Maria Marcks, 3.7.1928. Zitiert nach Frenzel 1988, (Anm. 9), S. 53 f.

12 Andreas Hüneke, *Das schöpferische Museum. Eine Dokumentation zur Geschichte der Sammlung moderner Kunst 1908–1949,* hg. von Katja Schneider, Halle 2005, S. 154. 1937 wurde die Prophetin mit dem Hammer zerstört und 1940 zum Einschmelzen eingeliefert.

13 Marcks an Richard Fromme, 20.1.1929. Zitiert nach Frenzel 1988, (Anm. 9), S. 60 f. – Heute befindet sich die »Betende« im Besitz der Gerhard-Marcks-Stiftung, Bremen.

14 Marcks an Johannes Driesch, 27.4.1929. Zitiert nach: Frenzel 1988, (Anm. 9), S. 62.

15 Klaus Mann, *Das Schweigen Stefan Georges.* In: *Die Sammlung.* Jg. 1, Heft 2, Oktober 1933, S. 98–103, hier S. 100; als digitalisierte Fassung aus dem Bestand der Münchner Stadtbibliothek verfügbar unter: http://www.monacensia-digital.de/periodical/titleinfo/30199 [abgerufen am 20.7.2016].

16 Mechthild Werner, *Zum 100. Geburtstag von Gerhard Marcks: »… und doch fängt der Mensch ein neues Leben an«.* In: *Universitäts-Zeitung* (Halle) Nr. 4, 16.2.1989 [Stadtarchiv Halle, S 26.1 FA 3577 Gerhard Marcks].

17 Gerhard Marcks an Maria Marcks, 30.5.1930 [Archiv Gerhard-Marcks-Stiftung, Bremen]. Dank an Arie Hartog für den freundlichen Hinweis.

18 Anon. In: *Hallische Nachrichten,* 9.4.1931 [Stadtarchiv Halle, S 26.1 FA 3577 Gerhard Marcks].

19 Mechthild Werner, *Aus dem Kunstbesitz der Martin-Luther-Universität Halle-Wittenberg.* In: *Wissenschaftliche Zeitschrift der Mar-*

tin-Luther-Universität Halle-Wittenberg X/4, 1961, S. 1118 [Universitätsarchiv Halle].

20 Ebd.

21 Ebd.

22 Marcks an Richard Fromme, 1.5.1931. Zitiert nach Frenzel 1988, (Anm. 9), S. 65.

23 *Berliner Börsen-Courier* vom 22.4.1931, Nr. 186 [Abschrift im Stadtarchiv Halle, S 26.1 FA 3577 Gerhard Marcks].

24 Anon. In: *Hallische Nachrichten,* 9.4.1931 [Stadtarchiv Halle, S 26.1 FA 3577 Gerhard Marcks].

25 http://www.burg-halle.de/hochschule/hochschulkultur/geschichte/1945–1958/ [abgerufen am 30.6.2016].

26 Den Arbeiten von Marcks stellte er zwei Plastiken von Heinrich Staudte (1899–1980) gegenüber, »Maske« und »Pietà«, ohne Materialangabe, vermutlich Terrakotta.

27 L. E. [= Ludwig Erhard] Redslob, *Zu den neuen Plastiken von Gerhard Marcks und Heinrich Staudte.* In: *Kreis von Halle. Eine Monatsschrift für Kultur und den Sinn der Wirtschaft.* Heft 6/7, Juni/ Juli 1931: Der Kantgesellschaft und dem Deutschen Sprachverein, S. 191 [Stadtarchiv Halle, Ch 10021/6-7a].

28 Ebd.

29 Siehe z. B. Ausst. Kat. *Venus und Gärtnerin. Werke von Gerhard Marcks 1930-1942,* Reuchlinhaus Pforzheim, 22.7.–9.9.2001, Pforzheim und Bremen 2001.

30 Dank an Arie Hartog für den frdl. Hinweis auf die in der Plastik seltene Dualität von Luther- und Melanchthon-Standbild an der Marienkirche in Pirna.

31 Siehe z. B. http://www.stenzel-taubert.de/index2.htm?LR_PirMK.htm [abgerufen am 4.7.2016].

32 *Leben, Thaten, Gefangenschaft und Heldenmüthiger Tod des Durchlauchtigsten Churfürstens und Herzogs zu Sachsen, Johann Friedrichs des Großmüthigen, mit statthaften theils gedruckten theils noch ungedruckten Urkunden aus der vortrefflichen Bibliothec des Herrn von Loens erhärtet und mit unparteyischer Feder beschrieben von M. Johann Michael Weichselfelder,* Franckfurt am Main 1754 [Bayerische Staatsbibliothek, 1166440 Germ.sp. 516, als digitalisierte Fassung verfügbar unter: http://reader.digitale-sammlungen.de/resolve/display/bsb10022037.html (abgerufen am 5.7.2016)].

33 Rudolf Friedrich Heinrich Magenau, *Kurze Lebensbeschreibungen merkwürdiger Männer aus der Periode der Kirchen-Reformation, nebst 280 Anekdoten aus dem Leben derselben,* Stuttgart 1816, S. 30 [Universitätsbibliothek Leipzig, Bibliotheca Albertina, Kirchg. 2146].

34 Hierzu und zu den Luther-Darstellungen seit Cranach vgl. besonders den Beitrag von Günter Schuchardt in diesem Band: *Privileg und Monopol – Die Lutherporträts der Cranach-Werkstatt und deren Nachwirken.* Von der ersten Auflage des weit verbreiteten Stichs sind nur drei Blätter erhalten; die Wasserzeichen aller anderen Stiche lassen auf einen Druck nach 1540 schließen. Vgl. auch Martin Warneke, *Cranachs Luther. Entwürfe für ein Image,* Frankfurt/Main 1984, S. 24 f.

35 Wilhelm Worringer, *Lukas Cranach,* München 1908, S. 117. Zitiert nach Warneke 1984, (Anm. 35), S. 24.

36 Vgl. Silvio Reichelt, *Die Lutherbildnisausstellung in Halle 1931.* In: *Curiositas.* Zeitschrift für Museologie 7–8 (2007–2008), S. 94–106.

37 Wartburg-Stiftung Eisenach, Inv. Nr. G2443 – siehe auch *Cranach, Luther und die Bildnisse.* Thüringer Themenjahr ›Bild und Botschaft‹, Katalog zur Sonderausstellung auf der Wartburg, 2.4.–19.7.2015, hg. von Günter Schuchardt, Regensburg 2015, Kat. 11, S. 70, Abb. S. 71.

38 Zu Ausstellungen von Gerhard Marcks Anfang der 1930er-Jahre und Ankäufen seiner Werke durch Museen in Mitteldeutschland in dieser Zeit vgl. auch Christian Tümpel, *Gerhard Marcks zwischen Ächtung und Achtung. Die Rezeption seines Werkes in den Jahren 1933–1945.* In: Ausst. Kat. *Gerhard Marcks 1889-1981, Retrospektive,* (Anm. 2), S. 192 ff.

39 Siehe das Schreiben von Marcks an den Oberbürgermeister [Richard Robert Rive], Halle, 7.4.1933. In: Frenzel 1988, (Anm. 9), S. 69.

40 Marcks an Richard Fromme, Halle, März 1933. Zitiert nach Frenzel 1988, (Anm. 9), S. 69.

41 Marcks an Oskar Schlemmer, Halle, 27.5.1933. Zitiert nach Frenzel 1988, (Anm. 9), S. 70.

42 Siehe auch https://de.wikipedia.org/wiki/Berliner_Secession [abgerufen am 6.7.2016].

43 Marcks an Werner Gilles, Halle, 15.5.1933. Zitiert nach Frenzel 1988, (Anm. 9), S. 74.

44 Marcks an Werner Gilles, Halle, 18.5.1933. Zitiert nach Frenzel 1988, (Anm. 9), S. 74 f.

45 Gerhard Marcks. In: *Die Provinzialkirche. Monatsblatt für die Vertreter der Kirchengemeinden der Provinz Sachsen,* Nr. 4, 11. Jg., 15. April 1931. Zitiert nach Werner 1961, (Anm. 19).

46 https://www.mansfeld.eu/?p=lutherbrunnen [abgerufen am 1.7.2016].

47 Andreas Hüneke, *Das schöpferische Museum. Eine Dokumentation zur Geschichte der Sammlung moderner Kunst 1908–1949,* hg. von Katja Schneider, Halle 2005, S. 122–204. Ein Großteil besonders der in diesen Jahren zusammengetragenen Sammlung klassischer Moderne ist heute für das Museum verloren.

48 Auch verdächtigte er die Künstler der Burg, wohl zu Unrecht, für die Entfernung seines Bismarck-Denkmals verantwortlich zu sein. Vgl. https://de.wikipedia.org/wiki/Paul_Juckoff [abgerufen am 20.7.2016].

49 Adolf Grimme (1889–1963), von 1930–1932 preußischer Kultusminister für die SPD und undogmatischer Protestant. Ihm wird der Ausspruch zugeschrieben: »Ein Sozialist kann Christ sein, ein Christ muss Sozialist sein.« (https://de.wikipedia.org/wiki/Adolf_Grimme [abgerufen am 4.7.2016]).

50 Um, wohl in ähnlicher wirtschaftlicher wie künstlerischer Not wie Marcks, zu ergänzen: »Ich gestatte mir, einige Fotografien meiner Werke beizulegen, damit Sie sich ein Urteil bilden können, ob ich wirklich so ein ›Kitscher‹ bin [...]« – Paul Juckoff-Skopau an den Oberbürgermeister [Richard Robert Rive], Skopau, 31.5.1933 [Abschrift im Stadtarchiv Halle, S 26.1 FA 3577 Gerhard Marcks].

51 Gerhard Marcks an den Oberbürgermeister [Richard Robert Rive], Niehagen, 7.7.1933. Kopien der Personalakten Burg Giebichenstein, Stadtarchiv Halle, Mikrofilm MF PA 49/3.

52 Ebd.

53 Angermuseum Erfurt, Inv. Nr. II 441 (Büste des jungen Luther [um 1517]) und Inv. Nr. II 442 (Büste des Melanchthon).

54 L. E. [= Ludwig Erhard] Redslob, *Zu den neuen Plastiken von Gerhard Marcks und Heinrich Staudte,* (Anm. 27), S. 202.

55 Trotz der von diesem angeregten »Säuberung« der Moritzburg vermuten die Verfasser des Wikipedia-Beitrags Juckoff als harmlosen Mitläufer des Nationalsozialismus (https://de.wikipedia.org/wiki/Paul_Juckoff [abgerufen am 2.7.2016]).

Anhang

Autorenverzeichnis

Dr. Ingrid Dettmann
Wissenschaftliche Mitarbeiterin, Landesamt für Denkmalpflege und Archäologie Sachsen-Anhalt, für das kooperative Ausstellungsprojekt »Here I Stand …« – Lutherausstellungen USA 2016 an die Stiftung Schloss Friedenstein Gotha entsandt

Dr. Rolf-Bernhard Essig
Autor, Moderator und Dozent
Beitrag verfasst für das Museum für Kommunikation Nürnberg

Ulrike Eydinger M. A.
Koordinatorin der Projektgruppe Reformationsgeschichte
Stiftung Schloss Friedenstein Gotha, Universitäts- und Forschungsbibliothek Erfurt/Gotha, Lehrstuhl für Kirchengeschichte, Friedrich-Schiller-Universität Jena

Kai Fischer
Mitarbeiter der Stiftung Arp e.V., Berlin/Remagen
Beitrag verfasst für die Gerhard-Marcks-Stiftung, Bremen

Dr. Isabel Greschat
Direktorin des Museums der Brotkultur, Ulm

Dr. Barbara Gribnitz
Wissenschaftliche Mitarbeiterin, Kleist-Museum, Frankfurt (Oder)

Dr. Daniel Hess
Leiter der Sammlung Malerei bis 1800 und Glasmalerei am Germanischen Nationalmuseum Nürnberg

Prof. Dr. Thomas Kaufmann
Lehrstuhl für Kirchengeschichte, Theologische Fakultät, Georg-August-Universität Göttingen
Beitrag verfasst für das Fritz Bauer Institut, Frankfurt am Main

Jutta Krauß
Leiterin Wissenschaft der Wartburg-Stiftung Eisenach

Dr. Uta Kuhl
Kuratorin Stiftung Schleswig-Holsteinische Landesmuseen
Schloss Gottorf, Landesmuseum für Kunst und Kulturgeschichte

Oliver Mack M. A.
Leiter des Instituts für Kunsttechnik und Konservierung am
Germanischen Nationalmuseum Nürnberg

Prof. Dr. Thomas Müller-Bahlke
Direktor der Franckeschen Stiftungen zu Halle

Prof. Dr. Susanne Popp
Leiterin und Geschäftsführendes Kuratoriumsmitglied des
Max-Reger-Instituts – Elsa-Reger-Stiftung, Karlsruhe

Günter Schuchardt
Burghauptmann der Wartburg-Stiftung Eisenach

Manuel Schwarz
Wissenschaftlicher Projektassistent
Thüringer Landesausstellung 2016

Prof. Dr. Reiner Sörries
bis 2015 Direktor des Museums für Sepulkralkultur –
AFD e.V., Kassel

Dr. Heike Spies
Stellv. Direktorin des Goethe-Museums Düsseldorf/
Anton-und-Katharina-Kippenberg-Stiftung

Dr. Stefan Xenakis
Freier Mitarbeiter der Forschungsstelle für
Höchstgerichtsbarkeit im Alten Europa, Wetzlar

Bildnachweis

Einbandgestaltung

Winfried Brenner, kippconcept GmbH, Bonn. Die Silhouette von Martin Luther
beruht auf dem Gemälde von Ferdinand Pauwels, Luthers Thesenanschlag, in
den einstigen Reformationszimmern der Wartburg (vgl. Abb. S. 170).

Die Zitate der jeweils ersten Abbildung eines Beitrags stammen –
wenn nicht anders angegeben – von Martin Luther.

Luther und die deutsche Sprache

S. 12: Ulrich Kneise, Eisenach; S. 14, S. 18–21, S. 23: Wartburg-Stiftung,
Fotothek; S. 15, 16: Thüringer Universitäts- und Landesbibliothek Jena

Luthers Sprichwörter

Zitat: Martin Luther. Tischreden WATR 5, S. 62
S. 30: Bayerische Staatsbibliothek, S. 32: Hoffnungsthaler Werkstätten
gGmbH, grafische Gestaltung: Susanne Huebner, S. 34: Gudrun Schury,
S. 35: Foto: Carsten Linke Halle a. d. Saale, www.halle-fotos.de,
S. 36: Thüringer Universitäts- und Landesbibliothek, S. 37: aus dem Nachlass
von Albrecht Braun, Foto: user:UlrichAAB – Eigenes Werk, CC BY 3.0,
https://commons.wikimedia.org/w/index.php?curid=16266104,
S. 38: aus dem Nachlass von Albrecht Braun, Foto: user:UlrichAAB –
Eigenes Werk, CC BY 3.0, https://commons.wikimedia.org/w/index.php?
curid=16265982, S. 39: aus dem Nachlass von Albrecht Braun,
Foto: user:UlrichAAB – Eigenes Werk, CC BY 3.0, https://commons.wikimedia.
org/w/index.php?curid=16265980, S. 40: © Samuel Rapp

Die Ernestiner

Zitat: Psalm 34 auf einem Flugblatt von Lucas Cranach d. J. von 1547, das
Johann Friedrich als Schutzherrn des protestantischen Glaubens und der
Reformation zeigt.
S. 50: Stiftung Schloss Friedenstein Gotha, sämtliche anderen Abbildungen:
© Klassik Stiftung Weimar

Luthers Norden

Zitat: Martin Luther an den dänischen König Christian III. im Brief vom
21. Nov. 1537.
S. 56, 58: (Public Domain) Wikimedia Commens,
S. 61: Pommersches Landesmuseum Greifswald, S. 62: Universität Greifswald,
S. 68, 69: Stiftung Schleswig-Holsteinisches Museum Schloss Gottorf,
S. 70: Pommersches Landesmuseum Greifswald, S. 71: Schleswig Holsteinisches
Landesmuseum Schloss Gottorf

Begräbnis- und Friedhofskultur nach Luther

Alle Abbildungen vom Verfasser, mit Ausnahme der Abb. auf S. 86 »Steyr,
Portal am Taborfriedhof, 1583/84«: Christoph Waghubinger (Lewenstein),
lizensiert gemäß Creative Commons Attribution-Share Alike 3.0 Unported

Reformationsprozesse vor dem Reichskammergericht

Zitat S. 92: Martin Luther, WA 51, S. 567, 28; »Wider Hans Worst«, 1541.
S. 92: Historisches Archiv der Stadt Wetzlar; S. 94, S. 97: US-Public Domain;
S. 95: Pfälzische Landesbibliothek Speyer; S. 98: Landesarchiv Speyer;
S. 99: Historisches Museum der Pfalz, Speyer; S. 101: Herzog August Bibliothek
Wolfenbüttel; S. 102: Repro Braunschweigisches Landesmuseum, I. Simon,
S. 105: Stefan Xenakis

Hallescher Pietismus

Zitat: August Hermann Francke: Predigten. Hg. von Erhard Peschke. Bd. 1.
Berlin 1987, 205–239, S. 210.
Sämtliche Abbildungen: © Franckesche Stiftungen zu Halle

Luther und die Juden

Zitat S. 134: Martin Luther, WA 11, S. 315,14–16.
S. 134: © 2011 Lukas – Art in Flanders VZW. Foto Dominique Provost;
S. 137: Germanisches Nationalmuseum, Nürnberg, Digitale Bibliothek,
www.dlib.gnm.de; S. 138: Wikimedia Commons; S. 139: Bayerische
StaatsBibliothek, MDZ Münchener DigitalisierungsZentrum Digitale
Bibliothek, Exeg. 663, urn:nbn:de:bvb:12-bsb00037065-3 VD16 L 4316;
S. 140 l.: Bayerische StaatsBibliothek, MDZ Münchener Digitalisierungs-
Zentrum Digitale Bibliothek, Res/4 Asc. 593#Beibd.11 urn:nbn:de:
bvb:12-bsb00024069-9 VD16 L 6436; S. 140 r.: Martin-Luther-Universität
Halle-Wittenberg, Universitäts- und Landesbibliothek Sachsen-Anhalt, URN
um:nbn:de:gbv:3:1-217369 VD16 L 6447; S. 141: Bayerische StaatsBibliothek,
MDZ Münchener DigitalisierungsZentrum Digitale Bibliothek, 2 Jud. 7
urn:nbn:de:bvb:12-bsb10147122-5 VD16 L 7156; S. 142: aus: Die Juden in der
Karikatur. Ein Beitrag zur Kulturgeschichte von Eduard Fuchs, München 1921;
S. 143: Wikimedia Commons; S. 144: Stiftung Schloss Friedenstein Gotha

Die Luther-Porträts der Cranach-Werkstatt und deren Nachwirken

S. 154, S. 164/165: Wartburg-Stiftung Eisenach, Fotograf Gunnar Heydenreich,
»Cranach Digital Archive«; S. 157/158, S. 161, S. 169–171: Wartburg-Stiftung
Eisenach; S. 159: Stiftung Schloss Friedenstein Gotha; S. 162: Evangelisch-
Lutherische Kirche »Unser Lieben Frauen Auf Dem Berge« Penig;
S. 167: Kunstbesitz der Universität Leipzig

Cranach-Gemälde auf dem Prüfstand

S. 174, 176: Germanisches Nationalmuseum, S. 177 l.: Klassik Stiftung Weimar,
Kunstsammlungen Inv. G 9; S. 177 r.: Staatliche Graphische Sammlung
München, S. 178–181: Germanisches Nationalmuseum,
S. 184: Thomas Werner, Bergisch Gladbach,
S. 186 l.: Germanisches Nationalmuseum;
S. 186 r.: © DER SPIEGEL 51/2003r

Einblattdrucke aus Gotha

Zitat: Das protestantische Motto als bekennender Wahlspruch Johann
Friedrichs I. von Sachsen.
Sämtliche Abbildungen © Stiftung Schloss Friedenstein Gotha

Essen und Abendmahl

Zitat: Martin Luther, Der kleine Katechismus
S. 210, 212, 213: Ulmer Museum, S. 215: Erzbischöfliche Akademische Bibliothek
Paderborn, S. 217, 219: Museum der Brotkultur, Ulm

Goethes Lutherbild

S. 233: © Rheinisches Bildarchiv, Sabrina Walz, rba_d037432
Alle weiteren Abbildungen: © Goethe Museum Düsseldorf/
Anton-und-Katharina-Kippenberg-Stiftung

Kleists literarischer Luther

Sämtliche Abbildungen: © Kleist-Gedenk- und Forschungsstätte e.V. –
Kleist-Museum, Frankfurt (Oder)

Luthers Kirchenlied im Schaffen von Max Reger

Zitat S. 256: »Sic Deus praedicavit evangelium etiam per musicam.«
Martin Luther, Tischrede Nr. 1258. In: Martin Luther, Kritische Gesamtausgabe,
Weimar 1912–1921 (WA TR 2,11).
Sämtliche Abbildungen: © Max-Reger-Institut – Elsa-Reger-Stiftung,
Karlsruhe

Gerhard Marcks' Porträtbüsten von Luther und Melanchthon

S. 278, S. 283: Zentrale Kustodie der Martin-Luther-Universität Halle-Witten-
berg; S. 280: Archiv Gerhard-Marcks-Stiftung, Bremen, Foto: Hans Finsler;
S. 281, S. 290: Archiv Gerhard-Marcks-Stiftung, Bremen, Fotograf unbekannt;
S. 285: Wikimedia, public domain; S. 286: Gerhard-Marcks-Stiftung, Bremen;
S. 288: Archiv Gerhard-Marcks-Stiftung, Bremen

Die Mitgliedsinstitute des AsKI e.V.

alphabetisch nach Standorten

Richard Wagner Museum, Bayreuth

Archiv der Akademie der Künste, Berlin

Bauhaus-Archiv e.V. – Museum für Gestaltung, Berlin

Deutsche Kinemathek – Museum für Film und Fernsehen, Berlin

Museumsstiftung Post und Telekommunikation, Bonn

Verein Beethoven-Haus, Bonn

Gerhard-Marcks-Stiftung – Gerhard-Marcks-Haus, Bremen

Der Kunstverein in Bremen – Kunsthalle Bremen

Deutsche Akademie für Sprache und Dichtung e.V., Darmstadt

Stiftung Deutsches Hygiene-Museum, Dresden

Goethe-Museum Düsseldorf / Anton-und-Katharina-Kippenberg-Stiftung

Wartburg-Stiftung, Eisenach

Kunsthalle Emden – Stiftung Henri und Eske Nannen und
Schenkung Otto van de Loo

Frankfurter Goethe-Haus – Freies Deutsches Hochstift, Frankfurt am Main

Fritz Bauer Institut, Frankfurt am Main

Stiftung Buchkunst, Frankfurt am Main / Leipzig

Stiftung Deutsches Runkfunkarchiv, Frankfurt am Main / Potsdam-Babelsberg

Kleist Gedenk- und Forschungsstätte e.V. – Kleist Museum, Frankfurt (Oder)

Stiftung Schloss Friedenstein Gotha

Franckesche Stiftungen zu Halle an der Saale

Wilhelm Busch – Deutsches Museum für Karikatur und Zeichenkunst,
Hannover

Max-Reger-Institut – Elsa-Reger-Stiftung, Karlsruhe

Stiftung Zentralinstitut und Museum für Sepulkralkultur – AFD e.V., Kassel

Kulturstiftung Hansestadt Lübeck: Buddenbrookhaus / Günter Grass-Haus

Deutsches Literaturarchiv Marbach, Deutsche Schillergesellschaft e.V.

Germanisches Nationalmuseum, Nürnberg

Stiftung Kunstforum Ostdeutsche Galerie, Regensburg

Stiftung Schleswig-Holsteinische Landesmuseen Schloss Gottorf, Schleswig

Winckelmann-Gesellschaft e.V. mit Winckelmann-Museum, Stendal

Literaturarchiv Sulzbach-Rosenberg e.V. / Literaturhaus Oberpfalz

Museum der Brotkultur / Vater und Sohn Eiselen-Stiftung, Ulm

Klassik Stiftung Weimar

Stiftung Gedenkstätten Buchenwald und Mittelbau-Dora,
Weimar-Buchenwald

Reichskammergerichtsmuseum – Gesellschaft für
Reichskammergerichtsforschung e.V., Wetzlar

Forschungsstätte für Frühromantik und Novalis-Museum
Schloss Oberwiederstedt, Wiederstedt

Gesellschaft für deutsche Sprache e.V. (GfdS), Wiesbaden

Der AsKI ist Träger der Casa di Goethe in Rom

Impressum

Herausgeber
Wolfgang Trautwein, Ulrike Horstenkamp, Gabriele Weidle

Redaktion
Ulrike Horstenkamp, Gabriele Weidle

Layout/Gestaltungskonzept
Winfried Brenner – kippconcept GmbH, Bonn

Auflage
500 Exemplare

Druck
Druckerei Engelhardt GmbH, Neunkirchen

ISBN 978-3-930370-41-2

Der Katalog wird gefördert aus Mitteln der
Beauftragten der Bundesregierung für Kultur und Medien.

Die Beauftragte der Bundesregierung
für Kultur und Medien